MAQUIAGEM E CABELO
ATUAÇÃO PROFISSIONAL

ADMINISTRAÇÃO REGIONAL DO SENAC NO ESTADO DE SÃO PAULO
Presidente do Conselho Regional: Abram Szajman
Diretor do Departamento Regional: Luiz Francisco de A. Salgado
Superintendente Universitário e de Desenvolvimento: Luiz Carlos Dourado

EDITORA SENAC SÃO PAULO
Conselho Editorial: Luiz Francisco de A. Salgado
Luiz Carlos Dourado
Darcio Sayad Maia
Lucila Mara Sbrana Sciotti
Luís Américo Tousi Botelho

Gerente/Publisher: Luís Américo Tousi Botelho
Coordenação Editorial: Verônica Pirani de Oliveira
Prospecção: Andreza Fernandes dos Passos de Paula, Dolores Crisci Manzano, Paloma Marques Santos
Administrativo: Marina P. Alves
Comercial: Aldair Novais Pereira
Comunicação e Eventos: Tania Mayumi Doyama Natal

Edição e Preparação de Texto: Janaina Lira
Coordenação de Revisão de Texto: Marcelo Nardeli
Revisão de Texto: Bruna Baldez
Coordenação de Arte: Antonio Carlos De Angelis
Projeto Gráfico, Capa e Editoração Eletrônica: Veridiana Freitas
Impressão e Acabamento: Maistype

Proibida a reprodução sem autorização expressa. Todos os direitos desta edição reservados à
EDITORA SENAC SÃO PAULO
Av. Engenheiro Eusébio Stevaux, 823
Prédio Editora – Jurubatuba
CEP 04696-000 – São Paulo – SP
Tel. (11) 2187-4450
editora@sp.senac.br
https://www.editorasenacsp.com.br

© Editora Senac São Paulo, 2024

Dados Internacionais de Catalogação na Publicação (CIP)
(Simone M. P. Vieira – CRB 8ª/4771)

Costa, Marcello
  Maquiagem e cabelo: atuação profissional / Marcello Costa. – São Paulo : Editora Senac São Paulo, 2024.

  Bibliografia
  ISBN 978-85-396-4356-1 (Impresso/2024)
  e-ISBN 978-85-396-4355-4 (ePub/2024)
  e-ISBN 978-85-396-4354-7 (PDF/2024)

  1. Beleza – Cuidados 2. Maquiagem (Técnicas) 3. Maquiador 4. Cabelo 5. Extensões e perucas 6. Cabeleireiro 7. Ética no trabalho. I. Título.

23-1853g   CDD – 646.72
                                                       646.724
                                           BISAC HEA003000

Índice para catálogo sistemático:

1. Maquiagem : Cuidados pessoais : Técnicas 646.72
2. Cabelo : Cuidados pessoais : Técnicas 646.724

MARCELLO COSTA

MAQUIAGEM E CABELO
ATUAÇÃO PROFISSIONAL

Editora Senac São Paulo – São Paulo – 2024

7 NOTA DO EDITOR

9 AGRADECIMENTOS

11 PREFÁCIO

15 APRESENTAÇÃO

16

PARTE I
MAQUIAGEM

....

1. MAQUIAGEM AO LONGO DA HISTÓRIA **18**

2. MAQUIAGEM COMERCIAL **48**

3. CUIDADOS PARA DIFERENTES TIPOS DE PELE **134**

4. EDITORIAIS DE FOTOS E PASSARELAS **146**

5. INTRODUÇÃO AO CINEMA E AO SHOW BUSINESS **180**

SUMÁRIO

206
PARTE II
CABELO

1. CABELO AO LONGO DA HISTÓRIA **208**
2. NOÇÕES GERAIS **228**
3. CORTES DE CABELO **236**
4. PENTEADOS **248**
5. CABELO EDITORIAL E TAPETES VERMELHOS **282**
6. TRATAMENTOS QUÍMICOS **292**
7. ESTILIZAÇÃO DE CABELO NATURAL **316**
8. SALÃO DE BELEZA **324**

330
PARTE III
EXTENSÕES E PERUCAS

1. EXTENSÕES E PERUCAS AO LONGO DA HISTÓRIA **332**
2. EXTENSÕES **334**
3. PERUCAS **360**
4. CONSIDERAÇÕES FINAIS **388**

390
ANEXO
ÉTICA DE TRABALHO

401
REFERÊNCIAS

402
ÍNDICE GERAL

406
CRÉDITOS DAS IMAGENS

407
SOBRE O AUTOR

NOTA DO EDITOR

A indústria da beleza é multifacetada e, portanto, um campo com inúmeras oportunidades de atuação e negócios. Pode-se trabalhar em salão próprio ou de outrem, assim como no show business, incluindo aí o universo do cinema, da música, das premiações e das passarelas, lugares muito familiares ao nosso autor. Com mais de vinte anos de carreira, Marcello Costa já atuou nas mais variadas frentes desse mercado tão apaixonante quanto desafiador e compartilha agora parte significativa de sua vivência como profissional global e experiente.

O livro divide-se em três eixos principais, que abordam cada qual um macrocampo do mercado da beleza: maquiagem, cabelo e extensões/perucas. São fornecidos tutoriais e dicas e explorados assuntos diversos que perpassam cada uma dessas áreas, tudo com base na expertise e na própria trajetória do autor.

O Senac São Paulo, como instituição que acredita no poder transformador da educação para moldar futuros, apresenta esta obra que visa capacitar profissionais de maquiagem e cabelo e compartilhar as experiências de um renomado profissional trabalhando ao redor do mundo.

AGRADECIMENTOS

Primeiro e acima de tudo, eu gostaria de agradecer a Deus, por seu favor em minha vida e na vida de todos os que são preciosos a mim. O Deus da minha bisavó, avó, mãe, irmãos, seus filhos e os filhos de seus filhos: Aquele que abre e fecha portas para que eu possa falar com autoridade sobre o mundo da beleza. Independentemente do que os especialistas dizem sobre estratégias de marketing, minha carreira foi construída por oportunidades divinas dadas por Deus para a Sua glória.

À minha saudosa mãe, que me mostrou o caminho da fé, e ao meu pai, que me amou mesmo antes de eu nascer. À minha família no céu e na terra.

Aos meus queridos amigos que foram colocados em meu caminho para me apoiar e me corrigir. À minha equipe, da qual muito me orgulho. O time MC. A todos os nossos parceiros e clientes

À equipe Senac, por esta incrível oportunidade.

E a todas as pessoas que lerem esta obra.

Obrigado. Muito obrigado. Todos vocês foram instrumentos de Deus para que esse sonho se tornasse possível.

Marcello Costa

PREFÁCIO

Como um profissional de beleza pode ajudar a construir a autoestima? A definição de autoestima, conforme o dicionário Oxford Languages (2024), é "a qualidade de quem se valoriza, contenta-se com seu modo de ser e demonstra, consequentemente, confiança em seus atos e julgamentos".

Quando considerei este tópico, logo pensei que seria um ótimo assunto para explorar. Ao longo deste livro, continuei refletindo sobre isso e pesquisando a ideia. Mas não existem treinamentos ou cursos a esse respeito. Percebi que, mesmo com muito estudo e experiência, não existe uma lógica exata em nosso trabalho como profissionais de beleza, porque se trata de como fazemos as pessoas se sentirem e saberem que podem contar conosco. Meu amor pela área começou quando entendi que a maquiagem é uma armadura cosmética para que todas as pessoas possam enfrentar um mundo de faz de conta. E o cabelo é como a coroa para todas as nossas rainhas e reis.

Posso compartilhar como me senti ao fazer diferença em suas vidas. Com um batom, um secador de cabelo e uma conversa, nós podemos elevar as pessoas. O modo como minha mãe passou batom para se despedir do meu irmão adolescente, como minha irmã, também adolescente, teve que amadurecer tão rápido para cuidar de nós. Como vi minha mãe perder todo o cabelo por causa do câncer, e acredito que nenhuma mulher deveria ficar sem sua coroa. Como a noiva está nervosa em seu casamento, e dizemos a ela que tudo ficará bem. Como uma criança nos sorri de volta tão feliz com um novo corte de cabelo.

Tudo começou quando emigrei para os Estados Unidos com a ajuda de doações de amigos e fiquei anos fazendo compras em lojas de desconto para conseguir pagar meus estudos. Foi assim que aprendi a amar a moda.

Lembro-me de ter chegado ao aeroporto de Newark quando era adolescente, com uma pequena mala de mão cheia de sonhos, o mesmo aeroporto de onde, anos depois, eu sairia para criar looks para a Paris Haute Couture Week. Lembro-me de como, após anos de dedicação a uma marca que eu amava tanto e para a qual tinha gastado todos os meus ganhos fazendo cursos, fui dispensado sem nem mesmo uma ligação. Lembro-me também de que, apesar de todas as minhas lutas, encontrei-me na mesma posição em que tive que colocar meus problemas de lado para enfrentar o mundo de faz de conta. Gosto de pensar que um corte de cabelo é como chocolate, não faz o problema desaparecer, mas o torna mais suportável.

Ao escrever este livro, percebi que não seria justo mostrar minhas premiações, títulos e reconhecimentos sem mostrar minhas cicatrizes. Eu sei que não há uma resposta completa, mas é por isso que escolhemos essa carreira, passando feriados e noites inteiras fazendo com que todos tenham sua

melhor aparência e se sintam bem, porque é isso o que fazemos. Nós nos relacionamos com as pessoas, lidamos com suas inseguranças, as ajudamos, oramos por elas, nos importamos, andamos quilômetros a mais, ouvimos, aconselhamos, somos seus amigos, somos família.

Como um homem latino nesse mundo, aprendi a amar e ajudar as pessoas.

Tudo o que elas querem é ser ouvidas.

Dê o seu melhor, aprenda, esteja presente.

Não apenas chegue aonde minha geração chegou, vá além!

APRESENTAÇÃO

São mais de vinte anos de educação e experiência para poder compartilhar este conteúdo. Cada curso, cada erro, cada hora no laboratório criativo. Por meio destas páginas, vou apresentar a minha visão sobre as técnicas que aprendi e compuseram a minha experiência.

Na primeira parte, conduzirei você pelo universo da maquiagem: onde tudo começou, a evolução, as curvas de aprendizado e como a maquiagem contribuiu para solidificar o tempo na história. Em seguida, farei uma introdução ao mundo da maquiagem comercial, incluindo passarelas, televisão e cinema.

Na segunda parte, falarei de cabelos. Tratarei de habilidades básicas, ciência e técnicas. Lidar com cabelo é assunto sério, e por isso você aprenderá sobre o maravilhoso universo da cosmetologia.

Por último, abordarei extensões e perucas, como elas são construídas e como lidar com elas.

Meu objetivo como educador e facilitador é ajudar você a desenvolver intuição, utilizando a minha técnica para que possa elaborar a sua própria.

Prepare-se, pois será uma jornada incrível.

Espero que aproveite!

MAQUIAGEM

PARTE I

1. MAQUIAGEM AO LONGO DA HISTÓRIA

ANTIGO EGITO

Por milhares de anos, a maquiagem tem sido uma máscara cosmética para mostrar nossas melhores versões ao mundo. Mas quando ela começou? De acordo com historiadores, com base em artefatos encontrados em túmulos, os primeiros povos a usarem maquiagem foram os egípcios, há cerca de 6 mil anos. Alguns arqueólogos afirmam que Cleópatra foi nossa primeira *cover girl*,[1] usando carvão como delineador e batom feito de besouros carmins moídos e, às vezes, argila misturada com água para colorir os lábios. Quanto ao blush, era utilizada uma mistura de ocre vermelho, um tipo de argila.

---

[1] "A garota da capa", expressão para caracterizar uma mulher atraente, muitas vezes famosa, cuja fotografia aparece na capa de uma revista.

CHINA ANTIGA

A China Antiga foi pioneira no mundo da maquiagem. Lá a pele clara era frequentemente vista como uma característica de riqueza em comparação com as pessoas que trabalhavam no campo expostas ao sol. Para enfatizar a pele clara, era usada uma mistura de chumbo, o que causou numerosos problemas de saúde, como infertilidade, levando até mesmo à morte.

SÉCULO XVI

Avançando rápido, vamos falar sobre a rainha Elizabeth na Inglaterra. Mesmo que a Idade Média tenha sido um momento muito sombrio para a maquiagem, as mulheres e os homens ainda usavam frutas vermelhas e raízes para criar uma maquiagem mais "sutil", que não ofendesse a Igreja.

A rainha Elizabeth I era o que teríamos hoje como uma grande influenciadora de maquiagem. Ela se submetia a produtos tóxicos feitos de vinagre branco e chumbo.

SÉCULO XIX

Seguimos para o reinado da rainha Vitória, no século XIX, descendente da rainha Elizabeth I. Ela estabeleceu muitas tendências de moda que ainda vemos hoje, como o vestido de noiva branco para a cerimônia religiosa. No entanto, a rainha Vitória aboliu todos os tipos de maquiagem, considerando-a "obra do diabo" ou inapropriada, então as mulheres tiveram que usá-la em segredo. Apenas atrizes e prostitutas se maquiavam, e eram malvistas por isso. Curiosamente, durante essa época, os farmacêuticos assumiram o desenvolvimento da maquiagem, criando misturas com mercúrio e ácido nítrico como ingredientes principais.

SÉCULO XX

O século XX trouxe uma mudança completa para o mundo da maquiagem e dos cosméticos. Na história moderna, isso continuou evoluindo, e as mulheres seguem procurando seus produtos desejados em farmácias locais.

Esse século também foi um marco para a indústria cosmética, com Helena Rubinstein criando o "Dia da Beleza" e sua maior rival na época, Elizabeth Arden, lançando suas incríveis loções para pele em Nova York. Além disso, a Max Factor abriu sua primeira loja em Hollywood, e Coco Chanel também inaugurou sua linha de cosméticos. No início desse século, a L'Oréal criou a primeira tintura de cabelo sintética segura.

ANOS 1920

ANOS 1950

ANOS 1980

 ANOS 1930

 ANOS 1940

 ANOS 1960

ANOS 1970

 ANOS 2000

ANOS 1990

ANOS 1910-1920

Max Factor foi um grande revolucionário no setor com a jovem Hollywood, que ainda tem influência sobre as mulheres. A Maybelline também criou sua primeira máscara em formato de pó compacto. Quanto ao batom, há controvérsias sobre quem realmente o criou como conhecemos: de um lado, Maurice Lévy, e de outro, o inventor francês William Kendell.

Nessa época, a Rimmel criou a primeira máscara de cílios europeia, e o lápis de olho ficou mais popular. Os atores de Hollywood se tornaram os principais influenciadores das tendências de moda. Alguns dos produtos mais utilizados eram base, pó e blush. Nos olhos, eram usados tons de marrom e cinza e pasta de limão. Nos lábios, produtos com efeito natural e suave, que corava e não pintava. Nesse momento, os formatos em coração e arco do cupido estavam em voga.

ANOS 1930

Na década de 1930, o mundo se recuperava de dois grandes eventos, a Primeira Guerra Mundial e a gripe espanhola, que foi a pandemia do século XX. Portanto, o comportamento humano e a maneira de se expressar também mudaram.

A maquiagem se tornou muito mais refinada, com novos produtos disponíveis, como os esmaltes de unha lançados pela Revlon chamados "Enamel". Elizabeth Arden também lançou seu creme de oito horas, e Coco Chanel lançou seu perfume globalmente conhecido Chanel Nº 5. A Max Factor criou o gloss labial e o pó solúvel. Helena Rubinstein criou a máscara à prova d'água.

A maquiagem:

- **PELE:** acabamento mate.
- **BOCA:** desenhada abaixo da linha dos lábios, com duas tonalidades mais escuras na parte superior e mais claras na parte inferior.
- **OLHOS:** sombras azuis, verdes, rosas e roxas aplicadas em um formato amendoado sobre as pálpebras.
- **SOBRANCELHAS:** extremamente finas.
- **BLUSH:** aplicado reto nas maçãs do rosto.

ANOS 1940

Os rostos eram naturais e com uma aparência fresca, mais fáceis de replicar. No entanto, na Europa, as mulheres enfrentavam a falta de maquiagem, diferentemente dos Estados Unidos, onde havia incentivos para que elas pudessem esconder sua tristeza e encorajar heróis de guerra. Com o início da Segunda Guerra Mundial, muitos fabricantes de cosméticos passaram por dificuldades. A escassez de petróleo e álcool limitou o suprimento.

Estée Lauder lançou sua própria linha com seis produtos diferentes. A maneira como as mulheres se maquiavam tornou-se mais forte e, sem dúvida, mais sofisticada.

A maquiagem:

- **BLUSH:** uma variedade de tons de rosa natural até o rosa-claro.
- **SOBRANCELHAS:** extremamente finas, ainda mais finas do que nos anos 1930.
- **OLHOS:** de tons médios a claros de marrom com tons pastel.
- **PÓ:** o pó compacto substituiu o pó solto, mas a pele continuou com acabamento mate.
- **LÁBIOS:** os lábios cheios viraram moda, substituindo os lábios finos dos anos 1930. O batom vermelho também se tornou um hino de guerra feminino.

ANOS 1950

Depois da guerra e com o movimento de empoderamento feminino crescendo, as figuras curvilíneas e de bustos fartos passaram a ser as mais valorizadas entre as maiores estrelas de Hollywood. Marilyn Monroe e Jane Russell tornaram-se as *it girls*[2] da década de 1950, que trouxe muitas tendências de beleza ainda vistas hoje. Mesmo que as bases líquidas já existissem, antes eram feitas de gordura animal, amido e óxido, depois incluíram pó de chumbo, giz e creme.

Em 1935, a Max Factor conseguiu transformar a base líquida em compacta, substituindo o pó solto. As marcas Biotherm, Clarins e Shiseido International também surgiram nessa época. Não devemos esquecer que as tendências de maquiagem nessa década eram voltadas para a classe alta, enquanto as mulheres de classe baixa tinham uma aparência mais natural e com pouca maquiagem.

A maquiagem:

- **BASES:** as bases quentes eram produtos populares e as líquidas se tornaram as mais vendidas.
- **PÓ:** nos anos 1950, o famoso pancake era usado para fixar a base.
- **BLUSH:** a aplicação do blush tornou-se mais suave, e a cor rosa era a favorita, já que a aparência natural estava na moda.
- **SOBRANCELHAS:** mais cheias, abandonando as finas da década de 1930.
- **BATOM:** o vermelho cheio era usado por todas as mulheres para parecerem mais atraentes, independentes e feministas.
- **OLHOS:** o delineado em tom pastel no formato cut crease era o mais utilizado.

---

2 Expressão que caracteriza mulheres que criam tendências e despertam o interesse das pessoas em relação ao seu modo de se vestir e viver; musas.

ANOS 1960

A década de 1960 foi uma revolução, com as primeiras supermodelos como Twiggy e Jean Shrimpton. Mary Kay entrou no mercado geral com sua linha de cuidados com a pele e cosméticos coloridos, assim como a CoverGirl.

A maquiagem:

- **BASE:** as mulheres dessa década usavam bases cremosas e líquidas e pó para finalizar com acabamento mate.

- **PÓ:** na primeira parte da década, as mulheres o usavam em grande quantidade, porém, na segunda metade, passaram a preferir o pó translúcido.

- **BLUSH:** blushes suaves imitavam um rubor natural nas bochechas ou um leve bronzeado de sol.

- **OLHOS:** delineadores de asa com acabamento mate eram os preferidos; as principais cores eram azul, cinza, branco e verde. A técnica de traço duplo com o delineador também se popularizou, assim como o delineador branco na pálpebra superior. O uso de cílios postiços ficou ainda mais comum.

- **LÁBIOS:** tons de rosa e vermelho natural com um delineador forte.

ANOS 1970

A década de 1970 foi marcante para as mulheres, começando com o movimento feminista, que fez com que os negócios de cosméticos perdessem força.

Uma grande mudança veio para as mulheres pretas. Com mais integração da população negra em lugares de destaque no mercado profissional, havia uma necessidade de atender a esse grande público. Marcas como a Avon começaram a incluir mulheres pretas em suas campanhas e anúncios. A Vogue também colocou uma mulher preta na capa pela primeira vez, a modelo Beverly Johnson, estabelecendo novos padrões para o mundo. Marcas como a Fashion Fair também estrearam no início dessa década.

A maquiagem:

- **BASE:** maquiagem leve e bases com acabamento brilhante eram a aparência principal, substituindo a maquiagem "carregada" da década anterior.
- **PÓ:** leve e translúcido.
- **OLHOS:** sombras mais esfumadas com tons de branco prateado eram aplicadas para realçar o arco da sobrancelha. Azuis, verdes, roxos e tons terrosos eram populares. Sombras cremosas, líquidas e compactas também eram usadas.
- **LÁBIOS:** tons naturais de vermelho e outras cores.
- **BLUSH:** blushes em creme foram difundidos para criar um visual mais refinado. Podiam ser aplicados na linha reta das maçãs do rosto ou das têmporas às maçãs do rosto.
- **BRONZER:** os bronzers, usados para enfatizar a pele com um brilho natural, ficaram mais conhecidos.

ANOS 1980

Uma grande mudança no comportamento das mulheres modificou completamente o estilo de maquiagem na década de 1980, passando de natural e mínimo para lábios ousados, sombras coloridas e neon. Tudo era extravagante!

As marcas de maquiagem mais populares nessa década eram Mood Magic Lipstick, Maybelline, CoverGirl, Revlon e Max Factor. E foi quando chegou também a Make-up Art Cosmetics, conhecida como MAC.

A maquiagem:

- **BASE:** uma curiosidade é que, nos anos 1980, a base era aplicada em excesso, em várias camadas do produto, geralmente em uma versão mais clara que o tom de pele real.

- **PÓ:** os pós mates eram geralmente escolhidos para que o brilho dos lábios e dos olhos se realçasse.

- **OLHOS:** sombras coloridas e brilhantes eram o destaque dessa década, com tons de amarelo, verde, neon, azul e rosa. Você podia aplicar algumas delas juntas ou individualmente. A pálpebra inferior também se tornou mais colorida. Os delineadores foram usados abundantemente nas pálpebras superior e inferior, sendo esfumados para obter um visual rock and roll.

- **SOBRANCELHAS:** ousadas e bonitas! Quanto mais grossas, melhor. As sobrancelhas finas foram deixadas no passado.

- **BLUSH:** independentemente do tom de pele, roxo e rosa eram as cores do momento.

- **BATOM:** destaque para o uso de cores fortes, como roxo, laranja, azul, preto... E, para finalizar, um divertido gloss labial.

ANOS 1990

Na década de 1990, simplificou-se o estilo de maquiagem, abrindo caminho para os anos 2000. As sobrancelhas ficaram mais finas novamente, as sombras para os olhos eram em cores mais pastel, como azuis e cinza, mas o visual grunge dark (tendência de beleza maximalista) fez sua estreia com olhos e lábios escuros.

As sombras burgundy (tom vermelho mais fechado, quase vinho) e mais escuras também surgiram como uma opção, combinadas com cores de batom cintilantes. No entanto, os lábios superbrilhantes ou com efeito "vinil" também eram populares.

As maiores marcas de maquiagem na época eram a MAC, Candy Kisses, Lancôme, entre outras.

A maquiagem:

- **BASE:** acabamento fosco ou levemente brilhante.
- **PÓ:** usado apenas para fixar a base.
- **OLHOS:** as cores mais usadas de sombras eram o azul pastel ou tons pastel brilhantes. Também foi introduzido o look grunge, com olhos esfumados.
- **SOBRANCELHAS:** formatos finos e arqueados estavam na moda.
- **BLUSH:** tons de rosa-claro.
- **BATOM:** os lábios eram contornados de maneira marcante com uma cor de lápis labial escura e preenchidos com uma cor contrastante de batom, sendo a combinação mais usada.

ANOS 2000

Quando me tornei maquiador profissional em 2002, pude confirmar o que todos estávamos observando. Uma variedade de produtos inundou o mercado, começando com o uso mais popular de bronzer e bronzeamento; as sobrancelhas ficaram mais grossas e os lábios com batom glossy no início e depois com batom fosco e contornos mais marcados. Os olhos esfumados assumiram diferentes formas e formatos, e não podemos nos esquecer do contorno facial.

Durante os anos 2000, as mulheres, especialmente as de pele mais escura, tiveram mais produtos disponíveis, como bases, iluminadores e produtos para contorno, incluindo pós soltos com tons mais quentes e adequados para todas as nossas garotas com melanina.

A maquiagem:

- **BASE:** durante esse período, os hidratantes com cor e cremes bb ganharam espaço no mercado, a pele ficou menos opaca e com aparência mais saudável.
- **PÓ:** leve e translúcido com uma variedade maior de tons e cores para todas as tonalidades de pele.
- **OLHOS:** desde esfumados intensos até looks mais naturais.
- **SOBRANCELHAS:** mais naturais e preenchidas com lápis.
- **BLUSH:** diversos tons de blush foram introduzidos.
- **BATOM:** começou com acabamento brilhante e depois mudou para acabamento fosco.

ANOS 2020 E ALÉM

Cada vez mais, principalmente após uma pandemia mundial, a forma como as pessoas se expressam muda, ao contrário das décadas anteriores, em que uma tendência específica era seguida pelas massas.

Agora, há uma enorme diversidade de estilos e looks que se tornam tendências, desde cut creases, glitter, mate ou brilhante, tudo depende de como você se sente no dia. Para os meus desfiles, tudo é válido, desde que continuemos a tornar as pessoas mais bonitas e exerçamos o poder de expressão por meio da maquiagem.

A maquiagem:

- **BASES:** brilhantes, mates, cremosas, líquidas. Você escolhe.
- **PÓS:** translúcidos, pigmentados, etc.
- **OLHOS:** esfumados, naturais, delineados leves, brilhantes, coloridos, gráficos.
- **SOBRANCELHAS:** naturais e moldadas para se adequarem ao rosto.
- **BLUSH:** tons de marrom, laranja, vermelho e rosa.
- **BATOM:** temos uma grande variedade de produtos e formas de usá-los.

2. MAQUIAGEM COMERCIAL

A maquiagem é capaz de elevar a autoconfiança e contar histórias sem palavras. Mais do que simplesmente realçar características, é uma forma de autenticidade, uma escolha consciente de destacar ou camuflar algo, uma expressão única da individualidade e da própria imaginação interior. Em um mundo onde a beleza é multifacetada, essa arte permite que cada pessoa pinte sua própria narrativa, uma pincelada por vez.

EQUIPAMENTOS

Uma das partes mais importantes de um estúdio de maquiagem é o equipamento e o mobiliário ao seu redor. Um lugar onde você possa se instalar com a luz perfeita, uma cadeira e uma mesa de montar. Às vezes, encontramos um cenário impecável, com espelho camarim (espelho equipado com luzes led), uma cadeira alta de maquiagem, tomadas elétricas e uma estação elevada na posição certa que facilita o trabalho; outras vezes, é preciso se adaptar ao espaço. Para isso, estou sempre preparado para montar o cenário com o meu kit.

Estes são os três itens indispensáveis dele: extensão elétrica; ring light pequeno (aparelho de iluminação em forma de círculo); e espelho portátil de estação.

Na maioria dos casos, principalmente em desfiles, não tanto em sessões realizadas em locações – onde geralmente há uma estrutura de trabalho adequada –, fornecerão a você:

- **ESPELHO:** sempre se certifique de que ele esteja alinhado com a cadeira.

- Uma **CADEIRA** de diretor (cadeira de escritório) ou um banquinho de bar, podendo ser, em último caso, uma cadeira dobrável.

- **MESA:** sempre verifique se o local onde você monta sua maquiagem está no mesmo nível da mesa.

KITS

Até os anos 1980, todos os maquiadores nos Estados Unidos tinham grandes estojos de metal com compartimentos diferentes. Mas com o aumento da demanda, eles ficaram cada vez mais ocupados e perceberam que precisavam de kits mais compactos. Esses profissionais, sobretudo os que viajam muito, chegaram à conclusão de que era inútil carregar todos esses frascos de vidro com bases e paletas diferentes de marcas diversas.

Com a necessidade de praticidade, começamos a reduzir o tamanho dos nossos kits, transferindo produtos como batons, bases e pós para potes e recipientes menores. Assim, conseguimos levar uma grande variedade de maquiagem em um estojo pequeno.

KIT

Um kit completo deve conter:

- ÁGUA MICELAR (também conhecida como água de rosas)
- ÁLCOOL ISOPROPÍLICO
- ALGODÃO E COTONETES
- APONTADOR DE LÁPIS
- BASE EM CREME COMPACTA E LÍQUIDA
- CAPA DE CABELEIREIRO
- CESTO DE LIXO PEQUENO
- CÍLIOS POSTIÇOS INDIVIDUAIS E EM TIRAS
- COLÍRIO
- CONTORNO E ILUMINADOR
- CORRETIVO TRANSLÚCIDO
- CORRETORES E CORRETIVOS DE COR (escolha uma paleta com várias tonalidades)
- CURVEX
- DELINEADOR DE OLHOS
- ESCOVINHAS DESCARTÁVEIS PARA MÁSCARA DE CÍLIOS
- ESPÁTULA E PALETAS DE METAL
- ESPELHO DE MÃO PEQUENO
- ESPONJAS DE MAQUIAGEM (gota, triangular, retangular, "queijinho" e redonda)
- ESPONJAS DE SILICONE
- ESPUMA OU CREME DE BARBEAR E BÁLSAMO PÓS-BARBA
- EYE CREAM (creme para a área dos olhos, atua como hidratante ou primer; ideal para olheiras, bolsas e olhos cansados)
- FIXADOR DE MAQUIAGEM
- GEL DESINFETANTE PARA AS MÃOS
- GRAMPOS E FAIXAS PARA O CABELO
- HIDRATANTE PARA A PELE
- HIGIENIZADORES E TÔNICOS
- ILUMINADOR
- LÂMINAS DE BARBEAR
- LÁPIS DE CONTORNO LABIAL E BATOM
- LÁPIS DE OLHO, PÓ CONHECIDO COMO PIGMENTOS E SOMBRAS COMPACTAS
- LÁPIS, PÓ OU CREME PARA SOBRANCELHAS
- LENÇOS DE PAPEL
- LIMPADOR DE PINCÉIS
- LIXAS DE UNHA
- MÁSCARA DE CÍLIOS
- PALETA DE BLUSH
- PALETAS VAZIAS
- PALITOS DE DENTE (palitos de madeira embalados individualmente com papel)
- PINÇAS
- PINCÉIS
- PINCEL ESPONJA
- PÓ COMPACTO
- PÓ FIXADOR
- POTINHOS OU ORGANIZADORES DE ARMAZENAMENTO
- POWDER PUFFS (esponja arredondada para aplicação de pó translúcido)
- PRIMER
- PROTETOR LABIAL
- PROTETOR SOLAR
- REMOVEDOR DE MAQUIAGEM
- SABONETE
- SPRAY DESINFETANTE PARA MAQUIAGEM
- SPRAY FIXADOR
- TESOURA

PALETA DE MAQUIAGENS

PARA FINS DE CONSERVAÇÃO DOS PRODUTOS E POR QUESTÕES DE HIGIENE, RECOMENDA-SE QUE O PROFISSIONAL TENHA UMA PALETA EM MÃOS PARA DEPOSITAR SOBRE ELA UMA PEQUENA QUANTIDADE DOS PRODUTOS E UTILIZÁ-LOS. COM ISSO, EVITA-SE O CONTATO DE PINCÉIS USADOS DIRETAMENTE NOS PRODUTOS NA EMBALAGEM.

PINCÉIS

As empresas estão sempre desenvolvendo novos pincéis feitos de diferentes fibras, que podem ser sintéticas ou naturais, sendo este último tipo o mais popular.

- **SINTÉTICOS.** Feitos principalmente de fibras sintéticas, poliéster, nylon, taklon e pele sintética. Excelentes para ângulos, aplicações precisas e produtos líquidos, sua capacidade de reter e liberar os produtos propicia uma aplicação uniforme.

- **NATURAIS.** A fibra natural, por causa de suas cutículas, retém mais produto e é ideal para passar pó e esfumar. As fibras utilizadas mais comuns são as de pelo animal, como de cavalos e cabras, perfeito para proporcionar uma distribuição uniforme do produto e linhas definidas.

Embora o uso de pincéis de maquiagem seja uma escolha pessoal, estes vinte pincéis são indispensáveis para o seu kit:

KIT

PINCEL DE BASE

ESCOLHER O PINCEL DE BASE CERTO É IMPORTANTE PARA OBTER UMA APLICAÇÃO E MISTURA IMPECÁVEIS. EU PREFIRO USAR PINCÉIS SINTÉTICOS, INDO E VINDO PARA UM RESULTADO SUAVE. ESCOLHA O PINCEL DE BASE PLANO SE DESEJAR UMA DISTRIBUIÇÃO UNIFORME DA BASE.

PINCEL DE SOMBRAS CURTO

É PERFEITO PARA SOMBRAS CREMOSAS, ASSIM COMO GLITTERS E PRODUTOS DENSOS.

PINCEL DE ESFUMAR

PERFEITO PARA PÓS COMO BLUSH E PÓS SOLTOS. SUA DENSIDADE PERMITE CARREGAR O PINCEL COM UMA GRANDE QUANTIDADE DE PRODUTO. IDEAL PARA APLICAÇÕES RÁPIDAS.

PINCEL DUO FIBER (PINCEL DE PONTILHADO)

A MELHOR ESCOLHA É USAR FIBRAS MISTAS (NATURAIS E SINTÉTICAS) PARA O EFEITO *AIRBRUSH* (ACABAMENTO SEMELHANTE AO DO AERÓGRAFO) AO TRABALHAR COM TEXTURAS LÍQUIDAS E CREMOSAS. PERFEITO PARA BASE, ILUMINADOR E BLUSH. AS CERDAS MAIS LONGAS GERALMENTE SÃO FEITAS DE FIBRAS SINTÉTICAS, ENQUANTO AS MAIS CURTAS SÃO FEITAS DE FIBRAS NATURAIS.

PINCEL DE ILUMINADOR

SUA FORMA EM LEQUE PERMITE ADICIONAR A QUANTIDADE CERTA DE ILUMINADOR NAS BOCHECHAS. TAMBÉM PODE SER USADO EM OUTRAS ÁREAS PARA UM EFEITO DE "POEIRA".

PINCEL DE CORRETIVO

ESTE PINCEL DE MAQUIAGEM PARECE UMA VERSÃO MENOR DO PINCEL DE BASE. SEU TAMANHO PERMITE APLICAR O CORRETIVO EM ÁREAS MENORES, COMO ABAIXO DOS OLHOS E AO REDOR DO NARIZ, BEM COMO COBRIR IMPERFEIÇÕES. TAMBÉM PODE SER USADO COM SOMBRAS CREMOSAS.

PINCEL DE PÓ

EM RAZÃO DE SEU TAMANHO GRANDE E DE SUAS CERDAS MACIAS, POSSIBILITA UMA APLICAÇÃO UNIFORME E SUAVE.

PINCEL DE BLUSH

É UMA VERSÃO MENOR DO PINCEL DE PÓ, COM DUAS VERSÕES MAIS POPULARES: ARREDONDADA OU EM ÂNGULO.

PINCEL DE CONTORNO

COM AS CERDAS DISPOSTAS EM UM ÂNGULO PERFEITO, PERMITE CONTORNAR AS BOCHECHAS E OUTRAS PARTES DO ROSTO, PODENDO SER USADO TAMBÉM COM PÓS COMPACTOS E SOLTOS.

PINCEL DE BRONZER

O PINCEL DE BRONZER É USADO PARA APLICAR O BRONZER EM ÁREAS COMO MAÇÃS DO ROSTO, TESTA E TÊMPORAS. COMO ESSAS ÁREAS SÃO DETALHADAS, É NECESSÁRIO UM PINCEL DE CERDAS MACIAS E CABEÇA ARREDONDADA. EU RECOMENDO FIBRAS NATURAIS PARA PÓS COMPACTOS E SOLTOS, E FIBRAS MISTAS E SINTÉTICAS PARA LÍQUIDOS E CREMES.

PINCEL DE SOMBRA

COM SUA ANATOMIA PEQUENA, PERMITE CARREGAR E SOLTAR A SOMBRA NA PÁLPEBRA PERFEITAMENTE.

PINCEL DE CÔNCAVO

COM A PONTA PEQUENA E PONTIAGUDA, CONSEGUE ALCANÇAR O CÔNCAVO DOS OLHOS SEM COMPLICAÇÕES. AO APLICÁ-LO NESSA REGIÃO, VOCÊ PODE USAR UM PINCEL EXTRA OU LIMPAR AQUELE QUE USOU PARA ESFUMAR O CÔNCAVO NO OSSO DA SOBRANCELHA E NA ÁREA DE TRANSIÇÃO DOS OLHOS.

PINCEL DE ESFUMAR SOMBRA

SUA FORMA POSSIBILITA ESFUMAR UMA SOMBRA SOBRE A OUTRA.

PINCEL DE DELINEADOR

OS ATRIBUTOS DE SER FINO E LONGO PERMITEM APLICAR O DELINEADOR COM PRECISÃO.

PINCEL DE MÁSCARA PARA CÍLIOS (BASTÃO DE RÍMEL)

EXISTEM DOIS TIPOS QUE PODEM SER UTILIZADOS: O PENTE OU A ESCOVINHA REDONDA. O SEU TRABALHO É LEVANTAR, ALINHAR E PENTEAR OS CÍLIOS.

PINCEL DE BOCA

OS PINCÉIS DE BOCA SÃO GERALMENTE FINOS E AFUNILADOS NA PONTA PARA FACILITAR A APLICAÇÃO E MISTURAR O CONTORNO DOS LÁBIOS COM O BATOM.

WET BRUSH

É UM PINCEL DE FIBRAS MISTAS USADO TANTO PARA PÓS QUANTO PARA LÍQUIDOS E CREMES.

PINCEL DE SOMBRA PLANO

SUA FORMA PLANA AJUDA A SOLTAR O EXCESSO DE PIGMENTO ANTES QUE CHEGUE AO ROSTO. OUTRA VANTAGEM É QUE PERMITE DESENHAR LINHAS NÍTIDAS E ATÉ MESMO PODE SER USADO PARA PREENCHER AS SOBRANCELHAS.

PINCEL TRIPLO DE SOBRANCELHA

ESTE PINCEL ANGULAR FIRME PERMITE CRIAR TRABALHOS DETALHADOS NAS SOBRANCELHAS. NA OUTRA EXTREMIDADE, UM PINCEL E UM PENTE DE CÍLIOS PODEM SER USADOS PARA PENTEAR OS FIOS E LHES DAR FORMA.

PINCEL PARA CÍLIOS

COM SUAS CERDAS DURAS EM FORMATO ESPIRAL, SERVE TANTO PARA ESCOVAR OS CÍLIOS PELA MANHÃ A FIM DE REMOVER CÉLULAS MORTAS E IMPUREZAS QUANTO PARA APLICAR A MÁSCARA PARA CÍLIOS. A MAIORIA DAS MÁSCARAS JÁ VEM COM UM PINCEL EMBUTIDO, TAMBÉM CHAMADO DE "BASTÃO DE RÍMEL".

Como limpar seus pincéis

Existem várias maneiras de fazê-lo, conforme a seguir:

- **XAMPU OU SABONETE INFANTIL.** Este método permite que os pincéis fiquem limpos e higienizados. Adicione um pouco do produto na água, mergulhe os pincéis e enxágue-os bem sob a água corrente. Deixe-os secar durante a noite em uma superfície inclinada para que a água escorra.

- **ÁLCOOL ISOPROPÍLICO 75% OU MAIS.** Esta é a maneira mais rápida de fazer a limpeza. O álcool 75% ou mais é propício para uma secagem rápida.

- **HIGIENIZADORES DE PINCEL.** Coloque seus pincéis dentro de um copo com o produto várias vezes até conseguir remover completamente o acúmulo de maquiagem.

Para todas as técnicas indicadas, sempre tenha junto uma toalha de tecido limpa com papel-toalha sobre ela. Independentemente do método escolhido, use o papel para retirar a maquiagem presa em seus pincéis até que nada mais saia deles.

CÍRCULO CROMÁTICO

Sempre que nos deparamos com a expressão "círculo cromático", uma parede de complexidade surge.

O conhecimento do círculo cromático é fundamental não apenas para maquiadores e cabeleireiros, mas para todas as profissões que requerem coordenação de cores. Por meio dele, é possível utilizar métodos que corrigem e harmonizam as cores, obtendo uma aparência agradável.

Primeiro, vamos abordar o círculo cromático padrão. Vamos descobrir as suas origens.

François d'Aguilon agrupou pela primeira vez as cores (branco, amarelo, vermelho, azul e preto) no século XVI, inspirado na teoria cromática de Aristóteles, em que as cores amarelo, vermelho, roxo, azul e verde derivam de misturas de preto e branco. Ludwig Wittgenstein, filósofo do século XX, desenvolveu alguns termos relacionados a cores usando vermelho, verde, azul e amarelo como cores primárias.

Agora, vamos simplificar o conceito cromático dividindo-o em três partes.

Cores primárias, secundárias e terciárias

O primeiro círculo cromático completo foi criado por Newton e é composto pelas cores primárias: vermelho, amarelo e azul; secundárias: violeta/roxo, laranja e verde; e terciárias: vermelho-alaranjado, amarelo-alaranjado, amarelo-esverdeado, azul-esverdeado, azul-arroxeado e vermelho-arroxeado.

Temperatura: quente × frio

Tons quentes são aqueles que evocam sensação de calor. Hoje existem três tons quentes: vermelho, laranja e amarelo.

Tons frios são aqueles que evocam sensações de frescor. Estes são os tons frios: verde, roxo e azul.

Como saber se a cor de alguém é quente ou fria? Uma das técnicas empregadas por maquiadores em todo o mundo é verificar as veias do braço. Se azuis, provavelmente a cor da pessoa está no lado frio, mas se forem mais verdes, provavelmente está no lado quente.

Subtons

Subtom é a cor de fundo da pele. Refere-se à cor dentro da sua cor. Os subtons mais populares são frios, quentes e neutros.

Como saber qual tipo de subtom você tem?

A forma mais comum de identificar é, mais uma vez, virando o braço e analisando a cor de suas veias. Se parecerem verdes, provavelmente você tem um subtom quente. Agora, se parecerem azuis ou roxas, é provável que você tenha um subtom frio. Se for uma mistura de quente e frio, pode ser que você tenha um subtom neutro.

CORREÇÃO DE COR

A correção de cor é uma das partes mais importantes na preparação da pele.

- O roxo neutraliza o amarelo.
- O verde neutraliza o vermelho.
- O laranja neutraliza o azul.
- O amarelo neutraliza o roxo.

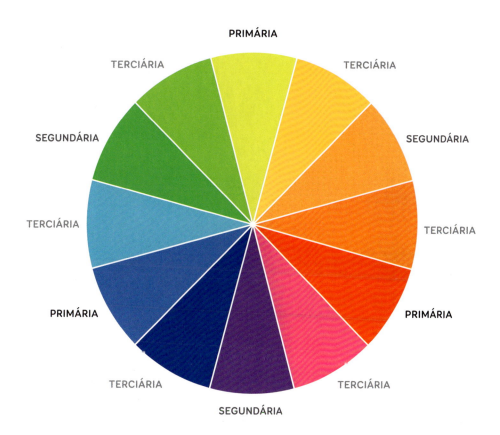

A maneira mais simples de escolher quais cores neutralizam ou corrigem as outras é olhar seu lado oposto no círculo cromático. No mundo das cores, os opostos não se atraem, mas se anulam mutuamente.

FORMATOS DE ROSTO

Os formatos de rosto considerados atraentes variam de cultura para cultura e conforme a época. Hoje, eles exercem um papel importante no modo como fazemos a maquiagem e até mesmo na escolha do corte de cabelo certo.

Ao longo dos séculos, a estrutura do rosto mudou, incluindo o contorno da mandíbula e os dentes, principalmente para se adaptar a fontes de alimentos menos exigentes. As sobrancelhas e a linha do cabelo também recuaram ao longo dos anos. Além disso, toda a humanidade evoluiu para viver mais e ser mais alta do que em qualquer momento da história. Somos o resultado do nosso passado. Portanto, com a evolução da tecnologia e as mudanças de hábito, é muito provável que em alguns séculos sejamos muito diferentes do que parecemos hoje.

Com o tempo, a ideia de rosto perfeito também mudou. Foi somente em 1930 que a forma esquemática do rosto passou a adaptar cortes de cabelo e aplicações de maquiagem.

Uma grande mudança que acontece conosco, geralmente quando chegamos aos 50 anos, é a perda óssea e muscular e a linha do cabelo recuada. Então, vamos falar sobre os tipos de mudança que acontecem no rosto da juventude à velhice. Dos 20 aos 30 anos, a perda de gordura facial é muito comum. Dos 30 aos 40, as pálpebras começam a afrouxar onde encontram os ossos das bochechas. Dos 40 aos 50, a pele do pescoço começa a afrouxar também. Aos 50 anos, é mais perceptível a mudança nas linhas dos lábios com a perda de volume e o acentuamento delas. As alterações no queixo e na mandíbula ocasionadas pelo deslocamento de gordura e músculos resultam em um rosto mais alongado.

A boa notícia é que existem muitos tratamentos que podem atrasar e até mesmo prevenir que isso aconteça. Mas comecemos identificando os formatos de rosto e a compatibilidade com a moda atual.

A maneira mais fácil de identificar o formato do rosto é pela mandíbula ou pela testa.

Pela mandíbula: se ela for arredondada e curta, o formato do rosto é arredondado; se for pontuda o estreita, o rosto tem formato de coração; se for pronunciada e afiada, o rosto é quadrado.

Analisando pela testa, se ela for larga, o formato do rosto é oval. Maçãs do rosto proeminentes compõem um rosto redondo ou em forma de coração, mas quando tanto as maçãs quanto a mandíbula são proeminentes, estamos diante de um rosto quadrado. Se o rosto for longo, mas não tão largo, o rosto é retangular. Se for um rosto longo e largo, seu formato é de diamante ou retangular.

A seguir, apresentamos sete tipos de formato de rosto. Vamos também aprender como fazer contorno nessas diferentes formas enquanto as estudamos.

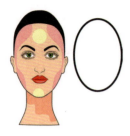

- CONTORNO
- HIGHLIGHTERS

Rosto oval

O ROSTO OVAL É O TIPO MAIS COMUM E ATRAENTE. ALÉM DE SER UMA COMBINAÇÃO DE ROSTO QUADRADO E REDONDO, TAMBÉM CONHECIDO COMO "ROSTO LONGO", É PROPORCIONAL E PODE ADEQUAR-SE A QUALQUER CORTE DE CABELO OU MAQUIAGEM. AS MAÇÃS DO ROSTO ALTAS FAZEM VOCÊ PARECER JOVEM E VIÇOSO, COM UM CONTORNO DEFINIDO.

COMO A TESTA E A LINHA DA MANDÍBULA SÃO PEQUENAS, COM LINHAS SUAVES E UMA APARÊNCIA EQUILIBRADA, É CONSIDERADO UM DOS FORMATOS DE ROSTO MAIS DESEJÁVEIS. AGORA, VAMOS DESCOBRIR COMO PODEMOS ENFATIZAR ESSAS LINHAS COM ILUMINAÇÃO (HIGHLIGHTERS) E SOMBRAS.

SOMBRAS. EVITE TONS ESCUROS. GERALMENTE, SÃO NECESSÁRIOS DOIS TONS MAIS ESCUROS QUE A BASE PARA TORNAR ESSE TIPO DE ROSTO MAIS DEFINIDO SEM ACENTUAR O COMPRIMENTO DELE. CONCENTRE-SE NA LATERAL DA TESTA, ABAIXO DAS MAÇÃS DO ROSTO E NO QUEIXO.

HIGHLIGHTERS. DIFERENTEMENTE DO ILUMINADOR TRADICIONAL, QUE ILUMINA TODA A PELE, OS HIGHLIGHTERS DÃO DESTAQUE A LUGARES ESPECÍFICOS DO ROSTO. PARA O ROSTO OVAL, AS REGIÕES A SEREM ILUMINADAS SÃO AS ÁREAS SOB OS OLHOS, NA ZONA T, SOBRE OS LÁBIOS E NA MANDÍBULA.

- CONTORNO
- HIGHLIGHTERS

Rosto triangular ou em formato de pera

O ROSTO TRIANGULAR É COMPOSTO PRINCIPALMENTE POR UMA TESTA MENOR, QUE SE ALARGA NAS MAÇÃS DO ROSTO, UMA MANDÍBULA MAIS PRONUNCIADA E UM QUEIXO MAIOR.

EXISTEM MUITOS TRUQUES QUE VOCÊ PODE FAZER PARA TORNAR O ROSTO TRIANGULAR AINDA MAIS ATRAENTE. AQUI ESTÃO ALGUNS QUE USO EM MEUS TRABALHOS E DESFILES.

O OBJETIVO É SUAVIZAR O ROSTO, TIRANDO A ATENÇÃO DAS LATERAIS DO MAXILAR. EXPLORE SOMBRAS MAIS ESCURAS, COMO OLHOS ESFUMADOS E DELINEADORES ESTILO "GATINHO" BEM-FEITOS. SE VOCÊ DESEJA CRIAR MAIS DEFINIÇÃO, APLIQUE O BLUSH MAIS ESCURO COM A SOMBRA DE CONTORNO PARA ESTREITAR O ROSTO.

SOMBRAS. CONTORNE COM SOMBRAS ESCURAS AO REDOR DA LINHA DO CABELO E DAS TÊMPORAS, DESCENDO POR TODA A LATERAL DA MANDÍBULA. APLIQUE TAMBÉM ABAIXO DAS MAÇÃS DO ROSTO.

HIGHLIGHTERS. DESTAQUE E ILUMINE O MEIO DA TESTA, ABAIXO DOS OLHOS, O MEIO DO NARIZ E O QUEIXO.

CONTORNO

HIGHLIGHTERS

Rosto redondo

ESTE TIPO É GERALMENTE O OPOSTO DO ROSTO TRIANGULAR, NO QUAL A PARTE INFERIOR DO ROSTO É MAIS PRONUNCIADA DO QUE A PARTE SUPERIOR. CURIOSAMENTE, A PARTE ENFATIZADA É A DAS MAÇÃS DO ROSTO.

A MANDÍBULA, MESMO ALINHADA COM AS MAÇÃS DO ROSTO, TEM UMA CURVATURA MAIS SUAVE. MUITAS VEZES, AS PESSOAS CONFUNDEM O ROSTO OVAL COM O ROSTO REDONDO; A ÚNICA DIFERENÇA ESTÁ NO TAMANHO DA TESTA, QUE NO CASO DO ROSTO REDONDO É MENOR DO QUE EM UM ROSTO OVAL.

PARA FINALIZAR E HARMONIZAR ESSE FORMATO, SEMPRE OPTE POR SOBRANCELHAS ALTAS E ARQUEADAS.

SOMBRAS. BRINCAR COM SOMBRAS AJUDA PRINCIPALMENTE A EQUILIBRAR A PARTE INFERIOR DO ROSTO. TENHA EM MENTE QUE A IDEIA É CAMUFLAR AS ÁREAS MAIS PROEMINENTES; NESSE CASO, MANTENHA AS SOMBRAS ABAIXO DAS MAÇÃS DO ROSTO E ABAIXO DA LINHA DA MANDÍBULA.

HIGHLIGHTERS. MANTENHA ILUMINADA A PARTE SUPERIOR DO ROSTO, ABAIXO DOS OLHOS E NO CENTRO DA PARTE FRONTAL DO QUEIXO.

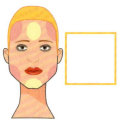

CONTORNO

HIGHLIGHTERS

Rosto quadrado

DE ACORDO COM A INDÚSTRIA DA BELEZA E DA MODA, ESTE FORMATO É UM DOS MAIS POPULARES ENTRE AS MARCAS DE BELEZA. O ÂNGULO E O ALINHAMENTO ENTRE AS MAÇÃS DO ROSTO, A TESTA E O QUEIXO SÃO SIMÉTRICOS, MAS, POR OUTRO LADO, FALTA COMPRIMENTO FACIAL.

ESSA E UMA DAS POUCAS COISAS DE QUE DEVEMOS ESTAR CIENTES AO APLICAR MAQUIAGEM. NO BLUSH, CONCENTRE-SE NA PARTE ALTA DAS MAÇÃS DO ROSTO. AS SOBRANCELHAS DEVEM SER ESPESSAS E COM CANTOS EXTERNOS SUAVES. SEMPRE MODELE AS SOMBRAS DOS OLHOS INCLUINDO UM OLHO ESFUMADO EM FORMA DE AMÊNDOA.

SOMBRAS. SUAVIZE AS ÁREAS EXTERNAS DO ROSTO COM UM TOM DE CONTORNO LIGEIRAMENTE MAIS ESCURO, COMEÇANDO NA TÊMPORA ATÉ A LINHA DA MANDÍBULA EM DIREÇÃO AO QUEIXO.

HIGHLIGHTERS. MANTENHA OS DESTAQUES O MAIS PRÓXIMO POSSÍVEL DA BASE. ILUMINE A ZONA T, BEM COMO A PONTE DO NARIZ E O QUEIXO. SE ESTIVER SE SENTINDO COM VONTADE DE SE AVENTURAR, APLIQUE O MESMO ILUMINADOR ENTRE AS MAÇÃS DO ROSTO E SOBRE ELAS.

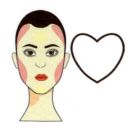

Rosto em formato de coração ou triangular invertido

MENOS COMUM DENTRE OS QUE VIMOS ATÉ AGORA, ESTE ROSTO É CARACTERIZADO POR UMA TESTA LARGA, MANDÍBULAS ESTREITAS E MAÇÃS DO ROSTO PROEMINENTES. À MEDIDA QUE A LINHA SE MOVE EM DIREÇÃO À PARTE INFERIOR DO ROSTO, ELA FICA MAIS ANGULADA EM DIREÇÃO AO QUEIXO.

SOMBRAS. APLIQUE SOMBRAS DOIS TONS MAIS ESCUROS NAS TÊMPORAS E ABAIXO DAS MAÇÃS DO ROSTO.

HIGHLIGHTERS. APLIQUE O DESTAQUE SOB OS OLHOS E NA TESTA.

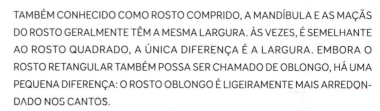

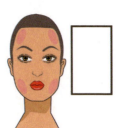

Rosto retangular ou oblongo

TAMBÉM CONHECIDO COMO ROSTO COMPRIDO, A MANDÍBULA E AS MAÇÃS DO ROSTO GERALMENTE TÊM A MESMA LARGURA. ÀS VEZES, É SEMELHANTE AO ROSTO QUADRADO, A ÚNICA DIFERENÇA É A LARGURA. EMBORA O ROSTO RETANGULAR TAMBÉM POSSA SER CHAMADO DE OBLONGO, HÁ UMA PEQUENA DIFERENÇA: O ROSTO OBLONGO É LIGEIRAMENTE MAIS ARREDONDADO NOS CANTOS.

UMA REGRA GERAL É QUE, NESSE TIPO DE FORMATO, AS MAÇÃS DO ROSTO NÃO SÃO TÃO ARREDONDADAS E OS LADOS SÃO RETOS E ESTREITOS.

SOMBRAS. AS SOMBRAS DESEMPENHAM UMA FUNÇÃO IMPORTANTE AO CONTORNAR ESSE TIPO DE FORMATO, POIS IRÃO AFINÁ-LO E DIMINUIR A TESTA. CONCENTRE-SE NOS CANTOS DA TESTA E NAS MAÇÃS DO ROSTO.

HIGHLIGHTERS. MESMO QUE ALGUNS ESPECIALISTAS AFIRMEM QUE NÃO SE DEVAM USAR HIGHLIGHTERS PARA ESSE FORMATO, ACREDITO QUE VOCÊ DEVA ILUMINAR A PARTE CENTRAL DA FACE, DEBAIXO DOS OLHOS, NO MEIO DO NARIZ E SOBRE O QUEIXO.

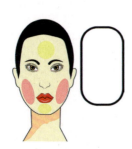

CONTORNO

HIGHLIGHTERS

Rosto em formato de diamante

O FORMATO DIAMANTE É INCOMUM E RARO. COMEÇA COM UMA TESTA ESTREITA E TEM AS MAÇÃS DO ROSTO ALTAS. ALGUMAS PESSOAS TAMBÉM CONSIDERAM ESSE FORMATO DE ROSTO O MAIS ELEGANTE PARA MULHERES.

EMBORA AS MAÇÃS DO ROSTO SEJAM PROEMINENTES, A LINHA DOS OLHOS E A DA MANDÍBULA TAMBÉM SÃO MAIS ESTREITAS DO QUE EM OUTRAS FORMAS.

SOMBRAS. GERALMENTE APLICO AS SOMBRAS NA LATERAL DO ROSTO, COMEÇANDO DAS LATERAIS DA TESTA ATÉ A PONTA DA CALDA DAS SOBRANCELHAS. TAMBÉM APLICO ABAIXO DAS MAÇÃS DO ROSTO, PARA ESTRUTURÁ-LO.

HIGHLIGHTERS. DEVEMOS MANTER OS DESTAQUES NO CENTRO DA TESTA, NO QUEIXO E ABAIXO DOS OLHOS.

CHIAROSCURO: TÉCNICA DE REALCE E SOMBRA

Leonardo da Vinci disse: "Pintar está relacionado com todas as dez características da visão... escuridão e luz, solidez e cor, forma e posição, distância e proximidade, movimento e repouso". Os artistas renascentistas introduziram o chiaroscuro,[3] que adicionou dimensão, volume e ilusão 3D à sua arte.

A técnica de chiaroscuro, ou, como chamada na maquiagem, de realce e sombra, tem um papel importante em como criamos uma ilusão de pintura, tendo em mente que, se queremos que um atributo do sujeito se destaque, realçamos, e se queremos que um atributo do sujeito apareça atrás, menor ou até recue, aplicamos sombras.

Quando aplicamos a técnica de realce e sombra, damos uma ilusão de dimensão a uma superfície plana, tão bem iluminada a ponto de poder ser captada por um fotógrafo ou pelas luzes de estúdio; o restante fica para o artista executar. O realce e a sombra também expressam o humor de nossa arte, indo do doce e romântico ao dramático.

Vamos entender como os pintores veem essa técnica partindo de alguns valores visuais, que são: cor, forma, linha, contorno, espaço, textura, ritmo, harmonia e intensidade. Para a gradação do escuro ao claro e as tonalidades usadas, seja em uma pintura, seja no face chart[4] ou na maquiagem em modelo ao vivo, é importante compreender que tipo de sombra você está retratando.

Ao trabalhar com fotógrafos, sempre peço o mood board[5] deles para entender onde a luz vai atingir e onde a sombra será necessária para equilibrar a luz de beleza e os refletores.

---

3 Técnica que utiliza o contraste entre luz e sombra.
4 Representação gráfica de um rosto.
5 Painel que reúne referências visuais para algum projeto ou atendimento.

Quando sombrear, contornar ou destacar, observe o tom de pele com o qual está trabalhando. A regra geral é usar de dois a três tons mais escuros para a sombra e de um a dois tons mais claros para os realces. Além disso, tenha em mente que para a pele clara deve-se usar tons frios; para a pele oliva ou morena, tons quentes; e para a pele escura, de tons neutros a escuros com tons de vermelho e azul.

Adicionando a técnica de chiaroscuro, você dá vida à sua arte, não importa se em uma pessoa ou em uma tela.

Vamos encerrar esta seção estabelecendo algumas definições.

- **ESFUMADO NÍTIDO:** você pode ver onde a luz termina e a sombra começa.
- **LEVE:** seu realce perde um pouco de integridade para a sombra.
- **GRADUAL:** os dois lados, o realce e a sombra, perdem-se um no outro, permitindo um belo esfumado gradual no meio.

CONSTRUINDO UM ROSTO

É inegável como a maquiagem é importante em todas as facetas da vida. Ela cria uma ilusão na qual todos acreditamos.

Em desfiles, por exemplo, nosso trabalho é transformar uma modelo, geralmente adolescentes ou jovens mulheres, em uma mulher poderosa que pode pagar por aqueles vestidos de alta-costura, ou fazê-la parecer uma estrela do rock, uma profissional, etc.

A maquiagem estabelece uma conexão entre a coleção do designer e o conceito da história por trás da coleção daquela estação. Ela também transforma nossas estrelas favoritas em personagens como super-heróis, monstros, pessoas desabrigadas e princesas.

Respeitar as fases da maquiagem e a maneira de aplicá-la é a habilidade básica para alcançar beleza e harmonia.

Então, qual é a forma certa de aplicar maquiagem? Devo trabalhar primeiro nos olhos ou na pele? Não há uma resposta definitiva para isso. Como se aplica a maquiagem varia caso a caso.

Por exemplo, se eu estivesse trabalhando em um visual que tem basicamente pigmentos soltos e cores escuras, começaria preparando a pele com primers e tônicos, aplicaria o corretivo sob os olhos e o primer de sombras. Só depois de terminar os olhos trabalharia o restante da maquiagem. Por que o corretivo? A razão é que, às vezes, quando fazemos a base e o corretivo depois dela, não obtemos uma mistura boa, pois seria preciso limpar a área sob os olhos, criando uma linha dura.

Além disso, se aplicamos o corretivo depois da base, eles podem se anular. Use pó antes da base ou mesmo máscara após a maquiagem dos olhos.

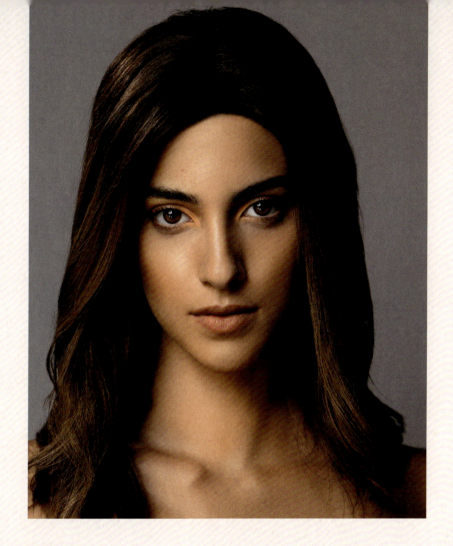

Na maioria dos casos, o caminho mais fácil é o seguinte:

- HIDRATANTE
- PRIMER
- CORRETIVO
- BASE
- SOBRANCELHAS
- BRONZER
- BLUSH
- ILUMINADOR
- MAQUIAGEM DOS OLHOS
- CÍLIOS POSTIÇOS
- LÁBIOS

FACE CHART

O face chart é um método moderno e revolucionário de criar, arquivar e catalogar todas as suas obras de maquiagem, por meio de esboços de rostos impressos em papel. Maquiadores têm usado esse método desde os anos 1980.

Ao longo das décadas em que tenho sido maquiador, sempre procurei a melhor maneira de criar meus looks tanto para a passarela quanto para a construção de personagens em um filme. Nesses papéis, posso permitir que minha criança interior assuma o controle e expresse de modo livre como me sinto artisticamente. Foi somente quando cheguei aos meus vinte e poucos anos que finalmente fui apresentado à maneira adequada de fazer o face chart, a qual compartilho neste capítulo.

ESCOLHENDO O PAPEL CERTO. Escolher o papel com uma aderência suficiente ajudará você a "pintar" melhor. Minhas recomendações são: papel para aquarela, fosco e até para currículo. Alguns artistas até preferem papel sulfite.

USANDO O MATERIAL CERTO. Sombras, pós compactos, lápis, canetas, pigmentos soltos e glitter geralmente funcionam melhor. Tente evitar bases ou qualquer material líquido.

ESCOLHENDO OS PINCÉIS CERTOS. Os pincéis são uma parte importante. Uma vez que o face chart é plano, você precisará utilizar pincéis pequenos e macios.

Seja delicado com os movimentos do pincel. Se usar força, poderá manchar o desenho.

PELE

PARA TRABALHAR A PELE NO PAPEL, TENTE USAR BASES EM PÓ. CASO NÃO TENHA, USE PÓS COMPACTOS OU MESMO SOMBRAS COMPACTAS. APLIQUE USANDO UMA ESPONJA, PRESSIONANDO EM TODA A ÁREA DO FACE CHART, MAS DEIXANDO AS PARTES QUE SERÃO REALÇADAS DE FORA PARA UMA APLICAÇÃO MAIS FÁCIL DO HIGHLIGHTER DEPOIS. ESSAS PARTES GERALMENTE SÃO ABAIXO DOS OLHOS, PONTE DO NARIZ E TESTA.

SOBRANCELHAS

DESENHE AS SOBRANCELHAS COM UM LÁPIS OU COM UMA SOMBRA CREMOSA; NESTE CASO, USE PÓ FIXADOR DEPOIS PARA EVITAR QUE O PRODUTO BORRE.

NARIZ

CONTORNE O NARIZ COMO FARIA COM UM MODELO AO VIVO. LEMBRE-SE DE QUE A PONTE DO NARIZ FOI DEIXADA EM BRANCO NA ETAPA DA PELE. CRIE UMA ZONA T COM O PÓ DE CONTORNO.

CONTORNO

USE UM PINCEL PEQUENO COM SOMBRA MARROM MÉDIA, APLIQUE EM MOVIMENTOS CIRCULARES NAS ÁREAS EM QUE DESEJA ADICIONAR PROFUNDIDADE. APLIQUE ABAIXO DAS BOCHECHAS E DO NARIZ E NO CÔNCAVO DOS OLHOS.

OLHOS

USE TONS DE MARROM NATURAL AVERMELHADOS PARA IMITAR A ANATOMIA HUMANA, LÁPIS PARA DESENHAR A COR DESEJADA DOS OLHOS E BRANCO NA PUPILA PARA IMITAR O BRILHO NATURAL DOS OLHOS.

CÍLIOS

USE DELINEADOR LÍQUIDO E UM PINCEL DE TRAÇADO FINO. APLIQUE EM DIFERENTES COMPRIMENTOS E DIREÇÕES PARA OBTER UM VISUAL MAIS NATURAL.

LÁBIOS

USE TONS DE MARROM PARA CONTORNAR OS LÁBIOS. EM SEGUIDA, APLIQUE O LÁPIS OU ATÉ MESMO UM BATOM REAL PARA UM VISUAL MAIS REALISTA. SE O ESTILO DO LÁBIO QUE VOCÊ ESTÁ TENTANDO EMULAR FOR UM VISUAL BRILHANTE, ADICIONE ALGUNS TRAÇOS FINOS BRANCOS PARA IMITAR O REFLEXO DA LUZ.

PASSO A PASSO PARA UMA MAQUIAGEM PODEROSA

Na indústria da maquiagem, a oferta de profissionais é imensa e o que diferencia os bons dos excelentes são os detalhes. Trabalhe com minúcia e atenção a cada etapa do processo e aprimore os seus resultados. Como ajuda, segue um passo a passo que servirá de base para o seu trabalho.

Cuidados com a pele: limpeza, tonificação, hidratação e proteção

A pele é o maior órgão humano; é delicado, mas resistente também. Compõe-se principalmente de água, gorduras e minerais. Sua função primária é proteger, absorver, excretar, secretar, regular e sentir. Portanto, alguns cuidados que devemos ter ao preparar a pele são limpeza, proteção solar e hidratação.

Considerando a anatomia da pele, ela é composta de três camadas:

- **HIPODERME:** a camada subcutânea.
- **DERME:** a camada intermediária e a mais espessa.
- **EPIDERME:** a camada superior e a mais fina.

E o que determina a cor da pele?

As células do corpo responsáveis pelos pigmentos da pele, dos olhos e dos cabelos são chamadas de melanócitos. Quanto mais melanina se produz, mais pigmento será depositado.

Portanto, trabalhar com tons de pele altamente pigmentados ou menos pigmentados faz parte do trabalho diário de um maquiador.

O fototipo da pele segundo a escala de Fitzpatrick - indicada por FST ou FSP, de Fitzpatrick Skin Types (ou Phototypes) - é uma classificação para a cor da pele humana, por meio da determinação dos níveis de melanina e da interação com a luz solar.

Começa pelo FST 1, no qual melanócitos produzem menos melanina e a pele tende a queimar e não se bronzear, e vai até o FST 6, em que melanócitos produzem grande quantidade de melanina, tornando a pele mais resistente ao sol. É recomendado o uso de protetor solar em todos os casos.

Independentemente da cor e do tipo de pele, cuidados precisam ser tomados. A seguir, breves orientações de preparo da pele.

APLICANDO O GEL DE LIMPEZA

A principal função do gel de limpeza é remover impurezas da pele.

Com o rosto molhado, use algodão com um higienizante de boa qualidade e aplique com suaves movimentos no rosto, removendo o produto com um algodão limpo.

APLICANDO O TÔNICO

Nesta etapa, não use os dedos, use um algodão para espalhar melhor o produto por todo o rosto e evitar transferir resíduos de volta à pele. Aplique o tônico com delicadeza, já que a pele está em um estado mais vulnerável.

APLICANDO O HIDRATANTE

Após limpar a pele, aplique o hidratante com um pincel limpo em uma posição ascendente para uma melhor absorção. Geralmente, deixo o produto repousar na pele por um minuto antes de aplicar o primer. Esta etapa é importante para preservar a saúde da pele, pois o hidratante é responsável por segurar a água entre a pele e a maquiagem, mantendo-a protegida e hidratada.

Depois de aplicá-lo, é hora de passar o protetor solar para proteger a pele dos raios UV.

APLICANDO O PROTETOR SOLAR

Aplique o protetor atentamente, pois deve cobrir toda a pele do rosto e do pescoço. Seja com pincéis limpos ou com os dedos, certifique-se de que a camada do produto seja fina e delicada para evitar a aparência de pele oleosa.

TIPOS DE PELE

Identificar o tipo de pele com o qual se está trabalhando ajudará a designar a melhor rotina de cuidados.

O método mais popular para categorizar os tipos de pele é o Indicador de Tipo de Pele de Baumann (Baumann Skin Type Indicator – BSTI), conforme a seguir.

- **OLEOSA OU SECA (O-D).** Para determinar se a pele é oleosa, olhe para ela e identifique se está brilhante e se a sente oleosa. Já a pele seca geralmente está com descamação, escamosa e, às vezes, tensa.

- **SENSÍVEL OU RESISTENTE (S-R).** A pele sensível é naturalmente corada, mas pode ficar mais vermelha quando exposta a fatores irritantes, como exposição ao sol, poluição, produtos não hipoalergênicos, etc. Pode ser alérgica a fragrâncias e a alguns cosméticos e apresentar manchas. Já a pele resistente possui uma maior capacidade de resistir a danos e irritações externas, o que facilita o uso de produtos cosméticos no dia a dia, uma vez que esse tipo de pele tende a ser menos propenso a desenvolver sensibilidade ou ter reações adversas a agentes externos.

- **PIGMENTADA OU NÃO PIGMENTADA (P-N).** De acordo com a dra. Baumann, a pele pigmentada tem predisposição a produzir em excesso o pigmento melanina, que dá à pele a sua cor. Pode apresentar manchas escuras ou tonalidade desigual. Já a pele não pigmentada tem um tom mais uniforme. Lembre-se de que esta categoria não tem relação com a cor da pele, e sim com o tom de pele irregular e a tendência a problemas de pigmentação.

- **PROPENSA A RUGAS OU NÃO (W-T).** O tipo de pele rugosa pode apresentar linhas, rugas e flacidez, enquanto a pele lisa é suave e mais uniforme.

Primer

Primers têm sido usados por pintores e outros artistas há séculos como uma camada extra para obter um resultado duradouro. Para a maquiagem, não é diferente. Depois dos cuidados básicos com a pele, é hora de aplicar o primer. Os tipos mais comuns de primer são: para a base; para as pálpebras; para a região abaixo dos olhos; para os lábios; e para os cílios.

Escolher o tipo certo para aplicar antes da base é muito importante para o acabamento geral da maquiagem. Vamos dar uma olhada em seus principais componentes. Os primers mais populares são à base de silicone ou de gel e primer com cor. Ao escolher, por exemplo, um primer à base de silicone, certifique-se de que sua base também seja do mesmo tipo.

Às vezes, algumas coisas podem acontecer se o primer não for aplicado corretamente, como a maquiagem descascar ou até mesmo ficar manchada, e, assim, o pincel não deslizar suavemente na pele. Isso pode ocorrer por três motivos:

1. O primer não é compatível com a base.
2. O produto não foi aplicado corretamente ou foi usado em excesso.
3. Não foi esperado um minuto inteiro para o primer assentar.

Tendo isso em mente, passemos às etapas para aplicar o primer.

Passo a passo

1. APÓS LIMPAR, TONIFICAR E HIDRATAR A PELE DO ROSTO, APLIQUE UMA PEQUENA PORÇÃO DO PRODUTO EM UM PINCEL.
2. COMECE DO CENTRO DO ROSTO EM DIREÇÃO AOS CANTOS EXTERNOS.
3. USE PRIMERS DIFERENTES PARA CADA PARTE DO ROSTO, COMO PÁLPEBRAS, LÁBIOS E ÁREA ABAIXO DOS OLHOS.
4. ESPERE PELO MENOS UM MINUTO PARA QUE O PRODUTO SEJA ABSORVIDO.
5. APLIQUE O CORRETIVO E A BASE.

Corretivo

O corretivo é um produto cosmético espesso projetado para cobrir e corrigir imperfeições da pele. Em alguns casos, ele tem as propriedades para funcionar como uma base. A regra geral é que o corretivo seja mais claro no máximo um ou dois tons que a base.

Locais para aplicar o corretivo: abaixo dos olhos, queixo, acima e abaixo das sobrancelhas, ao redor dos lábios, ao redor do nariz e para cobrir imperfeições em qualquer parte do rosto. Alguns corretivos também têm pigmentação para corrigir descolorações da pele. Use o círculo cromático apresentado para aprender a fazer essa correção.

O corretivo geralmente é aplicado antes da base, para evitar alterar sua tonalidade, o que ocorre se aplicado depois.

Passo a passo

1. APÓS O USO DO PRIMER, MAPEIE AS ÁREAS EM QUE APLICARÁ O CORRETIVO.
2. COM UM PINCEL, APLIQUE O PRODUTO NESSAS ÁREAS, COMEÇANDO DO CENTRO DO ROSTO E INDO EM DIREÇÃO AOS CANTOS EXTERNOS.
3. USE CORRETIVOS PIGMENTADOS PARA MANCHAS E OUTRAS DESCOLORAÇÕES DA PELE.
4. APLIQUE A BASE.
5. COM UMA ESPONJA OU UM BEAUTY BLENDER, MISTURE O CORRETIVO COM A BASE.

Base

Como abordado anteriormente, as bases de maquiagem existem há séculos e evoluíram com a tecnologia e com o passar do tempo. Passaram de pastas feitas de minerais para opções à base de chumbo e para as que temos hoje.

Atualmente, temos à nossa disposição os seguintes principais tipos de base:

BASTÃO. A consistência espessa e mais densa permite uma cobertura completa da pele, sendo ideal para quem possui áreas que precisam de mais cuidado. É possível cobrir cicatrizes de acne e imperfeições. Este tipo é recomendado para pessoas com pele normal ou até mesmo com uma combinação de texturas.

BB CREAM. Sigla para "blemish/beauty balm" (bálsamo de beleza/corretivo), oferece uma cobertura leve, resultando em uma pele macia e luminosa. É ideal para pessoas com pele seca. Tem uma cobertura melhor do que o hidratante tonalizante, mas menor do que a base líquida.

CC CREAM. Sigla para "color corrector" (corretor de cor), possui propriedades para equilibrar e corrigir a hiperpigmentação. Use após o hidratante e o protetor solar. O CC cream é ideal para peles oleosas e com acne.

CREME. Este tipo de base é recomendado para quem tem pele seca. Você também pode controlar a intensidade usando um diluente de maquiagem para ter um visual mais leve ou usá-la pura para uma cobertura completa.

EM PÓ. As bases em pó podem ser de diferentes tipos, como compactas, soltas e solúveis em água, mas geralmente são mais adequadas para pessoas com pele mista ou oleosa, que desejam um acabamento fosco. No caso do pó mineral, é um tipo de base excelente para peles maduras, pois não se acumula nas linhas de expressão, além de proporcionar um brilho extra. Oferece uma cobertura de média a completa, mas ao mesmo tempo é leve e confortável, como se você não estivesse usando nada, sendo especialmente gentil com os poros.

HIDRATANTE TONALIZANTE (TINTED MOISTURIZER). Perfeito para uma cobertura natural. É ideal para maquiar homens quando se busca um efeito natural, que apenas uniformize a pele de maneira sutil, para sessões fotográficas ao ar livre no verão e para o uso diário de mulheres. Você pode misturar o hidratante tonalizante com o corretivo em algumas áreas e até aplicar pó depois para um acabamento fosco. Lembre-se apenas de que você também pode usar um hidratante tonalizante antes do primer e de aplicar a base para ter uma cobertura completa.

LÍQUIDA. Para um acabamento mais translúcido, algumas delas oferecem cobertura completa e outras têm um acabamento mais leve.

Passo a passo

1. LIMPE A PELE E APLIQUE O HIDRATANTE.
2. APLIQUE O PRIMER EM TODO O ROSTO.
3. ESCOLHA A COR CERTA PARA O TOM DA PELE.
4. COLOQUE O TIPO DE BASE ESCOLHIDA (LÍQUIDA, CREME, BASTÃO, ETC.) EM SUA PALETA DE MAQUIAGEM.
5. USE UM PINCEL PARA APLICAR O PRODUTO; O PINCEL É PERFEITO PARA ÁREAS MAIORES E UMA COBERTURA COMPLETA, SE FOR O DESEJADO. USE ESPONJAS PARA MISTURAR OU OUTRO PINCEL LIMPO.
6. COMECE DO CENTRO DO ROSTO EM DIREÇÃO À LINHA DO CABELO E DO CENTRO PARA A MANDÍBULA.
7. FIXE COM PÓ.

Sobrancelhas

As sobrancelhas são a moldura suprema do rosto.

Elas marcam o instante e o momento na história e são um importante referencial de moda. Um exemplo disso é que, ao longo do tempo, elas variaram de grossas, desenhadas a lápis, naturais e até mesmo quase inexistentes.

Escolher o formato adequado de sobrancelhas para o formato do rosto é, sem dúvida, uma decisão importante.

Dessa maneira, vamos conhecer os oito formatos mais comuns de sobrancelhas.

RETAS

ANGULADAS PARA CIMA

ARCOS SUAVES

ARCOS MÉDIOS

ARCOS ALTOS

EM FORMA DE S

REDONDAS

ARCOS REDONDOS

Recomenda-se que o formato escolhido seja o oposto do formato do rosto. Aqui, vamos revisitar os formatos estabelecidos de rosto e indicar quais sobrancelhas combinariam bem com cada um deles.

- **OVAL:** arco suave.
- **REDONDO:** arco alto e angulado.
- **LONGO:** ângulo suave no arco, geralmente reto.
- **QUADRADO:** sobrancelhas grossas com um arco semialto.
- **CORAÇÃO:** arcos mais altos, ângulo suave.
- **DIAMANTE:** sobrancelhas grossas e arredondadas.
- **TRIANGULAR:** sobrancelhas em forma de S.

Agora que já sabemos qual o formato de sobrancelha recomendado para cada tipo de rosto, vamos aprender a desenhá-las.

Primeiro, a sobrancelha tem três pontos: cabeça, corpo e cauda, também conhecidos como bulbo, a ponte do bulbo até o arco e a borda externa da ponte até o final.

Hoje, existem muitos métodos para cuidar das sobrancelhas criados por especialistas da área. Os mais populares nos Estados Unidos, na Europa e na América Latina são: cera, linha e pinça.

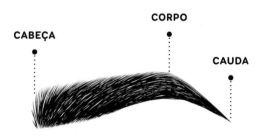

A seguir, vamos começar a dar forma a elas com a maquiagem.

Passo a passo

1. ESCOLHA O PRODUTO DE MAQUIAGEM QUE SERÁ UTILIZADO NA COR CERTA. EXISTEM VÁRIAS OPÇÕES, COMO: LÁPIS, CERA, GEL COLORIDO, SOMBRA, POMADA, GEL TRANSPARENTE E MÁSCARA.
2. COM O CORRETIVO, MARQUE ONDE VOCÊ IRÁ DESENHAR AS SOBRANCELHAS. ENCONTRE ONDE O BULBO DEVE ESTAR, UM PONTO ENTRE A PONTE DO NARIZ E O CANTO INTERNO DO OLHO, E MARQUE O ARCO.
3. ENCONTRE ONDE VOCÊ QUER QUE A CAUDA DA SOBRANCELHA TERMINE E DESENHE UMA LINHA NA PARTE INFERIOR DO ARCO ATÉ A CAUDA.
4. DESENHE A LINHA SUPERIOR DA SOBRANCELHA, FINALIZANDO O CONTORNO.
5. PREENCHA COM SOMBRA OU LÁPIS DE SOBRANCELHA.
6. PENTEIE A SOBRANCELHA COM CERA OU GEL PARA SOBRANCELHA.

Encontrar o equilíbrio na cor da sobrancelha é importante para a harmonia. Geralmente, escolho um tom entre a cor dos cílios e a cor do cabelo. Eis uma regra geral para escolher a cor da sua sobrancelha.

COR DO CABELO	COR DA SOBRANCELHA
PRETO	MARROM
MARROM	MARROM-CLARO
VERMELHO	MARROM-AVERMELHADO
CINZA	CINZA
LOIRO	MARROM-CLARO OU CINZA

Bronzer

Por séculos, homens e mulheres têm usado maquiagem para ter uma aparência saudável e bonita. Ao longo desse tempo, muitos produtos têm sido usados para recriar o brilho perfeito, o calor e a pele com aspecto de beijo de sol. Mas foi em 1984 que a Guerlain lançou a primeira versão do bronzer.

Há muitos tipos de textura do produto: pó compacto, pó solto, gel, líquido, creme e pasta.

Qual é a diferença entre bronzer, blush, contorno e highlighter? Primeiro, todos eles são importantes para o acabamento da pele. O blush adiciona cor às bochechas, o contorno dá forma. Quanto ao highlighter e ao bronzer, ambos são semelhantes, mas o bronzer, por causa de suas tonalidades mais escuras, adiciona a dimensão de uma pele bronzeada, ao passo que o highlighter realça essa área.

Bronzers vêm em muitos tons, mas, assim como em tudo na maquiagem, você é a referência. Não existe uma tonalidade que sirva para todos. Sempre escolha um tom que não seja mais do que dois tons mais escuros que o seu tom de pele.

Após a finalização da pele, vamos aplicar o bronzer.

Passo a passo

1. DEPOIS DE APLICAR O CORRETIVO E A BASE, O PRÓXIMO PASSO É ESCOLHER A TONALIDADE CERTA DE BRONZER.
2. APLIQUE O BRONZER NAS ÁREAS PROEMINENTES ONDE O SOL ATINGE A PELE DE CIMA PARA BAIXO; NESTE CASO, TESTA, PONTA DO NARIZ, QUEIXO E ABAIXO DO PESCOÇO.
3. A REGRA BÁSICA É APLICAR A CERCA DE UM DEDO DE DISTÂNCIA DA PONTE DO NARIZ ATÉ AS TÊMPORAS, ACIMA DO BLUSH.
4. COM UM PINCEL LIMPO, MISTURE O BRONZER PARA UM ACABAMENTO BRONZEADO E NATURAL.
5. DEPOIS DE APLICAR O BRONZER, MISTURE-O ATÉ CHEGAR AO BLUSH.

Blush

O blush, também conhecido como rouge, foi criado para demonstrar um "visual saudável" e é usado há milhares de anos.

Existem cinco texturas principais em que pode ser encontrado: creme, lápis, bastão, pó e líquido. Os mais populares vêm em diferentes tonalidades.

O blush pode ser aplicado sobre as maçãs do rosto, nas têmporas ou abaixo das maçãs do rosto.

A localização ideal para aplicá-lo se baseia no formato do rosto.

- **OVAL:** nas maçãs do rosto.
- **TRIANGULAR:** começa no canto externo dos olhos e vai desvanecendo em direção ao canto da boca.
- **REDONDO:** nas maçãs do rosto e no queixo.
- **QUADRADO:** um pouco abaixo das maçãs do rosto.
- **CORAÇÃO:** um pouco abaixo das maçãs do rosto.
- **RETANGULAR:** nas maçãs do rosto em direção às têmporas e abaixo das maçãs do rosto.
- **DIAMANTE:** no topo das maçãs do rosto.

Além disso, o blush é dividido em grupos de acordo com os tons de pele:

- **PELE CLARA:** rosa suave, coral-claro, pêssego e rosa translúcido.
- **PELE MÉDIA:** rosa, malva, rosa-escuro e pêssego-escuro.
- **PELE ESCURA:** tons escuros de rosa, pêssego, cobre e coral.

O primeiro passo antes de aplicar o blush é decidir qual cor escolher. Algumas das cores mais comuns são: rosa-claro, pêssego, ameixa, alperce (damasco ou alaranjado) e vermelho-claro. Cada tipo pode ter variações de tons.

Passo a passo

1. ESCOLHA A COR QUE DESEJA USAR.
2. IDENTIFIQUE O FORMATO DO ROSTO.
3. COM UM PINCEL DE BLUSH, APLIQUE O PRODUTO LEVEMENTE. SE NECESSÁRIO, VOCÊ SEMPRE PODE APLICAR MAIS CAMADAS.
4. USE SEMPRE DUAS TONALIDADES DE BLUSH PARA CRIAR PROFUNDIDADE.
5. USE UM PINCEL LIMPO PARA MISTURAR O BLUSH COM O BRONZER E/OU O ILUMINADOR E O CONTORNO.

Ao aplicar o blush, se os traços ficarem visíveis e parecerem manchados, pode ser que tenha sido aplicado muito primer ou hidratante.

Iluminador e contorno

Desde o século XVI, os iluminadores têm sido utilizados com o mesmo propósito que temos hoje. Seu principal atributo é realçar partes específicas do rosto e do corpo. Revisitando o chiaroscuro e traduzindo-o para o mundo da maquiagem, o iluminador é o ponto mais claro onde os pigmentos iluminadores são depositados.

O iluminador geralmente vem nas versões creme, pó solto, pó compacto e bastão, e em uma variedade de cores para se adaptar ao tom da pele. Entre elas estão prata, cobre, ouro, rosa e bege-perolado, disponíveis em tons opacos ou brilhantes.

Mas qual é a função do iluminador e qual é a diferença entre iluminador e contorno? Para responder a essa pergunta, podemos pensar na ideia de que onde há luz, há escuridão, ou de que o escuro não emociona sem a luz. Isto é, para que o contorno se destaque, é preciso realçar as áreas opostas onde o contorno termina e o iluminador começa. É justamente esta a razão pela qual usamos o chiaroscuro na maquiagem.

Falando sobre o contorno agora, desde o início da interação entre humanos e maquiagem, o contorno tem sido usado para camuflar, esconder ou moldar o rosto e o corpo. Com o contorno, podemos criar um formato diferente de rosto e corpo. Em combinação com o iluminador, podemos criar estruturas ósseas alternativas e, ao mesmo tempo, destacar formatos únicos de rosto. Ele só se popularizou nos anos 1980 e virou tendência nos anos 2000.

Antes de adaptarmos o contorno e o iluminador para cada formato de rosto, vamos descobrir quais cores são apropriadas para cada tipo de pele. Lembrando, a regra geral é: o iluminador deve ser pelo menos dois tons mais claro que a base, e o contorno não deve ser mais do que dois tons mais escuro que a pele.

PELE CLARA

→ **ILUMINADOR:** branco brilhante, ouro branco, pérola e prata.

→ **CONTORNO:** tom claro, cinza-claro e marrom-pedra.

PELE DE TOM MÉDIO

→ **ILUMINADOR:** pêssego-claro, ouro e opala.

→ **CONTORNO:** ouro, bronze e café-claro.

PELE ESCURA

→ **ILUMINADOR:** ouro rosado, topázio e cobre.

→ **CONTORNO:** tom caramelo, mel e café.

Agora, vamos abordar a aplicação do iluminador e do contorno de acordo com o formato do rosto.

Oval

- **ILUMINADOR:** SOB OS OLHOS, NA TESTA E NO QUEIXO.
- **CONTORNO:** AMBOS OS LADOS DA TESTA E ABAIXO DAS MAÇÃS DO ROSTO.

Triangular

- **ILUMINADOR:** SOB OS OLHOS, NA TESTA, ACIMA DA MANDÍBULA, ABAIXO DAS MAÇÃS DO ROSTO E NO QUEIXO.
- **CONTORNO:** AMBOS OS LADOS DA TESTA E ABAIXO DAS MAÇÃS DO ROSTO.

Redondo

- **ILUMINADOR:** NA TESTA, SOB OS OLHOS E NO QUEIXO.
- **CONTORNO:** NA FORMA DE C GRANDE, INDO DA TESTA ATÉ AS MAÇÃS DO ROSTO E NAS LATERAIS DA MANDÍBULA.

Quadrado

🔸 **ILUMINADOR:** NA TESTA, ABAIXO DOS OLHOS E NO QUEIXO.

⚫ **CONTORNO:** NAS MAÇÃS DO ROSTO E NA MANDÍBULA.

Coração

🔸 **ILUMINADOR:** NA TESTA, SOB OS OLHOS E ABAIXO DOS LÁBIOS.

⚫ **CONTORNO:** NA FORMA DE C PEQUENA, COMEÇANDO ACIMA DAS SOBRANCELHAS E INDO ATÉ AS MAÇÃS DO ROSTO E NO QUEIXO.

Oblongo ou retangular

🔸 **ILUMINADOR:** SOB OS OLHOS.

⚫ **CONTORNO:** NA TESTA, ABAIXO DAS MAÇÃS DO ROSTO E ENTRE AS BOCHECHAS E A LINHA DA MANDÍBULA.

Diamante

🔸 **ILUMINADOR:** SOB OS OLHOS, NO CENTRO DA TESTA E NO QUEIXO.

⚫ **CONTORNO:** ABAIXO DAS MAÇÃS DO ROSTO.

Quanto ao contorno e ao iluminador do nariz e da boca:

Com o contorno e o iluminador, você pode não apenas mudar o tamanho, mas também a forma do nariz, simplesmente adicionando o contorno em ambos os lados do nariz e o iluminador da testa até a ponta do nariz.

Nos lábios, você pode usar pó solto ou corretivo para realçar o formato deles antes de aplicar o batom. Se quiser fazer com que pareçam menores, após aplicar um corretivo que combine com o tom da pele, desenhe uma linha com a cor adequada do lápis onde deseja que os lábios fiquem antes de aplicar o batom da cor escolhida.

Para fazer a boca parecer maior, faça o oposto. Desenhe o contorno sobre os lábios com um tom de lápis mais escuro e, em seguida, realce onde marcou o tamanho e a forma desejados dos lábios. Depois disso, aplique o batom da cor que desejar.

Maquiagem dos olhos

No antigo Egito, reis, rainhas e pessoas poderosas em geral, homens e mulheres, usavam maquiagem nos olhos para se destacar e expressar suas personalidades. Dessa maneira, ao longo da história, muitos personagens adotaram looks que posteriormente se tornaram suas marcas registradas e atributos pelos quais ficaram conhecidos.

Antes de partir para as orientações de maquiagem, vamos abordar os formatos de olhos mais comuns no dia a dia.

FORMATOS DE OLHOS

OLHOS AMENDOADOS

SÃO OLHOS EM FORMATO DE AMÊNDOA. TÊM UMA ÍRIS QUE TOCA AS PÁLPEBRAS SUPERIOR E INFERIOR. ELES POSSUEM UM SULCO PRONUNCIADO.

OLHOS PROFUNDOS OU AFUNDADOS

O FATO DE SUAS SOBRANCELHAS SEREM MAIS PROEMINENTES FARÁ COM QUE SEUS OLHOS PAREÇAM PROFUNDOS EM SUA ÓRBITA.

OLHOS ENCAPUZADOS

HÁ UMA DOBRA NA PÁLPEBRA, QUE PODE SER MAIS PRONUNCIADA OU MAIS SUAVE.

OLHOS PRÓXIMOS

SÃO O OPOSTO DOS OLHOS AFASTADOS. OS OLHOS PRÓXIMOS SÃO MENORES EM LARGURA E FICAM PERTO DA PONTE DO NARIZ.

OLHOS PROTUBERANTES

OS OLHOS SE DESTACAM DA CAVIDADE OCULAR. SÃO O OPOSTO DOS OLHOS PROFUNDOS.

OLHOS PEQUENOS
COMO O NOME DIZ, GERALMENTE SÃO MENORES EM RELAÇÃO AOS DEMAIS FORMATOS, SENDO UM DOS MENORES TRAÇOS DO ROSTO DE QUEM TEM ESSE TIPO.

OLHOS LEVANTADOS (voltados para cima)
O CANTO EXTERNO DO OLHO É MAIS ALTO DO QUE O CANTO INTERNO, CRIANDO UMA ILUSÃO DE UM OLHAR FELINO NATURAL.

OLHOS CAÍDOS (voltados para baixo)
SÃO O OPOSTO DOS OLHOS LEVANTADOS. O CANTO INTERNO DO OLHO É MAIS ALTO DO QUE O CANTO EXTERNO.

OLHOS MONÓLIDOS
SÃO OLHOS EM QUE HÁ AUSÊNCIA DE UMA DOBRA PRONUNCIADA NA PÁLPEBRA SUPERIOR QUANDO ESTÃO ABERTOS.

OLHOS AFASTADOS
SÃO AQUELES EM QUE VOCÊ PODERIA ENCAIXAR UM TERCEIRO OLHO EM LARGURA ENTRE OS OLHOS.

OLHOS REDONDOS
ESTES OLHOS TÊM UMA DOBRA FORTE, EM QUE A ÍRIS MAL TOCA OU NÃO TOCA AS PÁLPEBRAS SUPERIOR E INFERIOR.

ANATOMIA DAS PÁLPEBRAS

A pálpebra é dividida em três zonas:
- canto interno **(A)**
- meio **(B)**
- canto externo **(C)**

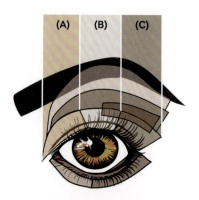

Sua anatomia em detalhes é a seguinte:

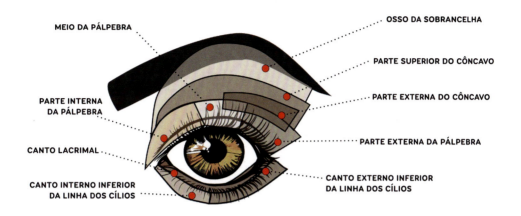

MAQUIAGENS DE OLHOS

Falemos agora sobre as maquiagens de olhos mais populares, as quais, com o passar do tempo, evoluíram e se tornaram a escolha certa na hora de definir o visual desejado.

A seguir, apresentamos alguns estilos básicos e inúmeras combinações que podem ser criadas.

NATURAL → Esta maquiagem usa tons naturais para criar uma forma semidefinida e uniformizar a cor da pálpebra, destacando suas características originais.

Passo a passo

1. APLIQUE O PRIMER NA ÁREA ONDE VOCÊ APLICARÁ A SOMBRA.
2. ESFUME LEVEMENTE O CÔNCAVO PARA ADICIONAR PROFUNDIDADE AOS OLHOS, COMEÇANDO PELA ZONA C (CANTO EXTERNO) EM DIREÇÃO À ZONA DO MEIO.
3. ADICIONE A COR NEUTRA ESCOLHIDA NA PÁLPEBRA INTEIRA, ESFUMANDO SUAVEMENTE O CÔNCAVO CRIADO NO ÚLTIMO PASSO.
4. ESFUME O CÔNCAVO EM DIREÇÃO À SOBRANCELHA COM UM MARROM QUENTE.
5. APLIQUE A MÁSCARA DE CÍLIOS TRANSPARENTE OU COLORIDA.

OLHOS DE GATINHO → Esta foi criada para imitar o olhar felino, puxando para cima a maquiagem, que pode ser sombra, lápis ou delineador em gel ou líquido.

Passo a passo

1. APLIQUE O PRIMER.
2. ADICIONE UMA SOMBRA NEUTRA, QUE SEJA A MAIS PRÓXIMA POSSÍVEL DO TOM DE PELE DO MODELO; EM SEGUIDA, USE UM PINCEL LIMPO PARA ESFUMAR ATÉ O CÔNCAVO.
3. ESCOLHA O PRODUTO QUE SERÁ USADO PARA FAZER O DELINEADO. MINHA MELHOR RECOMENDAÇÃO PARA UM DELINEADO PRECISO É USAR DELINEADOR LÍQUIDO, EM GEL OU LÁPIS.
4. FAÇA O DELINEADO EM DIREÇÃO AO CANTO EXTERNO E PARA CIMA.
5. USE UM COTONETE FINO COM REMOVEDOR DE MAQUIAGEM PARA LIMPAR AS BORDAS DO DELINEADO.

OLHOS ESFUMADOS (SMOKEY EYES) → Se você está buscando um look dramático, sedutor e misterioso, olhos esfumados é a escolha certa, começando com uma linha de cor no topo e usando tons mais claros para criar um efeito esfumado. Para finalizar, você pode usar uma ou várias cores na pálpebra superior e aplicá-las suavemente na pálpebra inferior. Você pode controlar o formato e a intensidade do smokey eye adicionando camadas de cores. Outra opção é o esfumado colorido, que, em vez de tons escuros, mistura cores das mais escuras para as mais claras na mesma paleta ou mistura cores diferentes.

Passo a passo

1. APLIQUE O PRIMER NA PÁLPEBRA.
2. APLIQUE A COR-BASE; NESTE CASO, UM MARROM QUENTE.
3. ADICIONE O DELINEADOR NAS PÁLPEBRAS SUPERIOR E INFERIOR EM VÁRIAS CAMADAS; PODE SER UM DELINEADOR EM GEL OU LÁPIS.
4. APLIQUE O DELINEADOR NA LINHA DOS CÍLIOS SUPERIOR E INFERIOR PARA UM ASPECTO MAIS DRAMÁTICO.
5. ESFUME ATÉ QUE O ESCURO SE MISTURE COM O MARROM QUENTE.

Você pode esfumar em qualquer formato criativo, desde que a mistura seja perfeita e sempre com um pincel limpo para isso.

SHIMMER (BRILHO OU SOMBRA GLITTER) → É o acréscimo de uma camada extra de brilho, que pode ser glitter ou pó metálico superfino, para finalizar o look. A grande diferença entre a maquiagem de olhos com glitter e com shimmer é que este é muito mais suave que o glitter e pode ser aplicado no olho apenas com um pouco de pressão, sem a necessidade de usar qualquer produto para aderência.

Passo a passo

1. APLIQUE O PRIMER.
2. MAPEIE TODA A PÁLPEBRA (ZONAS A, B E C). EM SEGUIDA, DESENHE UM CÔNCAVO COM UM MARROM QUENTE PARA QUE POSSAMOS CONTROLAR E DELIMITAR O GLITTER FINO OU O PÓ METÁLICO.
3. APLIQUE SOMBRAS CLARAS, PRINCIPALMENTE PARA TONS PASTEL COM GLITTER, E PRETO OU MARROM ESCURO PARA LOOKS DE SHIMMER MAIS ESCUROS.
4. ESFUME O CÔNCAVO ATÉ A SOBRANCELHA E A LINHA DO CÔNCAVO EM DIREÇÃO AO MEIO DA PÁLPEBRA.
5. APLIQUE SUAVEMENTE O SHIMMER ESCOLHIDO SOBRE A SOMBRA QUE VOCÊ CRIOU.

CUT CREASE (CORTE DE VINCO) → O cut crease é um tipo de maquiagem nos olhos que marca bem o côncavo com base ou uma sombra de cor diferente. Essa linha pode ser definida contra a cor natural da pele ou esfumada suavemente.

Passo a passo

1. APLIQUE O PRIMER NA PÁLPEBRA.
2. ESCOLHA UMA SOMBRA CLARA PARA A PÁLPEBRA E UMA SOMBRA ESCURA PARA O CÔNCAVO.
3. PROCURE DESENHAR UMA LINHA PERFEITA NA PÁLPEBRA, COMO VISTO NA SEÇÃO "OLHO DE GATINHO". USE A MESMA COR DE DELINEADOR (SOMBRA OU LÁPIS), ESFUMANDO EM DIREÇÃO À COR MARROM QUENTE NA ÁREA DE TRANSIÇÃO ATÉ O OSSO DA SOBRANCELHA.
4. DEPOIS DE TER DESENHADO UMA LINHA EM FORMA DE V NO CANTO EXTERNO, ADICIONE OUTRA CAMADA DE SOMBRA NA PARTE INTERNA DO TRIÂNGULO QUE VOCÊ CRIOU.
5. APLIQUE UMA COR COMPLEMENTAR NA PÁLPEBRA INFERIOR PARA DAR DIMENSÃO OU DEIXE-A NUDE. CURVE OS CÍLIOS, APLIQUE A MÁSCARA E, SE DESEJAR, ADICIONE CÍLIOS POSTIÇOS NO CANTO EXTERNO PARA UM VISUAL DRAMÁTICO.

HALO → Um halo é quando você adiciona tons mais escuros em ambos os lados dos olhos, proporcionando um efeito natural e suave no centro.

Passo a passo

1. APLIQUE O PRIMER.
2. ESCOLHA UMA COR DE SOMBRA E APLIQUE NA ZONA B DA PÁLPEBRA SUPERIOR.
3. APLIQUE UMA COR MAIS ESCURA NAS ZONAS A E C, COMEÇANDO NO CANTO INTERNO DO OLHO – PONTO DE MAIOR INTENSIDADE ONDE SERÁ MAIS ESCURO –, E ESFUME EM DIREÇÃO À ZONA B.
4. APLIQUE OUTRO PONTO DE MAIOR INTENSIDADE NO CANTO EXTERNO DA ZONA B.
5. ESFUME AS SOMBRAS NAS ZONAS A, B E C NA ÁREA DE TRANSIÇÃO. APLIQUE A SOMBRA NA PÁLPEBRA INFERIOR, TENDO EM MENTE QUE A ESCOLHA DA COR CONTROLARÁ A INTENSIDADE DO OLHO. CORES MAIS ESCURAS FICARÃO MAIS DRAMÁTICAS E CORES MAIS CLARAS, MENOS.

DÉGRADÉ (GRADIENTE) → Dégradé, como o nome sugere, é quando você aplica cores complementares juntas, indo do escuro para o claro. É uma versão mais suave e leve do esfumado, mas, no dégradé, as cores claras predominam, enquanto no esfumado as cores escuras são proeminentes.

Passo a passo

1. APLIQUE O PRIMER.
2. ESCOLHA TRÊS TONS DE SOMBRA: UM ESCURO, UM MÉDIO E UM CLARO.
3. APLIQUE O TOM MAIS ESCURO NAS ZONAS A, B E C, PRÓXIMO AOS CÍLIOS.
4. APLIQUE O TOM MÉDIO ACIMA DO TOM MAIS ESCURO E A COR MAIS CLARA ACIMA DO TOM MÉDIO.
5. MISTURE AS TRÊS CORES PARA CRIAR UM EFEITO DÉGRADÉ, ESFUMANDO A COR MAIS CLARA NA ÁREA DE TRANSIÇÃO ATÉ A COR DA PELE.

GLOSSY EYES (OLHOS BRILHANTES) → Esta técnica é mais utilizada em passarelas e editoriais. Depois de a maquiagem dos olhos estar pronta, aplica-se um gloss transparente ou colorido para olhos. A vantagem é que o look criado fica saudável e natural. A dificuldade é escolher um gloss que não escorra por toda a maquiagem. Além disso, a durabilidade do look depende da leveza do produto utilizado.

Passo a passo

1. APLIQUE O PRIMER.
2. ESCOLHA UMA COR PARA AS SOMBRAS, QUE PODEM SER EM CREME OU COMPACTAS.
3. APLIQUE A MÁSCARA DE CÍLIOS.
4. QUANDO A MAQUIAGEM DOS OLHOS ESTIVER PRONTA, ADICIONE O GLOSS.
5. APLIQUE O SPRAY FIXADOR.

....

GLITTER EYES → O glitter tem sido usado em muitos desfiles de moda, editoriais e campanhas por seu visual único. Ele é um dos materiais mais complicados para trabalhar e pode se espalhar pela maquiagem se não for usado corretamente. Para fixá-lo na maquiagem, geralmente são usados primers específicos para glitter ou, às vezes, cola para cílios postiços.

Passo a passo

1. APLIQUE O PRIMER.
2. DESENHE COM O LÁPIS O FORMATO DA MAQUIAGEM DOS OLHOS.
3. APLIQUE O PRODUTO QUE FIXARÁ O GLITTER COM PINCEL OU O DEDO. AS MARCAS TÊM NOMES DIFERENTES PARA ESSE PRODUTO, MAS, EM GERAL, É CHAMADO DE "PRIMER DE GLITTER".
4. PARA ESTE VISUAL ESPECÍFICO, TRABALHE PRIMEIRO OS OLHOS. PARA REMOVER QUALQUER MAQUIAGEM DA PELE, DÊ LEVES TOQUES E, DEPOIS DISSO, TRABALHE A PELE.
5. APLIQUE O SPRAY FIXADOR DE MAQUIAGEM.

DELINEADOS

Vamos finalizar este módulo falando sobre os delineadores. Afinal, para que servem?

Os delineadores são usados para acentuar e remodelar as pálpebras. Alguns dos tipos mais populares são lápis, caneta, em líquido, em pó e em gel, disponíveis em diferentes cores e texturas. Os principais estilos de delineados são:

básico

esfumado

gatinho

asa

Cílios

O uso dos cílios postiços só aconteceu no início dos anos 1900, quando o inventor britânico Karl Nessler criou um método oficial para adicionar fios extras aos cílios e às sobrancelhas. Desde então, tornou-se uma dica de beleza essencial para todos os amantes de maquiagem.

Os cílios postiços existem em diferentes materiais:

- **SINTÉTICOS.** Os cílios sintéticos são feitos de fibras plásticas em vez de pelos. São os mais utilizados por serem populares e acessíveis.
- **PELO DE VISON OU MINK.** O aspecto mais natural é obtido com cílios de vison da Sibéria, vison de cashmere e mink, também conhecido como vison americano, que proporcionam um visual perfeito e com textura de pelo.
- **FIBRAS DE SEDA SINTÉTICAS.** Feitas principalmente de PBT (tereftalato de polibutileno), que é mais semelhante ao pelo natural de vison.
- **FIBRAS DE SEDA.** Feitas de seda, com aparência mais realista e natural, além de serem mais finas.
- **PELO DE VISON SINTÉTICO.** Também feito de PBT, a diferença entre as fibras de seda sintéticas e o pelo de vison sintético é que as fibras têm um acabamento brilhante, enquanto o vison sintético apresenta acabamento fosco e com mais volume.

No mercado, existem diferentes técnicas comumente utilizadas para aplicar os cílios postiços. Vamos descrevê-las a seguir.

CÍLIOS INTEIROS (strip lashes)

É O TIPO MAIS RÁPIDO E SEGURO, EM QUE UMA SEQUÊNCIA DE PEQUENOS FIOS (NATURAIS OU SINTÉTICOS) É FIXADA EM UMA BASE DE TECIDO E NYLON, QUE É APLICADA SOBRE A LINHA DOS CÍLIOS.

Passo a passo

1. ESCOLHA O TIPO DE CÍLIOS INTEIROS QUE VOCÊ VAI APLICAR.
2. MEÇA O TAMANHO DOS OLHOS. É MUITO IMPORTANTE CORTAR SEMPRE MAIS CURTO DO QUE O TAMANHO REAL DO OLHO, PARA NÃO SOBRECARREGAR O CANTO INTERNO.
3. ENROLE A TIRA NO SEU DEDO PARA REMODELAR O CÍLIO E ESTENDER A BASE DE TECIDO.
4. APLIQUE A COLA PARA CÍLIOS NA BASE E AGUARDE PELO MENOS 25 SEGUNDOS.
5. USANDO UMA PINÇA, APLIQUE OS CÍLIOS EM PARTES, COMEÇANDO PELA ZONA C, DEPOIS B E A.

VOLUME DOS CÍLIOS

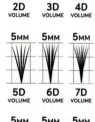

CÍLIOS INDIVIDUAIS E ALONGAMENTO DE CÍLIOS

PRIMEIRO, VAMOS EXPLICAR A DIFERENÇA ENTRE O ALONGAMENTO DE CÍLIOS E OS CÍLIOS INDIVIDUAIS. O ALONGAMENTO DE CÍLIOS CONSISTE EM CÍLIOS SINTÉTICOS APLICADOS INDIVIDUALMENTE EM CADA UM DOS SEUS CÍLIOS NATURAIS, PERMITINDO QUE CRESÇAM COM ELES. JÁ OS INDIVIDUAIS SÃO UM GRUPO DE CÍLIOS FIXADOS NOS CÍLIOS NATURAIS EM PEQUENOS BLOCOS.

Passo a passo

1. SEMPRE APLIQUE OS ADESIVOS SOB OS OLHOS PRIMEIRO PARA PROTEGER A PELE SENSÍVEL; ASSIM, VOCÊ PODERÁ ENXERGAR OS CÍLIOS CONTRA O ADESIVO DE COR CLARA.
2. COM UMA PINÇA, SEPARE CADA CÍLIO EM UMA MÃO E, NA OUTRA, FIXE-OS INDIVIDUALMENTE NOS CÍLIOS.
3. MERGULHE A EXTENSÃO NA COLA E FIXE NOS CÍLIOS QUE PRECISAM SER ALONGADOS.
4. MISTURE CÍLIOS DE DIFERENTES COMPRIMENTOS PARA UM VISUAL NATURAL.
5. SEQUE A COLA DOS CÍLIOS COM UM PEQUENO VENTILADOR.

ALONGAMENTO DE CÍLIOS DE VOLUME RUSSO

SÃO CÍLIOS INDIVIDUAIS FOCADOS PRINCIPALMENTE NO VOLUME E NA POSIÇÃO APLICADA. É COMUM USAR PELOS DE VISON[6] OU FIBRAS SINTÉTICAS NESTA TÉCNICA.

Passo a passo

1. COLOQUE O ADESIVO SOB O OLHO.
2. PREPARE OS CÍLIOS DE EXTENSÃO AO LADO.
3. FIXE DE DOIS A SEIS FIOS DE EXTENSÃO EM CADA FIO NATURAL PARA CRIAR UM EFEITO DE LEQUE. CRIE O FORMATO QUE VOCÊ PRECISA.
4. SEQUE A COLA COM UM PEQUENO VENTILADOR.
5. ESCOVE OS CÍLIOS E CERTIFIQUE-SE DE QUE ELES NÃO ESTÃO GRUDADOS UNS AOS OUTROS.

---

6 Pequenos mamíferos, semelhantes à doninha.

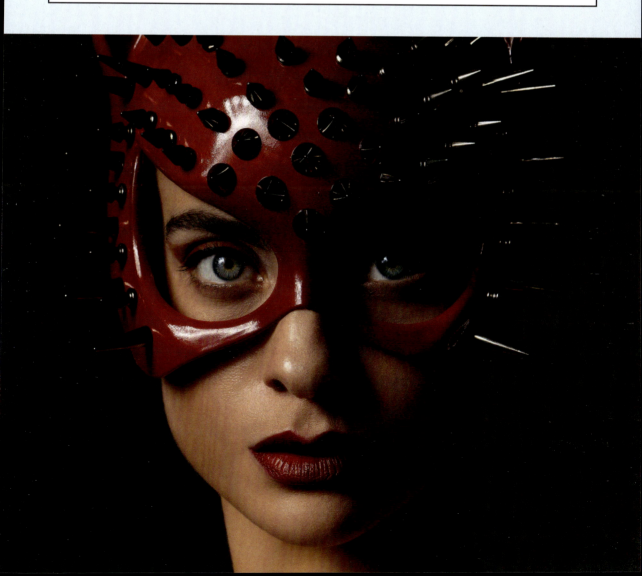

Lábios

A mágica cosmética de decorar os lábios remonta à antiga Suméria, cinco mil anos atrás. De lá para cá, essa técnica evoluiu do pó de pedras preciosas ao óleo de mamona, petróleo, entre outros ingredientes, que foram desenvolvidos até as versões modernas que temos hoje, no século XXI.

A anatomia dos lábios é dividida em seis zonas:

1. **ARCO DO LÁBIO:** também chamado de arco do cupido.
2. **FILTRO:** o meio dos lábios, no espaço entre o arco do cupido e o nariz.
3. **FRÊNULO:** pequena dobra de tecido que conecta o lábio superior à gengiva.
4. **BORDA VERMELHA:** a área entre o canto e o arco do cupido.
5. **COMISSURAS ORAIS:** os cantos dos lábios.
6. **TUBÉRCULOS:** o centro do lábio superior.

A SAÚDE NOS LÁBIOS

Por séculos, os médicos têm usado a pigmentação dos lábios para verificar qualquer problema de saúde, como anemia e deficiência de vitaminas. A coloração dos lábios pode indicar, por exemplo, problemas no fígado e até herpes. Quanto mais pigmentado (vermelho-rosado), mais provável que se esteja em boa saúde, de acordo com os especialistas.

Se a pele tem presença forte de melanina, é provável que os lábios também sejam pigmentados com a mesma melanina.

FORMATOS DE LÁBIOS E MAQUIAGENS

Agora, vamos abordar os sete formatos de lábios mais comuns e suas respectivas maquiagens.

LÁBIOS CARNUDOS

Passo a passo

1. ESFOLIE E HIDRATE OS LÁBIOS.
2. COM UM LÁPIS DE BOCA, CONTORNE O FORMATO DELES.
3. DESENHE UMA LINHA ABAIXO DA LINHA NATURAL DOS LÁBIOS.
4. ACIMA DA LINHA DOS LÁBIOS, ESFUME COM CORRETIVO.
5. USANDO UM PINCEL DE LÁBIOS, APLIQUE A COR DESEJADA.

LÁBIOS LARGOS

Passo a passo

1. ESFOLIE E HIDRATE OS LÁBIOS.
2. COM UM LÁPIS DE BOCA, CONTORNE O FORMATO DELES.
3. USE UM LÁPIS DE LÁBIOS MAIS ESCURO NOS CANTOS PARA "REDIMENSIONÁ-LOS", ADICIONANDO ILUMINAÇÃO NAS PARTES SUPERIOR E INFERIOR DOS LÁBIOS.
4. APLIQUE A COR DESEJADA.
5. ESFUME A PARTE SUPERIOR E OS CANTOS DOS LÁBIOS.

LÁBIOS FINOS OU PEQUENOS

Passo a passo

1. ESFOLIE E HIDRATE OS LÁBIOS.
2. COM UM LÁPIS DE BOCA, CONTORNE O FORMATO DELES.
3. DESENHE UMA LINHA ACIMA DA LINHA NATURAL DOS LÁBIOS, TANTO NO LÁBIO SUPERIOR QUANTO NO INFERIOR.
4. APLIQUE O BATOM.
5. ADICIONE ILUMINAÇÃO NOS LÁBIOS.

LÁBIOS ARREDONDADOS

Passo a passo

1. ESFOLIE E HIDRATE OS LÁBIOS.
2. COM UM LÁPIS DE BOCA, CONTORNE O FORMATO DELES.
3. APLIQUE O LÁPIS DE LÁBIOS MAIS ESCURO AO REDOR PARA REMODELAR OS LÁBIOS. DENTRO DA LINHA, ESFUME COM SEU BATOM; FORA DA LINHA, APLIQUE O CORRETIVO COMO UMA CONTINUIDADE PARA OS LÁBIOS.
4. APLIQUE A COR DE BATOM.
5. APLIQUE A COR NUDE OU MAIS CLARA DO BATOM EM FORMATO OVAL, ESFUMANDO NO BATOM ESCOLHIDO.

LÁBIOS VOLTADOS PARA CIMA E PARA BAIXO

Passo a passo

1. ESFOLIE E HIDRATE OS LÁBIOS.
2. COM UM LÁPIS DE BOCA, CONTORNE O FORMATO DELES.
3. NOS LÁBIOS VOLTADOS PARA BAIXO, APLIQUE O CORRETIVO PARA CIMA, E, PARA EQUILIBRAR, NOS LÁBIOS VOLTADOS PARA CIMA, APLIQUE O CORRETIVO PARA BAIXO. EM SEGUIDA, DESENHE COM O LÁPIS DE LÁBIOS A NOVA FORMA.
4. APLIQUE A COR DO BATOM.
5. COM UM PINCEL, APLIQUE GLOSS OU BATOM DE TOM MAIS CLARO E/OU COM BRILHO METÁLICO, PARA REALÇAR AS ÁREAS QUE VOCÊ DESEJA DESTACAR.

LÁBIOS EM FORMA DE ARCO

Passo a passo

1. ESFOLIE E HIDRATE OS LÁBIOS.
2. COM UM LÁPIS DE BOCA, CONTORNE O FORMATO DELES.
3. COM UM LÁPIS MAIS ESCURO, MODELE AS ÁREAS DOS LÁBIOS QUE PARECEM MAIS PROEMINENTES.
4. CONTORNE OS LÁBIOS COM O LÁPIS QUE COMBINA COM A COR DE BATOM DESEJADA E, EM SEGUIDA, APLIQUE-A COM UM PINCEL DE BATOM.
5. DESENHE UM PEQUENO CORAÇÃO COM UMA COR NUDE NO CENTRO DOS LÁBIOS, ESFUMANDO PARA O RESTANTE DOS LÁBIOS.

LÁBIOS SUPERIOR OU INFERIOR GROSSOS

Passo a passo

1. ESFOLIE E HIDRATE OS LÁBIOS.
2. COM UM LÁPIS DE BOCA, CONTORNE O FORMATO DELES.
3. SE O LÁBIO SUPERIOR FOR MAIS GROSSO DO QUE O INFERIOR, PARA DEIXÁ-LO IGUAL AO INFERIOR, DESENHE O DELINEADOR DE LÁBIOS ABAIXO DA LINHA NATURAL DOS LÁBIOS.
4. SE O LÁBIO INFERIOR FOR MAIS GROSSO DO QUE O SUPERIOR, PARA DEIXÁ-LO IGUAL AO SUPERIOR, DESENHE O DELINEADOR DE LÁBIOS ACIMA DA LINHA NATURAL DOS LÁBIOS.
5. APLIQUE O BATOM E, PARA LÁBIOS MAIS UNIFORMES, ADICIONE UM TOM MAIS CLARO OU PASTEL NO CENTRO DELES PARA EQUILIBRÁ-LOS.

TONALIDADES DE BATONS

A cada estação, as empresas de cosméticos têm inovado cada vez mais, criando inúmeras tonalidades de batons e glosses labiais que se tornam rapidamente a nova cor da moda. No entanto, não podemos nos esquecer das cores básicas que todos os amantes de maquiagem devem ter: vermelho, rosa, nude, ameixa e marrom.

Escolher a cor certa de batom vai além da moda, deve-se considerar também o que fica bem no modelo. Vamos começar pelas seguintes regras.

SUBTONS: FRIOS, QUENTES E NEUTROS → A melhor maneira de encontrar o tom perfeito de batom para a pele é escolher aqueles que pertencem à mesma família de subtons da pele. Por exemplo, subtons frios: rosa, azul, azul real, azul brilhante, lavanda, cinza, esmeralda, ametista, roxo profundo, rubi, rosa brilhante e tons de roxo; subtons quentes: verde, marrom, amarelo-mostarda, vermelhos quentes, mel, oliva, coral, creme, dourado, azul-pavão, laranjas, magenta, vermelhos e âmbar; e subtons neutros: azul médio, jade, pêssego, rosa antigo e branco. Lembrando que isso não deve ser levado ao pé da letra, você sempre pode encontrar tons de batom que se encaixem nessas dicas.

TONS DE PELE: CLARA, MÉDIA E ESCURA → Escolher a cor certa de acordo com o seu tom de pele é importante, assim como a antiga regra de que joias douradas combinam com tons de pele quentes e joias prateadas/platinadas combinam melhor com tons de pele frios.

- **PELE CLARA.** Além do vermelho, a cor definitiva para este tipo de pele, outras cores que combinam bem são nude, pêssego, coral, laranja, ameixa e terracota.

- **PELE MÉDIA.** Cores mais profundas e brilhantes são as melhores escolhas. Entre essas cores, gosto de usar tons de malva, dourado e oliva. Evite o branco ou qualquer cor desbotada.

- **PELE ESCURA.** Tons de pele altamente pigmentados vão bem com qualquer cor, desde que seja aplicado um primer mais claro nos lábios para capturar completamente os pigmentos que serão aplicados. No entanto, as minhas cores favoritas são pêssego, marrom chocolate, bronze, nude, vermelho mais escuro e laranja.

Além disso, os batons estão disponíveis em todas as formas e texturas, das quais as mais populares são: gloss pigmentado, brilhante, frosty, metálico, mate, líquido mate, creme, lip stains, pó, lápis, bálsamos e óleos.

COMO ILUMINAR OS LÁBIOS

Os pontos de iluminação nos lábios podem ser aplicados de várias maneiras. Uma das minhas favoritas é usar uma esponja em formato de cunha com pó solto, aplicando-o ao redor dos lábios. Você poderá vê-los claramente se iluminando. Outras maneiras incluem destacar o arco do cupido e, para fazer os lábios parecerem maiores, aplicar o pó solto nos cantos ou no canto V.

COMO FAZER OS LÁBIOS PARECEREM MENORES

Para isso, use um lápis que seja duas tonalidades mais escuras que a pele da pessoa e conecte a área fora da linha dos lábios com um corretivo que tenha a mesma tonalidade da base usada.

COMO FAZER OS LÁBIOS PARECEREM MAIORES

Uma regra básica é desenhar o contorno dos lábios com um lápis que seja duas tonalidades mais escuras que a pele da pessoa. Fora dessa linha, use um iluminador e, dentro, aplique o batom com a tonalidade escolhida.

NOIVAS

A união de um casal é celebrada pela família, pelos amigos e pela sociedade, por motivos que vão do amor a questões políticas.

Após a escolha do vestido e de todos os detalhes, é hora de a noiva começar a pensar em como pretende usar sua maquiagem a fim de evitar possíveis erros para que tenha memórias duradouras e felizes de um dia que se espera ser tão especial.

História de beleza da noiva

De modo geral, na cultura ocidental, as noivas costumam usar branco, uma regra iniciada pela rainha Vitória, enquanto em outras culturas, as noivas podem usar a cor e o estilo tradicionais de seu país.

A maquiagem desempenha um papel importante, independentemente de o estilo da noiva ser o clássico ocidental ou ter as vestimentas coloridas. A noiva deve estar confiante e se sentir bonita e especial.

Vamos começar descrevendo algumas curiosidades interessantes sobre a maquiagem nupcial.

Norte-americana, europeia, indiana, asiática, latina

O mundo é culturalmente diverso e um lugar grande e bonito para se viver. Em minhas viagens por todos os países, aprendi que nossas diferenças nos tornam especiais. Cada país escolhe seus estilos, joias e cerimônias. Há tanta beleza que seria necessário mais do que um capítulo, talvez um livro inteiro, para abordar todas elas. Escolhi quatro delas para explicar algumas diferenças.

NOIVA NORTE-AMERICANA → Quando digo norte-americana, estou me referindo às cidadãs dos Estados Unidos. Tende-se a seguir o costume britânico de casamentos, com um cortejo que inclui damas de honra, padrinhos e madrinhas, que testemunharão a cerimônia no altar. A cada temporada da semana de moda nupcial, os estilistas têm criado e desenvolvido looks alternativos para noivas e madrinhas, mas geralmente a noiva usa branco ou uma variação dele, como nude, marfim ou off white.

Para qualquer noiva norte-americana, europeia (Reino Unido, Itália, França, Alemanha, etc.) e latina, geralmente compartilhamos os mesmos estilos de casamento com algumas diferenças.

Ao trabalhar com noivas que escolhem usar branco, existem algumas coisas que devemos ter em mente, como os estilos mais populares, adicionando técnicas de maquiagem à prova d'água para pele, olhos e boca. Afinal, este é um momento em que é muito difícil segurar as lágrimas.

Vamos começar criando uma maquiagem completamente à prova d'água.

Existem muitas marcas com componentes à prova d'água, mas, pessoalmente, gosto de adicionar óleos e silicone à prova d'água em cada parte da maquiagem, isto é, na base, no blush, na sombra para os olhos, etc. Nesse caso, siga os passos de aplicação da base em sua paleta de maquiagem, misturando e diluindo com algum dos produtos que prometem um resultado à prova d'água.

Vamos trabalhar, então, para tornar a sua noiva à prova d'água (ou de lágrimas).

...

1. VAMOS COMEÇAR PREPARANDO A PELE. ESTE É UM PASSO MUITO IMPORTANTE PARA UM MAQUIAGEM DE LONGA DURAÇÃO, E HÁ MUITAS MANEIRAS DE FAZÊ-LO COM A APLICAÇÃO TRADICIONAL DE MAQUIAGEM.
2. NA PALETA DE MAQUIAGEM, COLOQUE SEUS PRODUTOS: BASE, BLUSH, CONTORNO, ILUMINADOR, DELINEADOR E SOMBRA PARA OS OLHOS. PARA TORNÁ-LOS À PROVA D'ÁGUA, SERÁ PRECISO ADICIONAR SELANTES A ELES; UTILIZE DUAS OU TRÊS GOTAS EM CADA PRODUTO.
3. DEPOIS QUE A BASE ESTIVER PREPARADA, COMECE A APLICAÇÃO DO CENTRO DO ROSTO EM DIREÇÃO À LINHA DO CABELO E DO CENTRO PARA A MANDÍBULA.
4. MISTURE OS SELANTES AOS PRODUTOS À MEDIDA QUE AVANÇA, POIS OS COMPONENTES QUÍMICOS FAZEM COM QUE A MAQUIAGEM SEQUE MAIS RAPIDAMENTE.
5. DEIXE UM REMOVEDOR DE MAQUIAGEM À BASE DE ÓLEO COM A NOIVA PARA QUE ELA POSSA REMOVÊ-LA ADEQUADAMENTE APÓS O CASAMENTO.

....

NOIVA INDIANA → O casamento indiano é conhecido por suas cores e pela duração. As noivas geralmente usam vermelho com joias que representam suas famílias e também sua região.

A beleza de usar uma cor tão proeminente é que existem muitos tipos diferentes de maquiagem que combinam perfeitamente com ela. Há uma variedade de maquiagem escolhida por essas mulheres, como nude, glam ou clássica.

A maquiagem mais famosa que as noivas indianas usam é o olho esfumado com glitter dourado, não apenas para destacá-lo quando usam uma cor vermelha tão intensa, mas também porque esse estilo combina bem com seu tom de pele oliva.

Vamos aprender, então, a fazer uma maquiagem incrível de noiva indiana.

...

1. PREPARE A PELE.
2. APLIQUE A BASE, COM O CONTORNO E O BLUSH.
3. QUANTO À MAQUIAGEM DOS OLHOS, INCORPORAMOS DIFERENTES TÉCNICAS OCULARES TRABALHANDO EM UMA MAQUIAGEM CARREGADA, QUE COMEÇA COM UM OLHO ESFUMADO COM UM DELINEADOR PESADO NA LINHA D'ÁGUA E NA PÁLPEBRA SUPERIOR.
4. CRIE UM CÔNCAVO NA ÁREA DE TRANSIÇÃO DA PÁLPEBRA E PREENCHA COM UM TOM DOURADO BRILHANTE. ADICIONE GLITTER OU PÓ METÁLICO NAS ÁREAS B E C DA PÁLPEBRA.
5. APLIQUE O SPRAY SELANTE.

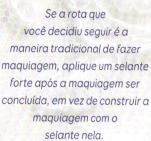

Se a rota que você decidiu seguir é a maneira tradicional de fazer maquiagem, aplique um selante forte após a maquiagem ser concluída, em vez de construir a maquiagem com o selante nela.

NOIVA ASIÁTICA → A Ásia é um continente vasto, com uma variedade de religiões, línguas e culturas. Seria subestimar sua bela cultura colocar seus países em uma única categoria. Países como a Índia, que também está no sul da Ásia, são fisicamente diferentes dos outros países. O Nepal também está na Ásia, com suas lindas tonalidades de pele diversas.

Vamos usar as noivas chinesas como exemplo para criar um visual natural fosco.

...

1. PREPARE A PELE.
2. USE UMA BASE EM TONS MAIS CLAROS. DE ACORDO COM A CULTURA CHINESA, TER UMA PELE CLARA, SUAVE E LIMPA REPRESENTA RIQUEZA, ALTA CLASSE E JUVENTUDE.
3. MANTENHA OS OLHOS SIMPLES, COM TONS DE CINZA E/OU TONS NUDE. PARA O BLUSH, TONS DE PÊSSEGO-CLARO E VERMELHO-CLARO.
4. APLIQUE PÓ TRANSLÚCIDO PARA DEIXAR A PELE PERFEITAMENTE FOSCA.
5. APLIQUE O SPRAY SELANTE.

NOIVA LATINA → As noivas latinas são muito coloridas, mas mantendo-se o estilo ocidental de casamento, como o tradicional vestido de noiva branco.

Assim como a Ásia, a América Latina tem uma rica variedade cultural e de línguas, como português, espanhol, francês e inglês. Não existe apenas uma única forma de fazer uma maquiagem de noiva latina, uma vez que cada noiva expressa sua imaginação por meio da maquiagem e do cabelo. Contudo, uma maquiagem duradoura e bem-acabada permitirá que você atinja o mercado latino também. Geralmente, as noivas latinas têm pele morena e bronzeada, o que torna um pouco mais difícil encontrar a cor certa.

...

1. PREPARE A PELE.
2. AO COMBINAR A BASE, EM COMPARAÇÃO COM OS OMBROS, O PESCOÇO E O COLO, ESMAECENDO EM UM ROSTO LINDO E CONTORNADO, VOCÊ SEMPRE PODE EQUILIBRAR A PELE BRONZEADA MANTENDO AS ÁREAS AO REDOR DOS OLHOS.
3. AS NOIVAS LATINAS COSTUMAM TER BASTANTE ESPAÇO NAS PÁLPEBRAS, E AS SOBRANCELHAS E OS CÍLIOS ESCUROS, PERMITINDO CRIAR LOOKS MARAVILHOSOS QUE SERÃO VESTIDOS COM GRAÇA E ELEGÂNCIA.
4. DEPOIS DE TRABALHAR A PELE, MISTURE CUIDADOSAMENTE TODAS AS CARACTERÍSTICAS FORTES QUE VOCÊ DESTACOU.
5. APLIQUE O SPRAY SELANTE.

....

Há exceções para toda regra: algumas noivas gostam de ser criativas e arriscar com looks mais ousados. Ao fazer o teste de maquiagem, comece sempre com os clássicos, como delineados, cut creases suaves com cores nude e esfumados suaves e leves. Tente encontrar looks que, como vimos nos tópicos anteriores, resistiram ao teste do tempo, para que daqui a vinte anos ainda pareça moderno e atual.

Como sabemos, as memórias humanas desaparecem, mas as fotos podem durar por muito tempo, e, por isso, tente ficar dentro dos clássicos.

Essas são diferentes maneiras pelas quais você pode oferecer seus serviços, incluindo a opção de permanecer com a noiva como assistente durante a cerimônia e a recepção. Se seus serviços forem contratados para apenas antes do casamento por qualquer motivo, sempre tenha o básico para retoques, como pó (em um recipiente pequeno), batom e corretivo, para o caso de ocorrer algum acidente, como manchas de comida ou a maquiagem de outra pessoa ter se transferido para o rosto da noiva.

Os princípios do mercado de maquiagem nupcial

O negócio de casamentos gera bilhões de dólares em todo o mundo e você também pode se beneficiar disso.

No início de minha carreira, complementarmente à moda e ao cinema, construí um negócio de casamentos bem-sucedido e gostaria de compartilhar como fiz isso.

DEFININDO SEU NICHO → Este passo determinará o sucesso do seu negócio. Se você não conhece ninguém que vai se casar em breve, use a criatividade e tente maneiras diferentes de criar um portfólio. Se não tem experiência em maquiagem para noivas, ligue para seus amigos e familiares. Faça cinco looks básicos de maquiagem para noivas e, em seguida, poste nas redes sociais, mantendo tudo organizado para que os clientes possam ver o quão profissional você é.

Além disso, não tenha medo de entrar em contato com planejadores de casamento, floristas, fotógrafos, hotéis, salões de festas e joalherias, por exemplo, para oferecer os seus serviços. Essas empresas têm contato direto com os clientes que você está procurando.

CRIANDO CONTRATOS E UM SISTEMA QUE FUNCIONE PARA VOCÊ → Estabeleci meu negócio criando contratos, seja entre mim e a noiva, seja entre mim e meus assistentes, para garantir mais segurança para todas as partes envolvidas.

Os contratos devem ser claros e objetivos e estabelecer regras e garantias tanto para contratante quanto para contratado. Alguns itens são imprescindíveis, por exemplo: a data, o horário e o local onde a prestação de serviço ocorrerá; o detalhamento do serviço a ser prestado; e o valor total, incluindo a forma de pagamento.

Para o teste de maquiagem, que é aconselhado ser feito um mês antes do casamento, geralmente cobro metade do preço no dia do casamento. Além disso, informe-se sobre outras pessoas que também receberão o serviço. Por exemplo, o custo total da maquiagem da madrinha seria metade do valor da noiva, e para a mãe da noiva e a do noivo, 70% do valor da noiva. Certifique-se de estipular no contrato que elas devem pagar metade do valor total no momento da assinatura do contrato. Em caso de cancelamento, você ainda deve ser compensado pelos problemas enfrentados.

Quanto às pessoas que o ajudarão, você precisará de um contrato para que elas se comprometam formalmente com o dia. Nada pior do que uma equipe desfalcada durante um evento tão importante.

> VALE COMO REGRA GERAL QUE, ATÉ QUE SEUS ASSISTENTES APAREÇAM E REALIZEM O SERVIÇO NO DIA CONTRATADO, VOCÊ NÃO DEVE ADIANTAR NENHUM VALOR, POIS, CASO HAJA UMA EMERGÊNCIA EM SUA EQUIPE E VOCÊ PRECISE SUBSTITUIR ALGUÉM, ISSO EVITARÁ MUITOS TRANSTORNOS.

Erros comuns de maquiagem para noivas

1. A NOIVA NÃO DEVE SE BRONZEAR NA MESMA SEMANA DO CASAMENTO. SE FOR FAZÊ-LO, DEVE SER COM DUAS SEMANAS DE ANTECEDÊNCIA.

2. NÃO MODELAR AS SOBRANCELHAS NO DIA DO CASAMENTO.

3. É ACONSELHÁVEL FAZER O TESTE DE MAQUIAGEM UM MÊS ANTES DO DIA DA CERIMÔNIA. SE A NOIVA NÃO TIVER CERTEZA SOBRE O ESTILO, OUTRO TESTE DEVERÁ SER AGENDADO. E NÃO SE ESQUEÇA DE PERGUNTAR SE A CLIENTE POSSUI ALGUM TIPO DE ALERGIA A COSMÉTICOS.

4. CERTIFIQUE-SE DE QUE A MAQUIAGEM SEJA À PROVA D'ÁGUA, OU, PELO MENOS, A MÁSCARA DE CÍLIOS.

5. AGENDE A MAQUIAGEM DA NOIVA PARA SER A PRIMEIRA, ANTES DAS MADRINHAS, PARA QUE ELA POSSA APROVEITAR O PROCESSO DE SE ARRUMAR.

6. O PROFISSIONAL DEVE SEMPRE ENCONTRAR UM EQUILÍBRIO ENTRE A MAQUIAGEM, O ESQUEMA DE CORES, O HORÁRIO DO DIA E A ESTAÇÃO DO ANO DA CERIMÔNIA.

7. SEMPRE USE PRODUTOS QUE VOCÊ CONHECE. CASO TENHA ADQUIRIDO PRODUTOS NOVOS, SEMPRE TESTAR ANTES DE USAR EM SEUS CLIENTES.

8. TENHA REFERÊNCIAS DA MAQUIAGEM. GUARDE FOTOS E ANOTAÇÕES DO DIA DO TESTE. FAZER USO DO FACE CHART TAMBÉM É UMA BOA PEDIDA.

9. ORIENTE A NOIVA A NÃO USAR PROTETOR SOLAR, POIS, COMBINADO COM O FLASH DA CÂMERA, A PELE PODE FICAR COM ASPECTO OLEOSO.

Desfiles de noivas

Nos últimos anos, a moda de noivas tem sido uma das mais alegres. Trabalhar com esses vestidos sofisticados e cenários dos sonhos é muito inspirador.

Um dos pontos altos da minha carreira foi trabalhar na Semana de Moda de Alta-Costura em Paris, onde foram apresentados trajes de época deslumbrantes. Desfilar pelas passarelas com a quantidade certa de luz refletindo sobre eles é verdadeiramente uma obra de arte.

Em cada desfile, os designers de alta-costura encerram com a entrada triunfal das noivas, finalizando o ápice da coleção para aquela temporada. Nos Estados Unidos, existe a Semana de Moda de Noivas como resposta à Semana de Alta-Costura de Paris. Investidores, representantes de lojas ao redor do mundo encarregados de adquirir novas coleções, imprensa e influenciadores são presenteados com um palco, luzes, sons e champanhe meticulosamente preparados para alimentar a experiência de viver um sonho.

Quanto ao cabelo e à maquiagem, criar um look que se adapte a todos os vestidos pode ser desafiador. Os vestidos têm estilos, cores, comprimentos e formas diferentes. Mas há algumas coisas que considero antes de criar o look:

INSPIRAÇÃO. Cada coleção começa com uma história por trás. Por exemplo, há alguns anos, um designer pediu para reproduzir os estilos das realezas, desde Grace Kelly, Jacqueline Kennedy a Meghan Markle. No entanto, qual linha pode ser desenhada onde todos os pontos importantes podem ser conectados e ainda assim proporcionar um visual moderno e vanguardista?

PALETA DE CORES. Em cada coleção, os designers escolhem uma paleta de cores para ela. Tente incorporar à maquiagem uma cor que seja harmônica com as peças da coleção. Por exemplo, se a cor principal é o azul, escolha um tom de azul que possa combinar com todas as cores dos looks a serem exibidos.

MATERIAL UTILIZADO. A textura do vestido vai ditar o tipo de sombra para os olhos, o acabamento da pele e até mesmo o batom. Por exemplo, se os vestidos têm detalhes em joias, tente manter a pele opaca e adicionar dimensão e detalhes sutis nas sombras dos olhos. Se o vestido não tiver rendas ou pedrarias, você pode oferecer uma pele luminosa, e assim por diante.

LOCAL DO DESFILE. O local escolhido dirá até que ponto ousar na maquiagem, baseando-se nos fatos históricos e na performance desejada. Por meio da maquiagem, você deve traçar uma linha entre todos esses fatores para arrematar a narrativa da coleção.

Vamos compartilhar um dos looks mais populares da Semana de Moda de Noivas: um semigatinho com um leve corte no côncavo, em uma pele semiluminosa.

SEMI-GATINHO

1. PREPARE A PELE ADICIONANDO UMA CAMADA FINA DE PRIMER. NÃO É NECESSÁRIO USAR PROTETOR SOLAR, JÁ QUE É UM DESFILE DE MODA. FAÇA USO DA QUANTIDADE CERTA DE HIDRATANTE PARA CADA TIPO DE PELE.

2. TRABALHE TODOS OS ELEMENTOS SIMULTANEAMENTE, ISTO É, CORRETIVO, BASE, BLUSH E ILUMINADOR, E MISTURE-OS MUITO BEM COM VÁRIOS PINCÉIS LIMPOS. LEMBRE-SE DE QUE VOCÊ TEM APENAS 30 MINUTOS PARA FAZER UMA MAQUIAGEM COMPLETA.

3. DESENHE SOBRANCELHAS BEM DEFINIDAS. APLIQUE PRIMER TAMBÉM NAS PÁLPEBRAS E ADICIONE UM CORRETIVO MAIS CLARO PARA DAR MAIS DESTAQUE AO ARCO DA SOBRANCELHA.

4. TRABALHE OS OLHOS ADICIONANDO CORES NUDE NAS PÁLPEBRAS E APLIQUE UMA COR QUENTE NO CÔNCAVO, CRIANDO UM FORMATO EM V NO CANTO EXTERNO DOS OLHOS. MISTURE BEM.

5. DESENHE UM DELINEADO GATINHO FINO DA ZONA B DA PÁLPEBRA ATÉ O CANTO EXTERNO. ADICIONE CÍLIOS POSTIÇOS PARA UM DELINEADO DE GATO MAIS PRECISO E, SE NECESSÁRIO, APLIQUE O BATOM E O SPRAY SELANTE.

Editoriais de revistas de noivas

Em todo e qualquer editorial, a beleza tem uma atuação importantíssima na composição da narrativa.

Inicialmente, quando você é contratado para o trabalho, na maioria dos casos, as pessoas responsáveis pela direção criativa, pela fotografia ou pelo design terão um quadro de inspiração para você seguir. Captar a essência do projeto e a visão do criador é primordial. Como profissional de maquiagem, você precisará entender a foto do quadro de inspiração e mapear o que a torna ideal para a sessão. Depois disso, meu melhor conselho é criar um face chart para mostrar ao seu cliente como você interpreta o visual, adicionando o seu toque pessoal.

O próximo passo é receber a foto da modelo com quem você vai trabalhar. Os materiais podem ser enviados separadamente ou juntos, e, se você ainda não os recebeu após a contratação, é esperado que os peça.

Tendo recebido essas informações, é hora de entender onde você trabalhará. Pode ser uma sessão em locação externa, em estúdio, em hotéis, etc. Se for fotografar ao ar livre, prepare-se para lidar com elementos como chuva, sol, vento, calor ou frio.

O dia chegou. Não se esqueça de combinar com o cabeleireiro detalhes como: quem começa primeiro e o tempo que cada um terá para desempenhar suas funções. Seja cordial ao fazê-lo. Caso a maquiagem venha primeiro, peça ao cabeleireiro para ter cuidado com o spray de cabelo no rosto, pois o produto pode adicionar um brilho que deixará o seu trabalho com o aspecto inacabado.

Sempre tenha pó, papel absorvente e batom à mão, além de lenços de papel, se surgir uma lágrima inesperada ou necessidade de limpar o nariz.

A beleza da maquiagem é que ela não se move, ao contrário do cabelo, que precisa ser constantemente trabalhado.

3. CUIDADOS PARA DIFERENTES TIPOS DE PELE

Neste capítulo, abordaremos os diferentes tons de pele e as regras para complementá-los, adicionando as cores certas.

Como vimos no capítulo 1, existem quatro indicadores para os principais tipos de pele, e cada um deles representa uma categoria.

A categoria mais discutida é a pigmentada/não pigmentada, a qual será abordada neste capítulo.

Visto que há uma grande variedade de tipos e tons de pele, podemos usar o método do chiaroscuro para definir o tom de pele totalmente pigmentado (preto) e o tom de pele menos pigmentado (branco), além da enorme variedade de tons intermediários.

Os cromossomos 15 e 17 e o gene TYR são responsáveis pela produção de melanina a partir da tirosina, determinando juntos a cor da pele, do cabelo e dos olhos.

Revisitando o círculo cromático e o conceito de subtons, você poderá equilibrar as cores, criando uma maquiagem de acabamento bonito.

A seguir, vamos falar sobre a pele com alto teor de melanina, considerando algumas informações das quais você deve estar ciente.

PREPARAÇÃO DA PELE

Como mencionado, a melanina é o pigmento responsável pela cor da pele, do cabelo e dos olhos. Conforme dermatologistas, ela não tem um impacto direto na produção de óleo pelas glândulas sebáceas, que são influenciadas por fatores hormonais, genéticos e ambientais. Isto é, peles escuras não são necessariamente mais oleosas que peles claras.

Assim, para preparar a pele com alto teor de melanina, utilize o mesmo regime feito em tons mais claros.

1. ESCOLHA DE BASE E CORRETIVO

EM ALGUNS CASOS, TONS DE PELE MAIS ESCUROS TENDEM A TER PARTES DA PELE COM LEVE DESCOLORAÇÃO. NESSES CASOS, PODE-SE APLICAR A CORREÇÃO DE COR. SEMPRE ESCOLHA UMA BASE QUE SEJA LIGEIRAMENTE MAIS CLARA DO QUE A COR DA PELE; A MESMA REGRA SE APLICA AO CORRETIVO. O CONTRASTE PERMITIRÁ QUE O ROSTO DOS MODELOS MOSTRE TOTALMENTE SUAS CARACTERÍSTICAS. LEMBRE-SE DE ESCOLHER BASES EM TONS MAIS QUENTES.

2. ESCOLHA DO TIPO CERTO DE ILUMINADOR/HIGHLIGHTER

ESCOLHER CORES NO ESPECTRO QUENTE COMPLEMENTARÁ A PELE.

3. ESCOLHA DO TIPO CERTO DE BLUSH

A REGRA É A MESMA QUE PARA A BASE E O ILUMINADOR: DEVEM-SE EVITAR TONS FRIOS, PRIVILEGIANDO A ESCOLHA DE CORES COM UM TOM QUENTE.

4. ESCOLHA DO TIPO CERTO DE CONTORNO

FAZER O CONTORNO DA PELE ALTAMENTE PIGMENTADA REQUER ESCOLHER A COR CERTA, POIS A MAIORIA DAS PALETAS DISPONÍVEIS NO MERCADO TENDE A TER TONS DE MARROM ACINZENTADO. EM VEZ DISSO, OPTE POR TONS DE MARROM MAIS QUENTES.

5. ESCOLHA DAS SOMBRAS CORRETAS

NÃO É SURPRESA QUE A PELE ESCURA PODE RECEBER A MAIORIA DAS PALETAS DE CORES, DESDE QUE APLIQUEMOS A REGRA BÁSICA: SOMBRAS MAIS CLARAS E BRILHANTES REQUEREM UM CORRETIVO CLARO PARA QUE AS CORES BRILHANTES POSSAM SE DESTACAR TOTALMENTE.

TIPOS DE PELE

Cada tipo de pele requer técnicas e produtos específicos para alcançar os melhores resultados. Entender as suas características permite ao profissional selecionar os produtos adequados e aplicar técnicas que valorizem a beleza natural do cliente, enquanto minimizam quaisquer imperfeições.

Pele pigmentada ou não pigmentada (P-N)

Os mesmos cromossomos que determinam a alta produção de melanina também são responsáveis por uma produção muito reduzida dela, como ocorre nos casos de albinismo e vitiligo. No mundo da maquiagem, muitas pessoas que modelam se tornaram conhecidas por essas características, e, como maquiadores, cabe a nós perguntarmos antes se gostariam de cobrir manchas, no caso do vitiligo, ou deixá-las à mostra; isso se aplica também a sardas ou até mesmo a alguns sinais.

Os profissionais de maquiagem devem estar preparados para seguir ambos os caminhos, seja corrigindo manchas mais claras, seja aplicando duas tonalidades opostas de base também.

Pele oleosa ou seca (O-D)

A diferença entre as peles oleosa e seca é que a pele oleosa tende a parecer brilhante e úmida, enquanto a pele seca geralmente parece estar descamando e apresenta pequenas rupturas causadas pela falta de sebo ou pouco dele, que é o responsável pela produção dos óleos naturais.

Cada tipo de pele tem seus próprios desafios, e a pele oleosa também pode ser um problema quanto à duração da maquiagem. A melhor maneira de prepará-la é limpá-la bem, aplicar primers matificantes e bases livres de óleo.

Já para cuidar da pele seca antes de aplicar a maquiagem, comece usando um pano limpo com água morna e deixe-o no rosto por 5 minutos. Em seguida, use uma esponja suave para esfregar as áreas mais secas e remover o excesso de pele morta. Por fim, aplique um hidratante rico em propriedades medicinais, espalhe-o massageando todo o rosto, e deixe-o agir por mais um minuto antes de continuar a preparação da pele.

Evite produtos à base de álcool.

Pele sensível ou resistente (S-R)

A pele sensível pode ser complicada para ser trabalhada pelo maquiador. Precisamos ser extracautelosos, pois podem ocorrer irritações durante e após a aplicação da maquiagem. De acordo com especialistas, há alguns componentes na maquiagem que devemos evitar, tais como: sulfatos, petrolato, fragrâncias, ácido alfa-hidroxi, ácido glicólico e ácido láctico, geralmente encontrados em bases, hidratantes e tônicos. Isso não significa que não possa ser feita, mas precisamos preparar a pele com produtos leves e sem fragrância. Dê preferência a produtos hipoalergênicos.

A pele resistente tem o equilíbrio certo de oleosidade e ressecamento, mas deve ser trabalhada com o mesmo respeito e higiene que as outras.

Pele propensa a rugas ou não (W-T)

O envelhecimento é parte do processo natural da vida. Gosto de pensar que envelhecer é o grande privilégio de ter colecionado muitos pores do sol. Embora alguns profissionais possam se sentir intimidados pelos desafios de trabalhar em uma pele madura, capacitar-se trará a confiança necessária para garantir o melhor resultado para o cliente.

À medida que nossa pele envelhece, menos óleos são produzidos, tornando-a mais seca, o que, consequentemente, causa dobras e vincos. No entanto, existem muitos produtos no mercado que podem nos ajudar.

Ao preparar a pele, evite pós e bases que possam se acumular nas rugas e não pule as etapas de preparação aprendidas no capítulo 1, a lembrar: limpeza, tonificação e hidratação.

A pele tensionada ocorre pela produção de mais células do que o normal. Isso causa descamação, ressecamento e coceira e faz com que a pele fique esticada.

Para esse tipo, a melhor maneira de aplicar a maquiagem é repetir o processo feito para a pele seca.

TÉCNICAS CORRETIVAS E DE ANTIENVELHECIMENTO PARA A PELE MADURA

O processo de envelhecer é uma grande parte de nossas vidas e do que somos e começa a acontecer aos 18 anos. O rosto começa a perder gordura e, a cada ano, passa a produzir menos colágeno e a perder elasticidade.

O nível de exposição a elementos como sol, poluição, fumo, estresse e falta de sono pode levar ao envelhecimento rápido ou a uma juventude duradoura. É fato que ser exposto excessivamente a esses elementos acelera o envelhecimento, porém hábitos de vida saudáveis o retardarão.

Dessa maneira, esta é a progressão natural do envelhecimento:

18 ANOS. É o marco da entrada na idade adulta. Alguns meninos ainda podem crescer alguns centímetros depois, enquanto as meninas geralmente param de crescer nessa idade.

18-30 ANOS. Nessa fase, é possível notar os primeiros sinais de envelhecimento precoce, como a perda de gordura facial e o início da formação de linhas no sulco nasolabial e de rugas nos cantos dos olhos. A maioria das mudanças começa a acontecer após os 25 anos.

30-40 ANOS. As linhas de expressão começam a ficar mais acentuadas, assim como a perda de volume no rosto.

40-50 ANOS. As alterações mais dramáticas durante esse período podem incluir mudanças no formato do rosto por causa da perda de gordura e de músculos, além de problemas como acne e pele seca. Linhas começam a aparecer entre as sobrancelhas e até mesmo o formato do nariz pode começar a mudar.

50-60 ANOS OU MAIS. É chegada a melhor idade! Depois dos 60 anos, as camadas da pele ficam mais finas, há perda de volume e ela fica mais flácida. Cortes e hematomas podem levar mais tempo para cicatrizar. Linhas e vincos em outras partes do rosto também aparecem de maneira mais profunda.

Uma das coisas às quais você deve se atentar ao maquiar a pele madura são os pelos. Por exemplo, um dos fatores do envelhecimento é a perda de pelos, neste caso, sobrancelhas e cílios, então eu recomendo preenchê-los para obter uma aparência mais jovem.

Usando nossas habilidades de maquiagem, vamos agora explorar como podemos corrigir alguns resíduos deixados pelo tempo.

50+

Passo a passo

1. USE OS TRÊS PASSOS COMPLETOS DE PREPARAÇÃO DA PELE PARA A MAQUIAGEM. MANTENHA CADA CAMADA SUAVE.
2. ESCOLHA CORRETIVOS LÍQUIDOS E CREMOSOS E EVITE PRODUTOS EM PÓ. USE ILUMINADORES EM CREME PARA ADICIONAR UM BRILHO NATURAL À PELE. FIXE OS PRODUTOS COM SPRAY LÍQUIDO DURANTE TODO O PROCESSO. O PRINCIPAL PROBLEMA A EVITAR É QUE OS PRODUTOS SE ACUMULEM NAS RUGAS E NOS VINCOS, TORNANDO-OS MAIS PRONUNCIADOS. QUANTO AO ILUMINADOR, APLIQUE-O COM MODERAÇÃO PARA EVITAR DESTACAR LINHAS FINAS E RUGAS. USE PEQUENAS QUANTIDADES NOS PONTOS ALTOS DO ROSTO, COMO O TOPO DAS MAÇÃS DO ROSTO, O ARCO DO CUPIDO, O OSSO DA SOBRANCELHA E O CENTRO DO NARIZ.
3. ESCOLHA SOMBRAS MATES E OPTE POR DELINEADORES MARRONS. SE QUISER ALGO MAIS DRAMÁTICO, PODE FAZER UM CUT CREASE NA PÁLPEBRA OU ATÉ MESMO UM OLHO ESFUMADO.
4. ADICIONE CÍLIOS POSTIÇOS E DESTAQUE AS SOBRANCELHAS.
5. APLIQUE SPRAY FIXADOR PARA TER UMA MAQUIAGEM DE LONGA DURAÇÃO.

4. EDITORIAIS DE FOTOS E PASSARELAS

O campo da beleza é um vasto mundo de oportunidades com muitos níveis que diariamente requer maquiadores. Quanto mais você aprender sobre o negócio, mais oportunidades surgirão à sua frente.

As passarelas, por exemplo, são únicas, os desfiles são diferentes uns dos outros e cada artista da moda traz consigo uma mensagem a partir da sua visão de mundo e propõe as tendências que influenciarão as pessoas na próxima temporada.

SET DE FILMAGEM × SESSÃO DE FOTOS × DESFILE DE MODA

Além do mundo da maquiagem comercial, há outras áreas que valem a pena explorar. Mais do que buscar o aprendizado por meio de livros e cursos, meu melhor conselho é que você se torne assistente de um profissional experiente, que possa compartilhar os detalhes do negócio e ensinar coisas aprendidas com a experiência.

Ser contratado pode ser intimidador se você comparar seu portfólio com o de outros profissionais estabelecidos na área. Então, como começar?

Primeiro, faça um plano e siga o plano. Aprenda quem são os principais atores da indústria, faça cursos nas modalidades a distância e presencial e comece construindo seu portfólio.

Se você está interessado em cinema, pode começar colaborando com outros cineastas inspiradores e estudantes também. Pergunte se alguém precisa de assistente, que pode ser temporário (por projeto) ou uma posição permanente. É irreal pensar que, sem experiência ou provas do seu trabalho, você conseguirá um emprego em uma grande produção. Os artistas-chefes do departamento de maquiagem, como são chamados os maquiadores responsáveis, são criteriosos para contratar novos assistentes. Geralmente, é perguntado com quem e por quanto tempo você trabalhou e são solicitadas amostras do seu trabalho visando garantir que as exigências para o projeto sejam atendidas. Nenhum artista-chefe quer colocá-lo em uma situação em que você não possa se sair tão bem quanto os outros membros da equipe. Seja profissional, saiba trabalhar em equipe e esteja aberto a aprender e crescer na profissão. Saber ouvir críticas, exigências e sugestões é uma característica imprescindível.

Um dos erros mais comuns que assistentes podem cometer é desejar apenas retorno financeiro em vez de privilegiar a aquisição de experiência. Assistentes precisam aprender o ofício, construir um portfólio e conhecer pessoas para que possam apresentar as provas do trabalho árduo realizado anteriormente.

Para cada área, é necessário um conjunto diferente de portfólio. Por exemplo, na moda, é preciso apresentar fotos de beleza limpa e looks vanguardistas para mostrar sua versatilidade. No cinema, fotos e vídeos do seu trabalho, como *trailers* e créditos em filmes. Na publicidade, trabalhos comerciais anteriores, como campanhas, capas de revistas e editoriais.

Envie seu portfólio e o currículo para todas as pessoas que você conhece e verifique em sites e grupos onde oportunidades como essas são postadas diariamente.

Uma vez que você consiga a entrevista com o produtor, responda às suas perguntas com profissionalismo e ética de trabalho.

Faça perguntas, demonstre interesse e entenda o projeto para que possa se destacar caso consiga o emprego.

Nos Estados Unidos, por exemplo, existem sindicatos na área cinematográfica. Caso decida continuar trabalhando em grandes produções de filmes, você pode fazer parte deles.

Se o seu foco é a moda, comece construindo seu portfólio colaborando com fotógrafos e modelos.

Em resposta ao sindicato de maquiagem, a moda tem agências de beleza que representam não apenas maquiadores, mas também cabeleireiros.

Quando comecei com minha primeira agência aos 20 anos, tive que trabalhar no meu portfólio, que é algo que você nunca para de aprimorar. Ele tinha fotos de beleza geral e algumas pequenas campanhas publicitárias. Desde então, venho substituindo as fotos e os trabalhos por outros mais proeminentes.

Quanto aos desfiles de moda, ofereça seu trabalho como uma colaboração, pois, às vezes, as fotos e a exposição em revistas que você recebe podem ajudá-lo a conquistar grandes clientes. Recomendo começar em equipes menores para que você possa aprender todas as técnicas antes de se apresentar nos grandes desfiles de moda. Lembre-se de que, para que um grande edifício permaneça de pé, é necessária uma base sólida.

Em uma produção cinematográfica, por exemplo, não se surpreenda se lhe for pedido que assine um acordo de sigilo para garantir que ninguém envolvido compartilhe informações que possam comprometer a produção.

Uma vez contratado, espere receber seu *call sheet*, que é um documento utilizado pelos cineastas para organizar uma filmagem. Ele contém importantes informações da produção, como: título da produção, data e hora, elenco e responsável por cabelo e maquiagem.

Se você estiver trabalhando na moda, o *call sheet* será acompanhado por um painel de referência, mas, se for no cinema, espere receber cenas de filmagem e o que for necessário para o seu kit no dia.

Kits

Kits são muito pessoais. Alguns maquiadores preferem compactá-los, transferindo as maquiagens para recipientes e paletas menores. Outros preferem ter todos os produtos alinhados. Na realidade, cada pessoa encontra o que funciona melhor para si. Cada kit possui suas peculiaridades.

KIT

MODA

TENHA SEU KIT COMPLETO DE MAQUIAGEM, ALÉM DE UMA VARIEDADE DE CORES EM PÓS, ENFEITES (PEDRAS E OUTROS MATERIAIS), CREMES E OUTROS ITENS ESPECÍFICOS FORNECIDOS PELO CHEFE DE MAQUIAGEM PARA REALIZAR OS LOOKS.

CINEMA

TENHA SEU KIT COMPLETO DE MAQUIAGEM DE BELEZA, ALÉM DE ALGUNS EFEITOS ESPECIAIS LEVES, COMO:

→ **SANGUE FINO** PARA SANGUE FRESCO.

→ **SANGUE ESPESSO** PARA SANGUE ANTIGO.

→ **LÁTEX LÍQUIDO** PARA ENVELHECIMENTO E QUEIMADURAS.

→ **PROS-AIDE** – PRODUTO DE COLAGEM, CASO PRECISE APLICAR PRÓTESES.

→ **TOUCA CARECA** PARA CRIAR A APARÊNCIA DE CALVÍCIE.

→ **SILICONE** (MISTURA A E B) ESPECIALMENTE FEITO PARA APLICAÇÃO NA PELE.

→ **HEMATOMA** PARA RECRIAR CONTUSÕES.

→ **MAQUIAGEM** À BASE DE ÁLCOOL.

→ **BASE** À BASE DE ÁLCOOL.

Sempre pergunte ao maquiador encarregado sobre produtos específicos de que você possa precisar.

COMPREENDENDO AS LUZES

A luz é a parte mais importante da fotografia. Com a luz, você pode manipular o humor e a atmosfera ao redor do tema em que está trabalhando e expor a textura, a cor e a forma de um objeto da melhor maneira possível.

Você pode perceber a diferença quando coloca o objeto sob uma iluminação pobre em comparação com um local bem iluminado, tirando uma foto em ambos os lugares. Agora, imagine o mesmo cenário em que um profissional posiciona as luzes sobre o objeto com a quantidade e a intensidade certas. Um mundo inteiro de possibilidades se abre.

O método chiaroscuro funciona em todos os aspectos. O mesmo conceito é aplicado tanto na própria luz quanto em pinturas e até mesmo na maquiagem. Ao compreender o conceito das luzes, você desenvolverá seu método de alinhar a luz natural e aquela criada artificialmente com a maquiagem para obter um resultado perfeito.

Luz solar ou luz natural

Quem não gosta de fotos bem iluminadas? Bem, esse não é o caso da luz solar. Não importa a intensidade, se não for bem controlada com um refletor, pode causar realces muito brilhantes e sombras muito escuras. A maioria dos anunciantes opta por luz de estúdio por muitas razões, sendo uma delas o melhor controle da luz.

Em alguns casos, a luz do dia é escolhida para explorar a paisagem, por exemplo, um dia na cidade de Nova York ou na praia, principalmente para campanhas em que o cenário precisa contar uma história.

Durante o dia, a luz do sol é mais branca ou "fria", a intensidade pode atingir até 5.500 kelvin (K) de calor. Já no início da manhã e no final da tarde, a luz emitida pelo sol tem uma aparência mais "quente", abaixo de 4.000 K, fazendo do nascer e do pôr do sol momentos ideais para fotografar, pois, com experiência, podem-se obter belas fotos com cores quentes.

Vale ressaltar que, quanto maior for o número kelvin (> 4.000 K), a luz aparecerá mais azulada; e quanto menor for o número kelvin (< 4.000 K), a luz será mais avermelhada.

A luz intensa não só mostra literalmente tudo na foto, mas também na maquiagem. Portanto, ao fotografar ao ar livre, leve em consideração as seguintes orientações:

1. MANTENHA SUA BASE LEVE.
2. FAÇA A COBERTURA DE TODAS AS ÁREAS PARA OBTER UMA PELE PERFEITA.
3. EVITE MAQUIAGEM PESADA E COM ASPECTO DE MASSA.
4. MANTENHA OS OLHOS SIMPLES.
5. USE PRODUTOS MATES PARA UMA MAQUIAGEM DE LONGA DURAÇÃO.
6. USE SPRAY DE FIXAÇÃO.

Luz de estúdio

A iluminação é fundamental na fotografia em estúdio, e alinhar sua maquiagem com as luzes utilizadas criará uma conexão perfeita entre o fotógrafo e você.

Mas, primeiro, vamos aprender sobre as luzes básicas em um estúdio e para que servem:

LUZ CONTÍNUA. A luz contínua é a luz colocada sobre o modelo para iluminá-lo continuamente.

FLASHES. Os flashes são luzes rápidas ativadas pela câmera para iluminar o modelo, tirando várias fotos em um curto período.

LUZ PRINCIPAL (ou chave). O oposto de fotografar ao sol, a luz principal em um estúdio é posicionada para iluminar completamente o modelo, mas com a diferença de que a luz solar possui aproximadamente 5.500 K, enquanto a média da luz principal artificial é de 3.600 K.

LUZ DE PREENCHIMENTO (fill light). Elimina as sombras criadas pela luz principal (também conhecida como luz-chave).

LUZ DE CONTRALUZ (back light). É a luz colocada atrás do modelo para criar forma e alinhamento.

PRATO DE BELEZA (beauty dish). O prato de beleza é utilizado para refletir a luz em um ponto focal no modelo, permitindo que as características do rosto se destaquem.

LUZ DE CABELO (hair light). É uma luz direcionada ao cabelo com o objetivo de realçá-lo e criar um reflexo, formando um "halo" ao redor dele. Algumas campanhas de cabelo utilizam várias luzes de cabelo para obter um visual brilhante e acima da média.

SOFTBOXES. Sua forma quadrada/retangular com um material entre a luz e o modelo é utilizada para suavizar a luz e distribuí-la uniformemente por ele.

MODA

O negócio multimilionário que gera empregos e marca épocas e culturas é também uma forma de expressão por meio do comportamento. A moda está em toda parte: roupas, sapatos, bolsas, maquiagem e tudo mais entre eles.

O termo "moda" foi validado por Charles Frederick Worth, primeiro designer a se tornar uma marca. Ele criou o conceito de ter pessoas reais modelando suas roupas. Nascido em 1825, na Inglaterra, tornou-se o pai da moda, incluindo o pai da alta-costura, levando-nos à moda que temos hoje.

Desfile de moda

Se você perguntar a cada parte envolvida em um desfile de moda, isto é, designers, produção, empresas de marketing, editores, compradores, modelos, costureiras, entre outras, cada uma terá uma visão diferente sobre o que é um desfile de moda. Neste lugar único, profissionais de todas as áreas trazem o que têm de melhor naquele momento.

A equipe criativa inteira é capaz de levar à passarela uma performance envolvente com roupas que serão usadas na próxima temporada.

Uma das razões pelas quais um desfile de moda é produzido é para que compradores de diferentes lojas possam ver a coleção e encontrar as peças que melhor se comunicam com seus clientes. Já os editores comparecem a esses desfiles para coletivamente escolher as próximas tendências.

Existem fashion weeks, ou semanas de moda, ao longo do ano, começando em janeiro, quando as semanas de moda masculina e de alta-costura acontecem em Milão e Paris. Em fevereiro, acontece a semana de moda prêt-à-porter, ou ready-to-wear, em Nova York, Londres, Milão e Paris. Em abril, é a semana de moda nupcial em Nova York, e em junho e julho acontecem as semanas de alta-costura em Milão e Paris novamente. Depois temos o desfile prêt-à-porter em setembro e início de outubro, seguido pela semana de moda nupcial em Nova York em outubro.

Basicamente, são duas temporadas a cada ano para cada categoria, as quais serão discutidas a seguir.

PRÊT-À-PORTER

O prêt-à-porter, que significa roupas prontas para serem vestidas, tem suas origens em Paris no início de 1900, quando as casas de moda começaram a projetar roupas que viriam em tamanhos diferentes como resposta à *haute couture* (como a alta moda é chamada na França), que em sua maioria é feita sob medida.

O desfile prêt-à-porter, como mencionado anteriormente, acontece nas capitais da moda, Nova York, Londres, Milão e Paris, considerando que cada país tem suas próprias versões. Duas vezes por ano, os designers trabalham muito para entrar no calendário oficial.

Cada capital relevante da moda tem seu próprio calendário e associações organizadoras. A New York Fashion Week (NYFW) em Nova York é realizada pelo Council of Fashion Designers of America (CFDA), ou Conselho de Estilistas de Moda da América; a London Fashion Week (LFW) em Londres, pelo British Fashion Council (BFC), ou Conselho Britânico de Moda; a Milan Fashion Week (MFW) em Milão, pela Camera Nazionale della Moda Italiana; a Paris Fashion Week (PFW) em Paris, pela Federação Francesa de Moda.

nada. O prêt-à-porter ocorre duas vezes por ano, em fevereiro/março para o outono/inverno do mesmo ano e em setembro para a primavera/verão do próximo ano, ou seja, essencialmente trabalha-se com seis meses de antecedência. A razão para isso é que a coleção precisa ser projetada, produzida e distribuída antes de a temporada começar, visando garantir que as peças estejam disponíveis para compra no momento certo.

O intuito é que clientes, atacadistas e compradores tenham tempo suficiente para fazer os pedidos e que as peças cheguem às lojas antes do início da nova estação.

Quando se trata da maquiagem, é uma área sujeita à criatividade. Os designers de prêt-à-porter têm uma variedade de opções sobre quão criativa ou simples a maquiagem pode ser, mas raramente escolhem looks comerciais. Da mesma forma, os editores de beleza das revistas de moda estão sempre em busca de maneiras inovadoras e criativas de aplicar maquiagem. Eles selecionam o que chamam de "melhores looks de beleza", o que definirá as tendências de maquiagem.

Criar looks de maquiagem para o prêt-à-porter exige um profundo entendimento de moda, comportamento humano e técnicas de maquiagem. É preciso ser inovador de diferentes maneiras. Cada um dos maquiadores-chefes cria várias opções para que os designers possam escolher uma que seja ousada na passarela.

Quando você é contratado como maquiador-chefe, o próximo passo é escolher sua equipe, selecionando profissionais qualificados que tenham a habilidade para entregar o look. Em seguida você trabalhará na compreensão do conceito e do *briefing*, e então criará o face chart e o apresentará ao cliente. O processo criativo é o mesmo em todas as áreas.

Existem várias maquiagens diferentes que se encaixam nessa categoria, mas uma das mais conhecidas é a maquiagem sem sobrancelha, com olhos deslumbrantes e pele luminosa.

Vamos criar juntos, então, um look prêt-à-porter.

Passo a passo

PRÊT-À-PORTER

1. PREPARE A PELE.
2. APLIQUE UM CORRETIVO E UMA BASE LEVES, DILUINDO A BASE COM UM HIDRATANTE DE BOA QUALIDADE E ADICIONANDO UM BRONZER EM CREME COM UM ILUMINADOR SUAVE.
3. DESTAQUE OS PONTOS ALTOS DO ROSTO COM UM HIGHLIGHTER EM CREME: MAÇÃS DO ROSTO, TESTA, QUEIXO, LÁBIO SUPERIOR E PONTA DO NARIZ.
4. TRABALHE NA MAQUIAGEM DOS OLHOS, ADICIONANDO A COR E ESFUMANDO AS SOBRANCELHAS COM SEU TOM NATURAL. A MISTURA É MUITO IMPORTANTE, ADICIONE OUTRAS CORES PARA CRIAR A FORMA DA MAQUIAGEM DOS OLHOS.
5. ADICIONE BLUSH, BATOM E RÍMEL E SELE COM SPRAY FIXADOR.

Como mencionado, Frederick Worth foi o primeiro a apresentar suas roupas de alta-costura em modelos ao vivo, mas isso não significa que aí foi onde tudo começou. Por muitos séculos, as roupas de alta-costura foram projetadas para rainhas, reis, imperadores, empresários, membros da corte e da alta sociedade, o que se reflete na moda de hoje.

O trabalho de bordado à mão, que pode levar meses, os tecidos caros e os designs únicos tornam esses estilos de alta-costura inalcançáveis para a maioria.

Na hora de fazer maquiagem para alta-costura, não há regras sobre o quão longe você pode ir. Tudo dependerá da proposta e do objetivo do designer da coleção. Eu mesmo, por natureza, sou muito ambicioso na hora de criar looks, mas, às vezes, preciso ser mais sutil e, então, faço uso de maquiagem mais natural.

A preparação para esse look é na verdade mais intensa do que a maquiagem em si. Todos os pontos da maquiagem precisam ser destacados e parecer bastante naturais, de modo que seja possível ver os pelos e os poros do rosto.

O visual da modelo de alta-costura é muito específico e a experiência de desfilar com esses vestidos icônicos é única. Geralmente, as modelos de alta-costura trabalham para vários estilistas, de tal maneira que, durante a semana de moda, elas podem ficar muito cansadas. Então, por que não lhes dar um dia de mini spa?

ALTA-COSTURA

Passo a passo

1. PEGUE UM CUBO DE GELO E O ENVOLVA COM UM PEDAÇO DE TECIDO HIGIENIZADO. COM O CONSENTIMENTO DA MODELO, APLIQUE-O NO ROSTO DEPOIS DO HIDRATANTE, PARA REDUZIR QUALQUER INCHAÇO, PROPORCIONANDO UM ASPECTO FRESCO. APLIQUE O PRIMER.

2. DILUA SUA BASE E O CORRETIVO COM UM HIDRATANTE RICO E CUBRA QUALQUER IMPERFEIÇÃO; FOQUE AS OLHEIRAS.

3. MISTURE O CORRETIVO COM PRIMER DE SOMBRA E APLIQUE NA PÁLPEBRA.

4. USE OS TONS NEUTROS ESCOLHIDOS NOS OLHOS E NAS PÁLPEBRAS. FIQUE À VONTADE PARA FAZER UM CONTORNO LEVE NAS PÁLPEBRAS PARA CRIAR UMA ILUSÃO DE PROFUNDIDADE E DEPOIS APLIQUE A MESMA COR NA LINHA DOS CÍLIOS SUPERIORES PARA CRIAR DIMENSÃO E HARMONIA.

5. ADICIONE BLUSH, CONTORNO SUAVE E ILUMINAÇÃO. ATENTE-SE A QUALQUER EXCESSO DE OLEOSIDADE.

6. APLIQUE O SPRAY FIXADOR.

Quem nunca viu aquelas lindas modelos em trajes de banho ou lingerie? A semana de moda praia mais famosa acontece em Miami em julho, quando os estilistas apresentam diferentes designs para a próxima temporada. É todo um processo envolvido para obter a pele perfeita, começando com um bronzeamento falso ou natural e uma bela maquiagem natural.

MODA PRAIA

Passo a passo

1. PREPARE A PELE.
2. PARA UM LOOK EXTREMAMENTE NATURAL, EU USO APENAS CORRETIVO MISTURADO COM O HIDRATANTE. ADICIONE UM LEVE CONTORNO E BLUSH DE SUA ESCOLHA. TAMBÉM ADICIONE BRONZER PARA IMITAR UMA PELE QUE ACABOU DE SAIR DA PRAIA.
3. ESCOLHA UMA SOMBRA MARROM PARA CRIAR O FORMATO DE UM DELINEADO GATINHO SEM LINHAS DURAS, SEGUIDO DE MÁSCARA DE CÍLIOS.
4. TENHA MUITA MAQUIAGEM CORPORAL PARA UNIFORMIZAR AS MANCHAS DEIXADAS PELO BRONZEAMENTO.
5. APLIQUE O SPRAY DE FIXAÇÃO.

MODA MASCULINA

Como amante da moda, eu aprecio a semana de moda masculina, quando é a vez dos homens conferirem o que está acontecendo no mundo fashion.

Ela acontece duas vezes por ano, no início de janeiro e no início de junho. Os estilistas masculinos apresentam suas coleções nas passarelas.

A regra geral para a moda masculina é fazer uma maquiagem leve, preservando a textura natural da pele.

Todos sabemos que a maquiagem tem o poder de transformar uma pessoa, então se a intenção não for fazer o modelo masculino parecer feminino, deve-se evitar a maquiagem excessiva. Para isso, existem duas opções: trabalhar apenas nas imperfeições com corretivo misturado com hidratante ou fazer uma maquiagem leve.

A seguir, vamos aplicar uma maquiagem leve.

MODA MASCULINA

Passo a passo

1. PREPARE A PELE COM ATENÇÃO À QUANTIDADE DE PRODUTO, JÁ QUE A PELE MASCULINA TENDE A SER MAIS OLEOSA DO QUE A DAS MULHERES. APLIQUE UM PRODUTO MATE NA ZONA T (TESTA, NARIZ E QUEIXO) E NA ÁREA ENTRE OS LÁBIOS E O NARIZ, ONDE SE COSTUMA SUAR.
2. CUBRA AS IMPERFEIÇÕES COM CORRETIVO, MISTURE A BASE COM UM HIDRATANTE LEVE. A PELE MATE É ESSENCIAL.
3. APLIQUE LEVEMENTE UM SPRAY AUTOBRONZEADOR PARA DEVOLVER TEXTURA À PELE; EVITE UTILIZAR PÓS, A MENOS QUE O MODELO PAREÇA BRILHANTE.
4. PENTEIE AS SOBRANCELHAS E OS CÍLIOS SEM PRODUTO.
5. APLIQUE O SPRAY DE FIXAÇÃO.

PUBLICIDADE

As agências de publicidade pensam nas formas mais criativas de vender os produtos, com imagens impactantes que ficarão registradas na mente do consumidor. Essas imagens nos desafiam a dar uma segunda olhada e podem despertar o sentimento de não termos certeza se gostamos ou não. É exatamente isso que a arte quer provocar em nós.

Observe ao seu redor todas as campanhas de eletrônicos, carros, roupas e maquiagem, por exemplo. Uma grande parte dessa produção envolve maquiagem, pela qual podemos dar vida completa ao personagem que os publicitários desejam que percebamos.

Existem várias maneiras e campanhas que requerem maquiagem para atores e modelos. Entender o roteiro e o conceito é fundamental para alinhar a sua criação de maquiagem com a história que está sendo contada.

Há uma ampla variedade de possibilidades, e a seguir exploraremos algumas delas.

Editoriais de beleza

Revistas sempre apresentam páginas falando sobre cuidados com a pele, maquiagem e cabelo.

Primeiro, vamos descobrir o que o editor de beleza está procurando e qual é a história por trás da foto. Por exemplo, se o tema abordado for sombras coloridas para o verão, eu desenharia em um face chart diferentes formas criativas de aplicar a sombra, em que pudesse não apenas mostrar a textura, a cor e a densidade, mas também garantir que o leitor percebesse imediatamente que o tema do editorial de beleza são sombras coloridas para o verão. Se o tema for delineadores para o outono, por exemplo, eu desenharia alguns traços muito únicos com cores. É importante mencionar que suas ideias precisam estar alinhadas com o que o editor de beleza tem em mente. Sempre apresente as ideias a ele primeiro para verificar se é o que está procurando. Caso todas as ideias apresentadas antes do dia do ensaio ainda não sejam aprovadas, faça mais perguntas e busque inspiração para entender em qual direção você deve seguir.

As páginas de editoriais de beleza são primordiais para um maquiador, pois essas mesmas páginas garantirão oportunidades maiores quando apresentadas aos clientes.

O fotógrafo tira fotos muito próximo das modelos, geralmente com 3/4 de composição ou até mais próximo. Por causa disso, certifique-se de que a base seja tão leve que você possa enxergar a penugem do rosto.

Escolher a modelo certa para um editorial de beleza é uma parte importante do trabalho. Elas passam por um processo de seleção meticuloso para garantir que tenham a pele e o formato do rosto adequados para a história de beleza a ser contada.

Faz parte do trabalho as modelos terem alguma imperfeição, como espinhas ou descoloração da pele causada pelo sol ou um *peeling* químico. Nesse caso, pergunte ao diretor de beleza e ao fotógrafo se eles preferem uma base mais espessa que possa ser retocada, ou se podem continuar com uma base mais leve.

Em minha experiência, se a inspiração para a beleza exige múltiplas cores, texturas e designs, prefiro aplicar uma base de alta cobertura para que o trabalho artístico possa se destacar em um "canvas" plano. Se o editorial tem uma abordagem mais natural, opto por uma base leve.

Vamos usar o exemplo dado anteriormente: imagine que você esteja fazendo um editorial de beleza com sombras para o verão. O diretor lhe disse que você pode usar cores vibrantes como amarelo, laranja e vermelho-claro, com um toque de dourado. Agora, vamos ao exercício.

EDITORIAL DE BELEZA

Passo a passo

1. PREPARE A PELE.
2. APLIQUE UMA BASE DE ALTA COBERTURA PARA QUE A PELE TENHA ADERÊNCIA SUFICIENTE PARA AS SOMBRAS COMPACTAS.
3. CUBRA AS SOBRANCELHAS COM CORRETIVO E, EM SEGUIDA, APLIQUE A SOMBRA AMARELA COMO BASE.
4. USE O VERMELHO-CLARO PARA CRIAR PROFUNDIDADE. ESFUME O AMARELO NAS SOBRANCELHAS E NAS MAÇÃS DO ROSTO. NESTE MESMO PASSO, RASPE PIGMENTOS DAS CORES DADAS A VOCÊ COM UMA ESPÁTULA E COLOQUE-OS EM SUA PALETA. SOPRE OS PIGMENTOS NA PELE COM UM PEQUENO SOPRADOR, COLOCANDO-OS COM HARMONIA E PRECISÃO.
5. APLIQUE A MÁSCARA PARA CÍLIOS E FINALIZE COM UM SPRAY DE FIXAÇÃO LEVE.

Campanhas de beleza

Campanhas de beleza são realizadas por empresas de beleza que atuam com cuidados com a pele, maquiagem, produtos para cabelo e até mesmo joias, para vender seus produtos.

O processo de preparação para essa sessão é o mesmo que o do editorial de beleza, a diferença é que o foco está no produto e não necessariamente nos modelos. Todos nós temos uma função a cumprir: a maquiagem cria o personagem, modelos o trazem à vida e a fotografia, com a quantidade certa de luz, eterniza a beleza por meio da câmera.

Vamos analisar estas categorias, então.

>**CUIDADOS COM A PELE.** Geralmente é uma maquiagem muito leve, quase indetectável a olho nu. Para conseguir isso, escolher produtos líquidos permitirá obter um resultado muito natural.

>**MAQUIAGEM.** Descubra qual parte da maquiagem o criador da campanha gostaria de destacar. Lábios, olhos ou pele. Meu conselho é ser criativo, mas, ainda assim, usável pelo público em geral. Lembre-se de que, se eles escolherem uma parte específica da maquiagem para se concentrar, com os produtos fornecidos pelo cliente, se o foco forem os lábios, trabalhe bem na pele e suavize os olhos e vice-versa.

>**JOIAS.** Pode ser um desafio, uma vez que o foco principal são as joias. Geralmente, essas campanhas requerem looks muito naturais, com linhas suaves para não desviar a atenção do produto.

Vamos utilizar a campanha de maquiagem como exemplo e criar um look para este cliente imaginário. O *briefing* recebido é para um novo delineador prateado que será lançado no verão.

Passo a passo

1. PREPARE A PELE.
2. APLIQUE UMA BASE DE ALTA COBERTURA E O CORRETIVO, ESCOVE AS SOBRANCELHAS E DESENHE-AS DE ACORDO COM A FORMA.
3. CRIE UMA INCLUSÃO DE DIFERENTES TONS DE VERMELHO. DESENHE O DELINEADO PRATEADO NO CANTO INTERNO DOS OLHOS EM DIREÇÃO À ÁREA B DA PÁLPEBRA. COM UM MOVIMENTO FIRME E PRECISO, DESENHE UMA LINHA FINA AO LONGO DO CÔNCAVO. MANTENHA A MÃO LEVE PARA EVITAR BORRÕES. APLIQUE O DELINEADOR NATURAL NA PÁLPEBRA SUPERIOR E NA INFERIOR. PARA FINALIZAR, CRIE UM PEQUENO GATINHO COM A MESMA COR.
4. ACALME OS LÁBIOS COM UMA COR NEUTRA DE BATOM E, EM SEGUIDA, DESENHE UM DELINEADO PRATEADO NO ARCO DOS LÁBIOS E NO LÁBIO INFERIOR.
5. APLIQUE RÍMEL MARROM E SPRAY FIXADOR.

CAMPANHA DE BELEZA

MAQUIAGEM AVANT-GARDE

"Avant-garde" é uma palavra francesa que significa "guarda avançada", referindo-se à parte do exército que vai à frente do restante da tropa.

Inicialmente, foi associada ao movimento realista, que liderou o movimento de liberdade de expressão na arte por meio da pintura.

Atualmente, o termo tem um significado similar, porém é mais aplicado às artes, à moda, à beleza e a outras formas de expressão artística do que à política. A maquiagem avant-garde é o oposto da maquiagem natural e comercial. Nela, a criatividade deve correr solta, e novas formas e estilos são criados, expandindo-se em todas as direções por meio da mistura de materiais.

Não há limites para os materiais que podem ser utilizados para criar um look avant-garde, desde que você saiba como fixá-los. A cola para cílios postiços é suficiente para fixar materiais leves como penas, pedrarias, etc. Alguns looks avant-garde requerem materiais pesados, como resina, ferro, couro e pedras, e, para isso, você pode precisar recorrer a seu kit de efeitos especiais, com produtos como látex, silicone, Pros-Aide e Spirit Gum.[7]

Meu processo criativo começa visualizando o look finalizado e depois o desenho em um face chart. Ao criar esse tipo de maquiagem, meu objetivo é adicionar um efeito 3D a ela. Para efeitos que requerem uma maquiagem mais extensa, como barbatanas, elevação e dimensão, uso papel, isopor e até plástico, dependendo do objetivo a alcançar, criando um look fantástico com tinta, papel e colagem.

---

[7] Cola adesiva clássica para cabelo, barbas e perucas.

FOTOS EM PRETO E BRANCO

Constantemente, ouço profissionais perguntando como fazer maquiagem para fotos em preto e branco, mas a realidade é que o preto e branco é a origem da fotografia. Foi criado em 1826 por Joseph Nicéphore Niépce e décadas depois aprimorado por Louis Daguerre e William Henry Fox Talbot, que desenvolveram novas técnicas. Inicialmente, eles se aventuraram a tirar fotos de paisagens. Somente em 1838 uma pessoa apareceu em uma das fotos em preto e branco tiradas nas ruas de Paris. Porém, a primeira "foto de beleza" só foi feita em 1939, com um homem de braços cruzados. Depois, uma mulher americana chamada Dorothy Catherine Draper em Nova York foi a pioneira entre as mulheres. Sua beleza foi captada pelas lentes de seu irmão, John William Draper.

Revisitar a história e entender a qualidade da pele e como as mulheres faziam sua própria maquiagem é uma ótima maneira de descobrir como prosseguiremos. Na época, as mulheres vitorianas usavam pó para obter uma aparência pálida, kohl misturado com gel de petróleo como rímel e delineador, além de blush feito de pó de talco vermelho. Agora, vamos seguir um passo a passo usando os nossos produtos modernos.

Passo a passo

1. PREPARE A PELE COM UM PRIMER MATIFICANTE.
2. APLIQUE UMA BASE DE COBERTURA COMPLETA, SEGUIDA DE PÓ.
3. PREENCHA COMPLETAMENTE AS SOBRANCELHAS FAZENDO USO DE SOMBRAS OU CANETAS DE SOBRANCELHA PARA QUE NÃO HAJA FALHAS VISÍVEIS NA FOTOGRAFIA.
4. APLIQUE O CONTORNO E O BLUSH COM PRECISÃO E INTENSIDADE.
5. USE PÓ PARA FIXAR A MAQUIAGEM.

 *Ao fotografar em preto e branco, deixe os traços do rosto proeminentes. É visível quando o modelo foi preparado para uma foto em preto e branco em comparação com um modelo que foi destinado a uma foto colorida, e o fotógrafo decidiu mudar para o modo noir. As fotos em preto e branco não são apenas feitas em preto e branco, mas em uma variedade de tons de cinza intermediários. Dito isso, misture a maquiagem muito bem para evitar linhas duras nela.*

TAPETE VERMELHO

Originalmente, os tapetes vermelhos eram feitos apenas para chefes de Estado, membros da realeza e da corte, para mostrar ao mundo seu tratamento especial. Nas últimas décadas, os tapetes vermelhos também foram estendidos a celebridades. Hoje, qualquer pessoa pode montar um tapete vermelho para qualquer evento, bastam um tapete vermelho físico e um pano de fundo para que seus convidados possam caminhar, tirar fotos e dar entrevistas. O fundo não apenas isola o tapete, mas também exibe os logotipos do evento e dos patrocinadores.

Do lado oposto do tapete estão os fotógrafos e os veículos de mídia conduzindo as entrevistas. A maioria dos tapetes exige vestidos longos e *smokings*, há apenas alguns que permitem que os convidados sejam mais criativos. Celebridades têm estilistas estabelecidos com uma grande rede de contatos para escolher os looks mais requintados.

Quanto ao cabelo e à maquiagem, é o momento de fazer sua melhor maquiagem para que o mundo possa ver do que você é capaz. O tapete vermelho mais visto é o do Oscar, a premiação de cinema mais aguardada, onde pessoas de todas as origens se reúnem para ver suas celebridades favoritas e o que elas estão vestindo.

Antes de propor a ideia de maquiagem aos seus clientes, primeiro descubra em que tipo de tapete vermelho eles estarão participando e a hora do dia. Além disso, também verifique se ele poderá acontecer em um campo aberto, como é o caso do Oscar ou do Festival de Cinema de Cannes.

Oscar

A premiação da Academia, popularmente conhecida como Oscar, é o evento que acontece uma vez por ano, quando todos os criadores de diferentes áreas se reúnem para celebrar o seu melhor trabalho. Cada categoria, incluindo melhor cabelo e melhor maquiagem, está competindo pela cobiçada estatueta dourada.

Os indicados, os membros da Academia e convidados usam esse glorioso dia não apenas para parecerem, mas também para se sentirem no melhor estado. Por causa de sua história, dos vestidos de alta-costura e do fato de o tapete vermelho ocorrer à tarde, a maioria dos artistas geralmente escolhe um estilo mais natural para a maquiagem, exibindo sua beleza natural.

As maquiagens mais famosas no Oscar são: natural, esfumado suave, côncavo suave, com lábios marcantes e cores neutras.

Vamos recriar algumas das melhores maquiagens de todos os tempos combinando os estilos natural, esfumado suave e côncavo suave.

OSCAR

Passo a passo

1. PREPARE A PELE.
2. APLIQUE UM CORRETIVO E UMA BASE LEVE.
3. EM SEGUIDA, APLIQUE BLUSH EM CREME, HIGHLIGHTER E CONTORNO, ESFUMANDO BEM PARA CRIAR UM ROSTO COMPLETO.
4. APLIQUE PÓ PARA REFORÇAR O BLUSH, O CONTORNO E O HIGHLIGHTER.
5. NOS OLHOS, APLIQUE UM PRIMER E, EM SEGUIDA, UMA COR NUDE UM TOM MAIS CLARO QUE O CORRETIVO USADO. MOLDE AS SOBRANCELHAS DESTACANDO O SEU OSSO E, COM UMA SOMBRA QUENTE, CRIE UM CÔNCAVO SUAVE EM FORMATO DE V.
6. FAÇA UM DELINEADO EM FORMATO DE ASA E COLOQUE CÍLIOS POSTIÇOS NO CANTO EXTERNO DOS OLHOS PARA DAR MAIS INTENSIDADE.
7. APLIQUE MÁSCARA PARA CÍLIOS E PÓ FACIAL PARA UM ACABAMENTO MATE DE LONGA DURAÇÃO.

Grammy

O Grammy é uma grande premiação da indústria musical. Acontece uma vez por ano, quando todos da indústria se reúnem para ver quem receberá as concorridas estatuetas de diversas categorias.

Na maior noite da indústria musical, os artistas se vestem de forma extravagante – o oposto do Oscar – e se tornam o mais criativos possível. Alguns deles até chegam a um nível de produção de efeitos especiais. Tudo depende do artista e do estilo do designer.

A variedade de maquiagens vai desde o natural até o avant-garde, e tudo pode ser visto no tapete vermelho. Imagine que sua artista vá comparecer ao Grammy com um vestido de alta-costura, que tem volume, comprimento e tamanho. Então você precisará saber qual é a história do álbum para criar uma continuidade e depois desenvolver algo expressivo e que se destaque no meio de todas aquelas camadas de tecido.

GRAMMY

Passo a passo

1. PREPARE A PELE.
2. APLIQUE O CORRETIVO E A BASE.
3. OS OLHOS SERÃO O NOSSO PONTO FORTE NESTA MAQUIAGEM. ENTÃO COMECE COM UMA SOMBRA NEUTRA COMO BASE E, EM SEGUIDA, ADICIONE CAMADAS DE SOMBRAS MAIS ESCURAS NO CÔNCAVO PARA DEFINIÇÃO. DEPOIS APLIQUE UMA SOMBRA BRILHANTE OU METÁLICA NO CENTRO DA PÁLPEBRA. FINALIZE OS OLHOS COM DELINEADO GATINHO E CAMADAS GENEROSAS DE MÁSCARA PARA CÍLIOS.
4. USE HIGHLIGHTER PARA DESTACAR AS ÁREAS ALTAS DO ROSTO, COMO AS MAÇÃS, A PONTE DO NARIZ E O ARCO DO CUPIDO. FAÇA UM CONTORNO SUAVE PARA ESCULPIR O ROSTO, CONCENTRANDO-SE NAS BOCHECHAS, NA TESTA E NO MAXILAR. ESFUME BEM.
5. ESCOLHA UMA COR DE BATOM QUE COMPLEMENTE SEU VISUAL E TRAJE.
6. FINALIZE A MAQUIAGEM COM UM SPRAY FIXADOR PARA GARANTIR MAIOR DURABILIDADE.

Globo de Ouro

O Globo de Ouro é uma cerimônia de premiação na qual a televisão e o cinema são reconhecidos em diversas categorias.

No Globo de Ouro, os convidados que vão passar pelo tapete vermelho têm a oportunidade de explorar uma ampla variedade de roupas, desde ternos até calças e vestidos de alta-costura. O evento acontece à tarde e no início da noite.

Imagine que seu cliente está vestindo um terno e calças. Como podemos obter o melhor visual simples e impactante? Podemos optar por algo natural ou ousar com um visual glamoroso e grunge.

Passo a passo

PARA UM ESTILO GRUNGE SUAVE:

1. PREPARE A PELE.
2. APLIQUE O CORRETIVO E A BASE.
3. APLIQUE UMA SOMBRA CINZA EM FORMA DE AMÊNDOA NAS PÁLPEBRAS SUPERIOR E INFERIOR. DEPOIS, APLIQUE UM LÁPIS PRETO ESCURO E ESFUME COM A SOMBRA CINZA.
4. APLIQUE O BLUSH, O CONTORNO E O HIGHLIGHTER.
5. APLIQUE OS CÍLIOS INDIVIDUAIS NOS CANTOS, PASSE A MÁSCARA DE CÍLIOS E O SPRAY FIXADOR.

Festival de Cannes

Todos os anos, cineastas e documentaristas vão para o sul da França, perto de Mônaco e da fronteira com a Itália.

Durante duas semanas, além das estreias para o mercado e das superexclusivas premières, celebridades percorrem o tapete vermelho no Palais des Festivals et des Congrès, localizado em sua avenida principal, Boulevard de la Croisette. De um lado, podem-se ver hotéis luxuosos, e do outro, praias de águas cristalinas. É realmente um paraíso.

A descrição desse ambiente é necessária, já que a maioria das estreias acontece sob uma luz solar extremamente brilhante, então é importante considerar isso ao fazer a maquiagem.

Passo a passo

1. PREPARE A PELE.
2. APLIQUE O CORRETIVO E A BASE.
3. UTILIZE AS TÉCNICAS ESTUDADAS ANTERIORMENTE: OBSERVANDO O FORMATO DO ROSTO E DAS SOBRANCELHAS, REALCE AS SOBRANCELHAS E APLIQUE O CONTORNO, O BLUSH E O ILUMINADOR.
4. TRABALHE A SOMBRA NOS OLHOS NO FORMATO DE AMÊNDOA, CRIANDO A ILUSÃO DE UM VISUAL NATURAL QUE SE TRANSFORMA EM UM OLHAR ESFUMADO NAS CORES DE CINZA A NUDE.
5. APLIQUE O ILUMINADOR PARA QUE A LUZ DO SOL PASSANDO PELO TETO TRANSPARENTE POSSA REFLETIR DE VOLTA PARA A CÂMERA.
6. ADICIONE OS CÍLIOS, A MÁSCARA DE CÍLIOS E O SPRAY FIXADOR.

Premières

Antes de os filmes chegarem aos cinemas, os estúdios fazem exibições, nas quais todo o elenco comparece.

Para essas premières, os membros do elenco e as celebridades utilizam o tema do filme para criar um visual único para o cabelo, a maquiagem e a roupa.

Agora, vamos criar um visual para uma estreia em que todos devem vestir prateado para um visual futurista.

Passo a passo

1. PREPARE A PELE.
2. COM UM ACABAMENTO LUMINOSO EM MENTE, APLIQUE O CORRETIVO E A BASE.
3. MISTURE PIGMENTOS PRATEADOS COM SOLVENTE E UM POUCO DE SPRAY FIXADOR E OS APLIQUE NA PÁLPEBRA NAS ZONAS A, B E C.
4. USE UMA SOMBRA PRATEADA COMO ILUMINADOR E A MÁSCARA DE CÍLIOS PRATEADA.
5. APLIQUE O SPRAY FIXADOR.

JORNALISMO, DOCUMENTÁRIO E REALITY SHOWS

Quando se trabalha no jornalismo para televisão, existe uma regra básica a seguir em relação à maquiagem: certifique-se de que o estilo de maquiagem escolhido não distraia os telespectadores do que o âncora de notícias tem a dizer. A maquiagem deve ser clássica e bem finalizada.

Para documentários, se estiver reproduzindo cenas da vida real, você deve manter a maquiagem do personagem. Se for no estilo de entrevista, a maquiagem dos convidados deve ser aprimorada, mas não deve alterar quem eles são e seus visuais característicos, a menos que o contrário seja indicado.

Já para reality shows é o oposto dos documentários, agora é hora de partir para um visual glamoroso completo. É preciso criar uma versão mais elegante dos personagens quando eles forem entrevistados. Para reuniões, o visual deve ser um nível acima daquele criado para a entrevista, "uma versão digna de si mesmos", como disse um ex-agente nos estágios iniciais de minha carreira.

5. INTRODUÇÃO AO CINEMA E AO SHOW BUSINESS

O primeiro filme foi criado em 1888 e tinha apenas 2 minutos de duração. Ele era baseado em quadros pintados que giravam um a um refletidos por meio de luzes em uma superfície.

Desde sua primeira criação, os filmes se tornaram uma forma popular de contar histórias, passando do preto e branco até chegar à alta definição que temos hoje.

Ao longo do tempo, o cinema foi produzido de muitas maneiras, e hoje até mesmo grandes produções podem ser gravadas pelas lentes de um smartphone moderno.

FILMES: ASPECTOS GERAIS

Após a Segunda Guerra Mundial, a arte da produção cinematográfica começou a tomar forma de maneira mais precisa por meio dos gêneros cinematográficos, considerando também que um filme deveria passar pelas lentes de uma única pessoa responsável pela direção.

Hoje, existem muitos gêneros. Entre os mais populares estão: ação, comédia, drama, fantasia, terror, mistério, romance, suspense e faroeste.

A cultura também é um fator importante na produção cinematográfica. Pela definição do dicionário Cambridge (2024), cultura é "a maneira de viver, especialmente os costumes e crenças gerais, de um grupo específico de pessoas em um determinado momento". Dessa forma, temas como diversidade, política, história e outros podem ser revisitados e reproduzidos na tela para que possamos assistir e refletir sobre eles.

Há filmes feministas, nos quais são retratados o empoderamento e a independência das mulheres; queer, que exploram temas que envolvem sexualidade e identidade de gênero; psicanalíticos, nos quais se busca compreender o comportamento humano e a psicologia; autorais, que são concebidos com base na visão, nas experiências e nos pensamentos do diretor; entre tantos outros.

Como artistas de maquiagem, compreender o gênero e o tipo de filme nos ajudará a criar uma maquiagem mais convincente. Lembre-se de que o trabalho do artista de maquiagem é tornar o universo retratado crível para o público. Por exemplo, se você está trabalhando em um filme de terror, é de se esperar que se usem sangue e próteses. Se for um romance, entender a linha do tempo e o contexto tornará a maquiagem mais adequada. Pesquisar o tipo de maquiagem a ser realizado ajuda a desenvolver o conceito, podendo levar até mesmo a prêmios. Não se trata de fazer o melhor glamour ou os melhores efeitos especiais, mas de encontrar o equilíbrio certo, não exagerar e retratar de maneira fiel a ideia proposta pelo diretor.

Roteiros

Primeiro, vamos entender a diferença entre roteiro e *screenplay*, ou roteiro cinematográfico. Muitas vezes, ouvimos alguém mencionar a palavra "roteiro", que pode ser usada em vários contextos. Por exemplo, podemos criar um roteiro para qualquer coisa, desde uma peça de teatro até videogames. O roteiro revela os aspectos básicos de que você precisa saber para desempenhar seu trabalho como artista de maquiagem, como o desenvolvimento do personagem, o tempo e lugar e as cenas. Todas as produções são baseadas em um roteiro, que é o manual básico para saber o que virá a seguir.

Um *screenplay* é geralmente utilizado apenas para televisão e cinema. Nele, todas as informações representam a visão completa da produção, incluindo a pré e a pós-produção. Como artista de maquiagem, você só recebe o roteiro, pois o *screenplay* costuma ficar apenas entre os diretores e as altas patentes da equipe de produção.

Continuidade

A continuidade é a arte de manter a consistência dos visuais durante a produção. Depois que um visual foi decidido e aprovado pelos produtores, que criaram uma aparência característica para o personagem, é hora de garantir que isso não mude ao longo da produção.

Às vezes, a trama acontece em um único dia, mas leva-se meses e até mais de um ano para terminar a filmagem. Em um *set*, na maioria dos casos, as cenas nunca são gravadas em ordem. Você pode começar a gravar um novo filme no primeiro dia a partir da cena final, e a cena seguinte pode ser a segunda. Por isso, é importante manter um livro de continuidade. Caso o chamem para outro projeto ou ocorra uma emergência, a próxima pessoa deve ser capaz de continuar de onde você parou. Ou vice-versa: caso você seja chamado para assumir o trabalho de outra pessoa, a continuidade será seu guia. Seu trabalho é garantir que a transição dos atores pareça perfeita. E como você faz isso?

1. Após terminar a maquiagem para seu personagem, tire uma foto de perfil de ambos os lados e de frente.

2. Desenhe um face chart, detalhando a colocação da maquiagem, as cores e até mesmo as marcas ou cicatrizes.

3. Imprima o roteiro, uma página por vez, com cada cena em uma página separada, para que você possa usar as páginas em branco para prender as fotos e o face chart e ter fácil acesso.

4. Faça um livro de capa dura para proteção documentando a jornada da maquiagem no decorrer do projeto.

5. Quando o projeto estiver concluído, ou quando devolver o livro ao produtor-chefe responsável, envie um e-mail para confirmar o recebimento. No entanto, gosto de fazer uma cópia, para caso algo aconteça com o original. Lembre-se de que esse material não é uma recordação, é um documento muito importante da produção e de que eles precisarão para a edição e até mesmo para cenas adicionais, como aquelas que foram cortadas ou que precisem ser regravadas por qualquer motivo.

Coisas a observar durante a produção

É importante saber quem é quem no *set*. O diretor está no topo, seguido pelos produtores, depois pelos chefes de departamento e, por fim, pelos técnicos e pelos assistentes de produção.

Entender o sistema de produção permite que você respeite o papel e a atribuição de cada pessoa.

A seguir, estão enumeradas algumas informações a serem observadas durante a produção.

1. Conheça quem é quem.

2. Certifique-se de sempre chegar 30 minutos antes do horário marcado.

3. Mantenha sempre um estoque de suprimentos de maquiagem para estar três dias à frente.

4. Verifique quantos atores serão maquiados para ter certeza de que a sua equipe terá condições de atendê-los.

5. Trate seus colegas de *set* com respeito e lembre-se de que todos são profissionais em busca de realizar um bom trabalho.

6. A higiene pessoal e do material de trabalho deve ser impecável.

7. Sempre saia apenas após terminar de remover a maquiagem dos atores.

8. Mantenha uma comunicação clara com o chefe do departamento de cabelo e maquiagem. Geralmente, um produtor ocupa essa posição.

9. Mantenha um conjunto separado de pincéis para cada ator.

10. Ao fazer pausas para o almoço e o jantar, lembre-se de que você faz parte da seção "equipe", então se atente às regras e aos horários direcionados à equipe, e não às regras voltadas ao elenco.

INTRODUÇÃO AOS EFEITOS ESPECIAIS

A maquiagem de efeitos especiais existe desde o início da indústria cinematográfica. Um dos nomes mais reconhecidos do meio é Richard Emerson Smith, também conhecido como "o padrinho da maquiagem de efeitos especiais". Porém, sem seu antecessor, o ator Lon Chaney, que criou seus próprios figurinos para filmes como *O corcunda de Notre Dame* e *O fantasma da ópera*, esses efeitos especiais não teriam ganhado destaque.

Somente com o surgimento dos filmes de monstros nos anos 1930 é que os efeitos especiais começaram a se popularizar. Inicialmente, eram utilizados apenas produtos como cola, massa, cera, papel e outros materiais leves do dia a dia.

Contudo, a indústria de maquiagem de efeitos especiais cresceu, e hoje temos diversas opções para escolher, além de podermos criar nossos próprios efeitos combinando-os. Ser um especialista em efeitos especiais requer um profundo entendimento de materiais e técnicas. Essa arte é geralmente criada para a tela e para o palco.

A seguir, vamos orientar sobre as técnicas básicas visando fornecer uma variedade de opções que, com o seu conhecimento em maquiagem comercial, ajudarão você a desenvolver uma clientela mais ampla.

A maioria dos projetos requer efeitos especiais leves, como cortes, hematomas e até mesmo uma maquiagem leve para envelhecimento. Há também próteses feitas de diferentes materiais que permitem criar formas e volumes mais intensos que, de outro modo, não seriam possíveis apenas com maquiagem. A beleza de ser um maquiador de efeitos especiais é que você pode deixar sua mente explorar áreas mais profundas, criando monstros, fadas, etc.

Ao retratar situações da vida real, o segredo é usar fotos médicas reais de ferimentos, como tiros e cortes profundos. Pesquise que tipo de armas ou instrumentos foram usados. Um erro comum é a idade dos hematomas e o processo de cicatrização. Como corpos humanos, continuamos a mudar, principalmente durante o processo de cicatrização. Vamos aprofundar isso.

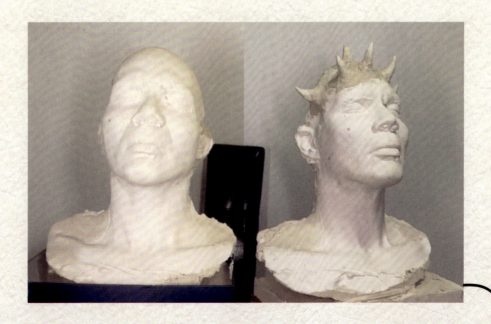

Anatomia humana × anatomia de monstros

ANATOMIA HUMANA

Para trabalhar com efeitos especiais, é importante entender o corpo humano e como ele funciona.

Os gêneros na indústria cinematográfica começam com uma duplicação do corpo humano. Compreender como ossos, veias, pele e órgãos funcionam ajudará você a replicar isso. Por exemplo, se o roteiro diz que seu personagem foi baleado, primeiro entenda que tipo de arma foi usada; em seguida, qual era a proximidade entre a arma e o ator e em qual plano o diretor está filmando. Se a arma utilizada na cena for um rifle, pesquise que tipo de bala ele usa. Em seguida, entenda a ferida de saída desse tipo de bala.

Qualquer arma disparada de perto é mais limpa do que de longe, pois, quanto mais distante for o disparo do tiro, é mais provável que cause mais danos ao corpo humano, o que influenciará a prótese que você escolherá para imitar esse tiro. Por último, se o diretor decidir que gravará o ator em um plano frontal, talvez você não precise de cápsulas explosivas (*squibs*), que, nos Estados Unidos, exigem uma licença especial. A solução pode ser utilizar um tubo conectado à prótese e a você, que segurará uma seringa para empurrar o sangue fino através da prótese, imitando um tiro de arma. Isso também se aplica a ossos quebrados.

O seu nível de conhecimento em anatomia afetará diretamente a excelência do trabalho.

ANATOMIA DE MONSTROS

Existem limites sobre até onde você pode ir ao criar um monstro com efeitos especiais. Lembre-se de que, independentemente do tipo que você quiser, são seres humanos que vestirão as criações. Portanto, todos os monstros, em termos de maquiagem de efeitos especiais, têm como ponto de partida uma forma e um tamanho humanos, e o restante é projetado por CGI, que são imagens geradas por computador.

A maioria das criaturas é resultado do ambiente em que vivem. Por isso, se você estiver criando um monstro aquático, características de animais aquáticos, como barbatanas e escamas, ou outras partes inspiradas em criaturas do fundo do mar, precisam ser adicionadas. Assim, é possível brincar com a fantasia e a realidade.

Kit de efeitos especiais

Os kits são escolhidos individualmente por cada profissional. No entanto, existem alguns itens que todos os artistas de maquiagem de efeitos especiais devem ter:

ITENS

- ÁLCOOL 75% OU MAIS
- CERA MORTUÁRIA (MORTICIAN WAX)
- COLA ELMER'S PARA SOBRANCELHAS
- COMPOSTO DE SILICONE/3RD DEGREE/A E B
- COMPRESSOR DE AR (aerógrafo)
- COTONETES LONGOS (Q-tips)
- ESPONJA STIPPLE (PARA CRIAR TEXTURAS)
- ESPONJAS (diferentes texturas e tamanhos)
- ESPONJAS DE PÓ
- ESPONJAS SEM LÁTEX PARA BASE
- FIOS DE LÃ (crepe wool)
- GREASEPAINT (maquiagem a óleo) COR DE PELE NATURAL/PALETA
- HACKLE (pente com cerdas de metal semelhantes a pregos, utilizado para pentear perucas e apliques para cabelo)
- HAMAMÉLIS (demaquilante)
- LÁPIS PRETO PARA SOBRANCELHAS
- LÁTEX LÍQUIDO
- PALETA DE CORES À BASE DE ÁGUA
- PALETA DE CORES À BASE DE ÁLCOOL
- PALETA PARA CRIAR HEMATOMAS
- PALETA PARA CRIAR MARCAS DE IDADE
- PÓ FIXADOR
- PROS-AIDE (adesivo especial para efeitos)
- PRÓTESES DE CALVÍCIE/TOUCA CARECA
- REMOVEDOR DE SPIRIT GUM
- SANGUE FALSO ESPESSO
- SANGUE FALSO FINO
- SERINGA NOVA VAZIA E UMA MANGUEIRA FINA
- SPIRIT GUM (cola)
- TINTA COR TEAL (verde azulada)
- TINTA PARA AERÓGRAFO

Moldes de mãos, pés e partes do corpo (life casting)

Life casting, ou moldagem do corpo, consiste em fazer uma impressão tridimensional do rosto humano e duplicá-la no mesmo tamanho e proporção da pessoa real. É a maneira mais eficiente de fazer com que uma prótese se encaixe perfeitamente no rosto do ator. Durante o trabalho, os artistas de maquiagem de efeitos especiais utilizam essas impressões em 3D, de modo que o ator não precisa estar presente nos preparativos. Atores geralmente têm uma agenda muito ocupada, o que não permite que estejam presentes em todas as partes do processo.

O life casting é um procedimento único. Em um curto período, você tem em mãos o molde com as características exatas do ator ou da atriz, o que facilita as alterações nas próteses.

Em uma produção cinematográfica, esta é a primeira coisa a ser feita. Há muitas marcas que oferecem kits pré-fabricados que, seguindo as instruções, permitem fazer a moldagem com sucesso. Eles contêm: alginato, atadura de gesso e baldes e paus de madeira.

A seguir, veremos como fazer corretamente um molde de life casting.

Passo a passo

1. LIMPE A ÁREA DO SEU MODELO.
2. EM UM BALDE, MISTURE O ALGINATO COM ÁGUA ATÉ OBTER UMA TEXTURA ESPESSA PARA QUE NÃO ESCORRA PELO MODELO.
3. APLIQUE GEL DE PETRÓLEO (VÅSELINA) NAS ÁREAS COM CABELO/PELO: LINHA DO CABELO, SOBRANCELHAS, BARBA E CÍLIOS.
4. APLIQUE O ALGINATO, MAS TENHA EM MENTE QUE ELE PODE ENDURECER MAIS RAPIDAMENTE DEPENDENDO DA TEMPERATURA DO AMBIENTE. DEIXE AS NARINAS ABERTAS PARA QUE O MODELO POSSA RESPIRAR.
5. EM UM BALDE COM ÁGUA, MERGULHE AS FAIXAS DE GESSO E COLOQUE-AS SOBRE O ALGINATO, CRIANDO CAMADAS. DEIXE AS PASSAGENS DE AR LIVRES PARA O MODELO. QUANDO O GESSO E O ALGINATO ATINGIREM UMA FORMA SÓLIDA, É HORA DE REMOVÊ-LOS, PEDINDO AO MODELO QUE SE INCLINE PARA A FRENTE. SEGURE O MOLDE COM AS MÃOS PARA QUE A REMOÇÃO SEJA SUAVE.
6. APÓS REMOVER O ALGINATO E O GESSO, É HORA DE APLICAR GESSO AO MOLDE. AGUARDE ATÉ QUE O GESSO ESTEJA SECO, RETIRE O ALGINATO E TAMPE OS BURACOS COM O GESSO RESTANTE.

Esculturas em miniaturas

Antes que um personagem ganhe vida, muitas produções pedem que uma maquete seja feita. Nela, uma versão pequena do personagem será criada para contribuir para o sucesso e a qualidade do projeto, fornecendo uma base sólida para o desenvolvimento da peça final.

KIT

Kit para fazer uma escultura:

- FIO
- EPÓXI
- FERRAMENTAS DE ESCULTURA
- COTONETES
- BONECO KIM DE CORPO DE MADEIRA/PLÁSTICO (boneco articulado)
- PAPEL-ALUMÍNIO

FERRAMENTAS

Ferramentas de escultura:

- **MODELADORES:** MOLDAM E ESCULPEM A ARGILA.
- **ESPÁTULAS:** ALISAM SUPERFÍCIES E CRIAM FORMAS AMPLAS.
- **RASQUETAS:** REMOVEM GRANDES QUANTIDADES DE ARGILA.
- **FERRAMENTAS DE ARAME:** CORTAM E MODELAM A ARGILA.
- **ROLOS DE AMASSAR:** AJUDAM A CRIAR UMA SUPERFÍCIE UNIFORME E A ESPALHAR A ARGILA DE MANEIRA MAIS EFICIENTE.
- **FERRAMENTAS DE TEXTURA:** ADICIONAM DETALHES E TEXTURAS À SUPERFÍCIE DA ARGILA.
- **ESTECAS:** FAZEM DETALHES FINOS E LINHAS PRECISAS.
- **ESCOVAS:** AS MACIAS SUAVIZAM SUPERFÍCIES, ENQUANTO ESCOVAS MAIS DURAS CRIAM TEXTURAS.
- **FERRAMENTAS ROTATIVAS:** ESCULPEM, CORTAM E LIXAM MATERIAIS COMO ARGILA OU MASSA DE MODELAR.
- **SERRILHADORES:** CRIAM TEXTURAS ESPECÍFICAS OU DETALHES EM SUPERFÍCIES.
- **RÉGUA OU NÍVEL:** SERVE PARA MEDIR E GARANTIR PROPORÇÕES PRECISAS NA ESCULTURA.

A seguir, vamos produzir a escultura em miniatura de um personagem.

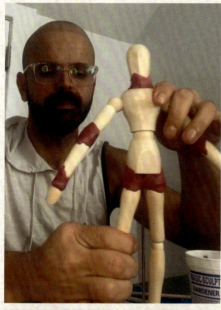

Passo a passo

1. FIXE AS JUNTAS DO BONECO NA POSIÇÃO DESEJADA COM O EPÓXI.
2. MODELE NA FORMA DESEJADA, USANDO OS FIOS PARA CRIAR CARACTERÍSTICAS EXTRAS, COMO BRAÇOS OU EXTENSÕES DE MEMBROS.
3. TRABALHE NA ESCULTURA COM AS FERRAMENTAS DE ESCULTURA.
4. DEIXE SECAR.
5. UMA VEZ COMPLETAMENTE SECA, PINTE A ESCULTURA.

Cortes

Existem muitas maneiras de retratar cortes em efeitos especiais. Alguns deles podem ser feitos apenas com uma faca de paleta e sangue, enquanto outros, como feridas, precisariam ter profundidade, e a ilusão seria criada com silicone. Isso dependerá de como o corte será obtido na história, por exemplo, um arranhão pode ser feito até com uma esponja de textura áspera. Tudo depende do que o roteiro diz, e precisará ser convincente.

A seguir, vamos explorar um pouco sobre como fazer uma ferida causada por um objeto de metal.

Passo a passo

1. LIMPE A ÁREA COM ÁLCOOL PARA FIXAR A PRÓTESE.
2. USE O COMPOSTO DE SILICONE AMIGÁVEL À PELE A E B. PARA SER MAIS REALISTA, ADICIONE UM POUCO DE BASE COM ÁLCOOL NO MESMO TOM DA PELE DO ATOR E MISTURE-OS NA SUA PALETA DE APOIO. APLIQUE A MISTURA SOBRE A PELE COM UMA ESPÁTULA OU FERRAMENTA SIMILAR PARA CRIAR O FORMATO DO CORTE. NO NOSSO CASO (FIGURAS A SEGUIR), FIZEMOS UM CORTE NO FORMATO DE CUNHA PARA DAR A SENSAÇÃO DE PROFUNDIDADE. DEIXE SECAR E APLIQUE PÓ SOLTO.
3. PINTE AS BORDAS DA FERIDA CRIADA DE MARROM PARA CRIAR PROFUNDIDADE.
4. ADICIONE SANGUE FALSO VELHO, COMPOSTO DE GLICERINA OU XAROPE DE MILHO, CORANTES ALIMENTARES, ÁGUA, AGENTE ESPESSANTE, CONSERVANTES, AROMATIZANTE E AGENTES COAGULANTES, PREENCHENDO A FERIDA.
5. PARA DAR UM ASPECTO DE FERIDA RECENTE, APLIQUE SANGUE FALSO FINO.

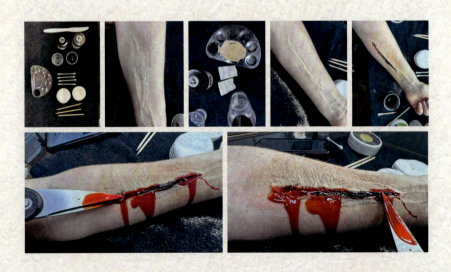

Queimaduras

Existem muitos tipos de queimaduras, e os mais conhecidos são: queimadura química, bolhas e queimadura de terceiro grau. Podemos alcançar resultados incríveis usando látex e os compostos de silicone A e B.

A seguir, será descrita a produção de uma queimadura de terceiro grau.

Passo a passo

1. LIMPE A ÁREA NA QUAL SERÁ ADICIONADA A QUEIMADURA COM ÁLCOOL ISOPROPÍLICO.
2. COM OS COMPOSTOS DE SILICONE A E B, CRIE ÁREAS APLICANDO *PATCHES*, ISTO É, ADESIVOS OU PRÓTESES QUE CRIAM A APARÊNCIA DE LESÕES CAUSADAS POR QUEIMADURAS, NA REGIÃO AFETADA.
3. QUANDO SECAR, APLIQUE PÓ SOLTO.
4. ADICIONE UMA CAMADA DE LÁTEX NA ÁREA AFETADA. QUANDO ESTIVER SECO, COLOQUE UMA SEGUNDA CAMADA PARA IMITAR A PELE.
5. FAÇA PEQUENOS BURACOS ONDE O SILICONE FOI COLOCADO ANTERIORMENTE PARA CRIAR A IMPRESSÃO DE BOLHAS SOB A PELE.

Hematomas

Hematomas possuem uma grande variedade de cores e formas. O próprio hematoma pode contar uma história de envelhecimento. Quando acaba de ocorrer, ele tem uma cor, geralmente um ponto de impacto que pode ser branco-amarelado, e, à medida que envelhece, torna-se vermelho, roxo e verde. É por isso que a pesquisa é tão importante para entender a história do hematoma. Além disso, é preciso saber como o hematoma foi causado: foi uma queda ou simplesmente alguém atingiu outra pessoa com uma arma? Há um mundo de possibilidades. Se ocorrer no rosto, a maneira como o sangue se acumula sob os olhos também é relevante à medida que começa a cicatrizar.

Vamos aprender, então, como recriar um hematoma causado por um soco no rosto.

Passo a passo

1. LIMPE A ÁREA COM ÁLCOOL.
2. COMECE ADICIONANDO SOMBRA BRANCO-AMARELADA SOB O OLHO E NO OSSO DA SOBRANCELHA.
3. ADICIONE SOMBRA ROXA NO NARIZ E PERTO DO NARIZ E NOS CANTOS EXTERNOS DOS OLHOS, E UM TOM CLARO DE VERDE, SE ESTIVER BUSCANDO FAZER UM HEMATOMA MAIS ANTIGO.
4. ADICIONE AZUL, ROSA-CLARO E VERMELHO SOB O ROXO.
5. SE ESTIVER MUITO CRIATIVO, ADICIONE SANGUE NA PARTE EXTERNA OU PERTO DA BOCA TAMBÉM.

Cicatrizes

Existem muitos tipos diferentes de cicatrizes, mas a versão mais utilizada em Hollywood é a queloides.

Passo a passo

1. LIMPE A ÁREA COM ÁLCOOL.
2. MISTURE OS COMPOSTOS DE SILICONE A E B COM UMA PEQUENA GOTA DE BASE COM ÁLCOOL.
3. APLIQUE ESSA MISTURA NA PELE COM UMA ESPÁTULA PARA CRIAR UMA ELEVAÇÃO.
4. APLIQUE PÓ SOLTO.
5. DÊ COR À CICATRIZ COM TINTA À BASE DE ÓLEO NO TOM DA PELE DO ATOR OU MODELO.

Envelhecimento

A maquiagem de envelhecimento é uma das técnicas mais requisitadas no cinema, mas existem limites para o que você pode alcançar usando maquiagem, látex e próteses. Como comentamos anteriormente, há atributos que adquirimos em nosso rosto e corpo a cada década e marco comemorado.

Neste segmento, a proposta é transformar um ator de seus 30 anos em uma pessoa de 70 anos, sempre lembrando a história por trás disso. Nosso personagem foi exposto ao sol, e grande parte do envelhecimento ocorreu por causa da exposição solar.

Passo a passo

1. LIMPE O ROSTO COM ÁLCOOL PARA REMOVER TODOS OS ÓLEOS NATURAIS.
2. DESPEJE LÁTEX LÍQUIDO EM UMA TIGELA E USE UMA ESPONJA SEM LÁTEX. APLIQUE O LÁTEX LÍQUIDO EM ÁREAS ESPECÍFICAS, ESTICANDO A PELE POR PARTES.
3. APLIQUE PÓ SOLTO E REMOVA. ADICIONE OUTRA CAMADA DE LÁTEX PARA GARANTIR A TEXTURA DE PELE ENVELHECIDA.
4. REPITA A TÉCNICA POR TODO O ROSTO, SECANDO COM UM SECADOR DE AR FRIO.
5. ADICIONE VÁRIAS CAMADAS DE LÁTEX ENTRE AS APLICAÇÕES ANTERIORES.
6. PARA A COLORAÇÃO, APLIQUE TINTA À BASE DE ÓLEO NO TOM DA PELE DO ATOR POR TODA A ÁREA. USE UM LÁPIS MARROM PARA CRIAR A ILUSÃO DE MANCHAS DE SOL.

Barbas e adição de cabelo

Existem várias maneiras de adicionar pelos faciais. Uma delas envolve o uso de próteses pré-fabricadas e lã. Esta última técnica é chamada de hair laying, que faz "mágica" com o uso de cola adesiva.

> *Passo a passo*
>
> 1. ESCOVE OS PELOS DE LÃ E COLOQUE-OS EM UMA TOALHA.
> 2. LIMPE O ROSTO COM ÁLCOOL.
> 3. PEGUE PEQUENAS SEÇÕES DE PELOS DE LÃ, CORTANDO AS PONTAS EM FORMA DE V.
> 4. APLIQUE A COLA ADESIVA COM UM COTONETE, PRESSIONANDO ATÉ OBTER UMA TEXTURA PEGAJOSA.
> 5. COLOQUE OS PELOS NA COLA E REPITA A TÉCNICA ATÉ QUE A ÁREA ESTEJA TOTALMENTE COBERTA COM PELOS. QUANDO SECAR, ESCOVE DELICADAMENTE PARA REMOVER OS PELOS EXTRAS. PARA REMOVER A BARBA, UTILIZE UM REMOVEDOR DE COLA ADESIVA.

Air squibs e bombas de sangue

Para obter um efeito realista de tiro de arma de fogo, as air squibs e as bombas de sangue são as mais utilizadas.

AIR SQUIBS. Esta técnica consiste em um pequeno equipamento acoplado ao corpo do ator, no qual um tubo contendo sangue falso especial é conduzido até uma pequena peça fixada na roupa. Ao comando, o ator pressiona o dispositivo para liberar o sangue, que explode através da roupa em um efeito impulsionado pelo ar, criando a ilusão de um tiro de arma.

BOMBA DE SANGUE. Similar às squibs, ela pode ser conectada a uma seringa grande fora da cena, na qual o maquiador bombeará o sangue pela mangueira utilizando a pressão do ar para obter um efeito realista de sangramento provocado por tiro. Também pode ser conectada a uma prótese para ter um efeito de sangramento contínuo.

Passo a passo

1. LIMPE E SEQUE BEM A ÁREA ONDE A BOMBA DE SANGUE SERÁ APLICADA.
2. POSICIONE A BOMBA DE SANGUE NO LOCAL DESEJADO, FIXANDO-A DE FORMA SEGURA À PELE OU À ROUPA, DEPENDENDO DA CENA.
3. OCULTE O TUBO DA MANGUEIRA, UTILIZANDO MAQUIAGEM OU ROUPAS APROPRIADAS PARA GARANTIR QUE NÃO FIQUE VISÍVEL NA CENA.

FAÇA TESTES PRÉVIOS PARA GARANTIR QUE A BOMBA DE SANGUE ESTEJA FUNCIONANDO CORRETAMENTE. SEGURANÇA É PRIMORDIAL. É IMPORTANTE ATENTAR-SE AO FLUXO DE SANGUE, POIS ELE VARIA DE ACORDO COM O CONTEXTO DA CENA. LEMBRE-SE DE QUE O OBJETIVO É CRIAR ALGO REALISTA E EFICAZ.

A COMUNICAÇÃO COM A EQUIPE DE PRODUÇÃO E DIREÇÃO É IMPORTANTÍSSIMA PARA GARANTIR O TIMING E O MODO IDEAL PARA O USO DA BOMBA DE SANGUE.

Touca careca (bald cap)

Na indústria cinematográfica, a habilidade de aplicar uma touca careca é um requisito básico. Esse acessório é a base para criar diversos aspectos dos personagens: envelhecimento, monstros, criaturas, zumbis, doenças, etc. Ela é também utilizada como base para perucas, pois, ao camuflar os fios naturais, dá um ar muito natural à peruca que será colocada.

Saber como aplicar uma touca careca sem emendas é uma arte em si, pois o resultado deve ser um visual crível e realista, sem emendas nem pontas aparentes.

A touca é feita, principalmente, em três materiais: silicone, vinil e látex. Neste tópico, exploraremos como aplicar a de vinil.

Passo a passo

1. COM ÁGUA, ESCOVE O CABELO PARA TRÁS, FAZENDO UM RABO DE CAVALO.
2. COLOQUE A TOUCA CARECA SOBRE A CABEÇA, AJUSTANDO-A CORRETAMENTE. USE UM ADESIVO DO TIPO PROS-AIDE.
3. FIXE A TOUCA AO REDOR DA LINHA DO CABELO, CORTANDO AS PARTES EXCEDENTES EM TORNO DAS ORELHAS.
4. USE COTONETES EMBEBIDOS EM ALGUMA SOLUÇÃO DILUENTE (A MAIS COMUM É A ACETONA) E DERRETA AS BORDAS DA TOUCA NA PELE COM MOVIMENTOS DE ROTAÇÃO.
5. NA PARTE DE TRÁS, TRABALHE AO REDOR DO RESTANTE DO CABELO QUE ESTAVA ANTERIORMENTE PRESO EM UM RABO DE CAVALO. EM SEGUIDA, DEIXE O CABELO SOLTO, POIS A MAIORIA DAS FANTASIAS COBRIRÁ O CABELO RESTANTE.

Aplicação, coloração e fabricação de próteses

Próteses são empregadas para alterar, realçar, retratar ou criar novas formas de anatomia, sejam humanas, sejam animais ou fictícias. Primeiramente utilizadas nas décadas de 1920 e 1930, tornaram-se cada vez mais populares ao longo dos anos. Filmes como *O fantasma da ópera* e *O mágico de Oz*, por exemplo, foram pioneiros no uso de maquiagem com próteses.

Existem três tipos principais de próteses na indústria:

SILICONE. Feitas de uma mistura de borracha de silicone, são ideais para simular membros separados, como dedos, pernas e outras partes do corpo.

LÁTEX DE ESPUMA. Feitas de látex de espuma, são leves e excelentes para criar máscaras completas, chifres, ossos e próteses ampliadas.

GELATINA. O mais parecido com a pele, esse material é perfeito para próteses humanas realistas, como ferimentos, cicatrizes, articulações inchadas, narizes e orelhas. Seu peso pode ser um problema em áreas que necessitem de próteses maiores.

Em nosso exemplo, aplicaremos dois tipos de próteses: de látex de espuma e de gelatina.

....

LÁTEX DE ESPUMA → Para aplicar uma prótese de nariz de látex de espuma é preciso cuidado e atenção aos detalhes se quiser alcançar um resultado realista. Aqui estão os passos para essa aplicação.

Passo a passo

1. LIMPE O NARIZ E A ÁREA AO REDOR DELE COM ÁLCOOL ISOPROPÍLICO E DEPOIS SEQUE BEM. ISSO GARANTIRÁ UMA ADERÊNCIA ADEQUADA.
2. ESCOLHA UMA COLA ESPECÍFICA PARA PRÓTESES DE LÁTEX. APLIQUE UMA CAMADA FINA E UNIFORME NA ÁREA ONDE A PRÓTESE SERÁ COLOCADA, BEM COMO NA PARTE INTERNA DA PRÓTESE.

3. COLOQUE A PRÓTESE DE NARIZ DE LÁTEX DE ESPUMA NA POSIÇÃO DESEJADA, ALINHANDO-A CUIDADOSAMENTE COM AS CARACTERÍSTICAS FACIAIS NATURAIS, E PRESSIONE SUAVEMENTE.
4. USE MAQUIAGEM PARA CAMUFLAR AS BORDAS DA PRÓTESE, MESCLANDO-AS COM A PELE DO MODELO. APLIQUE SOMBRAS E HIGHLIGHTER PARA INTEGRAR A PRÓTESE AO RESTANTE DO ROSTO, PROPORCIONANDO UMA TRANSIÇÃO SUAVE.
5. APLIQUE SUAVEMENTE UM SELANTE DE PRÓTESE PARA PROTEGER A MAQUIAGEM E GARANTIR UMA APARÊNCIA DURADOURA. FIQUE ATENTO ÀS INSTRUÇÕES DO FABRICANTE, POIS PODE HAVER ALGUMA VARIAÇÃO NO MANUSEIO ENTRE AS DIFERENTES MARCAS.

GELATINA → A seguir, vamos fazer a aplicação da prótese de orelha feita de gelatina.

Passo a passo

1. LIMPE BEM E SEQUE COMPLETAMENTE A ORELHA E A ÁREA AO REDOR DELA.
2. SELECIONE UMA COLA PRÓPRIA PARA PRÓTESES DE GELATINA, APLICANDO UMA CAMADA FINA E UNIFORME NA ÁREA DA PELE ONDE A PRÓTESE SERÁ FIXADA.
3. POSICIONE A PRÓTESE NO LOCAL DESEJADO, ALINHANDO-A ADEQUADAMENTE COM A ORELHA NATURAL E PRESSIONANDO GENTILMENTE.
4. USE MAQUIAGEM PARA CAMUFLAR AS BORDAS DA PRÓTESE, MISTURANDO-AS SUAVEMENTE COM A PELE AO REDOR. APLIQUE MAQUIAGEM PARA IGUALAR O TOM DE PELE E GARANTIR UMA TRANSIÇÃO NATURAL COM O TOM DA PRÓTESE.
5. APLIQUE CUIDADOSAMENTE UM SELANTE TRANSPARENTE SOBRE A PRÓTESE PARA PROTEGER A MAQUIAGEM E AUMENTAR A DURABILIDADE.

É válido lembrar que a prática leva à perfeição. Quanto mais experiente você se tornar, mais facilidade terá de manusear a maquiagem de efeitos especiais. Seja minucioso com cada passo, não se esquecendo de consultar as instruções do fabricante, pois elas podem variar conforme a marca.

Bloqueio de sobrancelhas (eyebrow block)

É uma técnica para cobrir ou neutralizar as sobrancelhas, frequentemente utilizada em apresentações de teatro, filmes, campanhas de beleza, etc. e até mesmo para emular aparências do passado. Ao cancelar ou bloquear a sobrancelha, você pode redesenhá-la e remodelá-la para qualquer aspecto desejado.

Existem várias maneiras de fazer isso, mas a técnica a seguir é uma das mais conhecidas e utiliza cola não tóxica para artesanato.

Passo a passo

1. LIMPE A ÁREA COM ÁLCOOL ISOPROPÍLICO.
2. APLIQUE UMA CAMADA DE GLUE STICK (COLA ESPECIAL PARA MAQUIAGEM).
3. PENTEIE A SOBRANCELHA PARA TRÁS.
4. APÓS A PRIMEIRA CAMADA SECAR, APLIQUE PÓ SOLTO.
5. APLIQUE A SEGUNDA CAMADA DE COLA PARA OBTER UMA SUPERFÍCIE LISA. VOCÊ PODE ADICIONAR UMA CAMADA EXTRA, DEPENDENDO DA ESPESSURA DAS SOBRANCELHAS.
6. FIXE COM PÓ NOVAMENTE.

Aerógrafo

O aerógrafo funciona como o nome sugere: é um mecanismo em que um compressor regulado empurra o ar por meio de uma mangueira para uma pistola pequena, pela qual a maquiagem é aplicada, projetando partículas finas de maquiagem na pele.

A aplicação uniforme do fluxo de ar permite que a maquiagem se fixe em uma camada fina com cobertura total.

Há algumas desvantagens, por exemplo, clientes com erupções cutâneas podem não ter uma cobertura completa em comparação com a aplicação tradicional.

É importante saber que existem produtos especiais para serem utilizados no aerógrafo. Leia sempre as instruções do fabricante.

O aerógrafo tem os seguintes componentes.

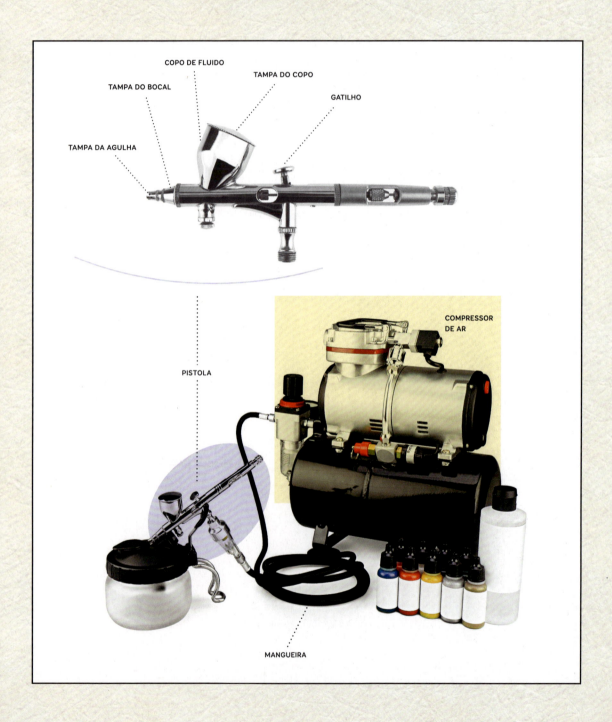

Uma das partes mais importantes do trabalho é sempre limpar o aerógrafo para evitar entupimentos ou mistura indesejada de cores.

Para uma limpeza rápida, em caso de troca de tintas, siga os passos 1 e 2, tendo o cuidado de pulverizar totalmente a solução de limpeza antes de acrescentar a nova tinta. Para uma limpeza elaborada, siga o tutorial completo.

Passo a passo

1. PULVERIZE A TINTA DO AERÓGRAFO ATÉ QUE NÃO HAJA TINTA NO RESERVATÓRIO OU NA CÂMARA DE AR. SE O SEU AERÓGRAFO FOR DESMONTÁVEL, RETIRE CUIDADOSAMENTE AS PEÇAS DESTACÁVEIS, COMO A AGULHA E O BICO, USANDO AS CHAVES DE BOCA. SEMPRE SIGA AS INSTRUÇÕES DO FABRICANTE.

2. COLOQUE A SOLUÇÃO DE LIMPEZA (MISTURA DE ÁGUA DESTILADA E LIMPADOR ESPECÍFICO PARA AERÓGRAFOS) NO COPO DE LIMPEZA DO AERÓGRAFO E A PULVERIZE ATÉ QUE A SOLUÇÃO CIRCULE POR TODAS AS PARTES INTERNAS. ISSO AJUDA A REMOVER RESÍDUOS DE TINTA SECA. EM SEGUIDA, USE A ESCOVA DE LIMPEZA PARA ESFREGAR SUAVEMENTE AS PARTES DO AERÓGRAFO, ESPECIALMENTE AQUELAS ONDE A TINTA PODE SE ACUMULAR, COMO O BICO E A AGULHA.

3. MERGULHE PALITOS DE ALGODÃO NA SOLUÇÃO DE LIMPEZA E USE-OS PARA LIMPAR ÁREAS DIFÍCEIS DE ALCANÇAR, COMO A PONTA DA AGULHA E AS PARTES INTERNAS DO AERÓGRAFO.

4. SE VOCÊ DESMONTOU O AERÓGRAFO, CERTIFIQUE-SE DE MONTAR TODAS AS PEÇAS DE VOLTA CONFORME AS INSTRUÇÕES DO FABRICANTE. DEPOIS, PULVERIZE ÁGUA LIMPA ATRAVÉS DO AERÓGRAFO PARA GARANTIR QUE TODOS OS RESÍDUOS DA SOLUÇÃO DE LIMPEZA TENHAM SIDO REMOVIDOS.

5. DEIXE O AERÓGRAFO SECAR COMPLETAMENTE ANTES DE GUARDAR OU USAR NOVAMENTE. USE AR COMPRIMIDO PARA ACELERAR O PROCESSO, SE NECESSÁRIO.

PINTURA CORPORAL

Por milhares de anos, a pintura corporal tem sido usada para expressar a cultura e a individualidade. A humanidade usou essa técnica para pintar seus corpos para a guerra, para expressar sua sexualidade ou para demonstrar status e se distinguir de outras tribos e nações.

No mundo atual, ela se tornou parte importante das artes visuais, transcendendo a estética e transmitindo mensagens culturais, rituais ou simplesmente celebrando a beleza da forma humana.

No mundo da maquiagem, a pintura corporal é uma área que se deve estudar profundamente. As técnicas aprendidas podem ser aplicadas tanto no visual diário de beleza quanto nos efeitos especiais.

KIT

O kit de pintura corporal contém:

- SPRAY FIXADOR
- PALETA DE TINTAS À BASE DE ÁGUA
- PINCÉIS PLANOS, REDONDOS E FINOS DE TODOS OS TAMANHOS
- FRASCO DE SPRAY
- TOALHAS
- TIGELAS COM ÁGUA PARA LIMPAR OS PINCÉIS

Existem muitos tipos de tintas para isso, sendo as mais comuns a tinta à base de água, a tinta à base de óleo e o aerógrafo. Você pode soltar a criatividade ao adicionar joias, próteses ou qualquer material amigável à pele que possa ser facilmente fixado nela por meio dos métodos corretos.

Para criar uma pintura contínua, independentemente do tom de pele, você precisará usar uma base de tinta branca à base de água. Para ativar qualquer cor à base de água, você precisará borrifar suavemente a tinta com água, criando uma consistência líquida ou cremosa. Para linhas e camadas superiores, utilize uma textura mais espessa; para mais de uma primeira camada ou áreas maiores, uma textura mais fina.

Antes de pintar em uma tela "viva", desenhe sua criação em um papel como um guia e depois transfira para o corpo. Sinta-se à vontade para criar em estilo livre.

CABELO PARTE II

1. CABELO AO LONGO DA HISTÓRIA

Desde os tempos antigos até a história mais recente, a maioria das mulheres e, em alguns casos, homens da classe alta usavam principalmente perucas, deixando a classe baixa ser criativa com seus próprios cabelos. Foi apenas depois da Revolução Francesa, já no século XIX, que as perucas foram substituídas pelo cabelo natural das pessoas, e, surpreendentemente, os civis escolheram cortes de cabelo curtos. Alguns historiadores afirmam que isso ocorreu em razão de infestações de piolhos e pulgas, já outros dizem que está relacionado ao fim do Período do Terror francês, no qual surgiu o popular corte de cabelo bem curtinho nomeado *coiffure à la victime*, que persiste até hoje como uma escolha de estilo.

Avançando para o século XX, os estilos continuaram a ser mantidos, o que exploraremos nos próximos segmentos.

ANOS 1920

ANOS 1950

ANOS 1980

ANOS 1930

ANOS 1940

ANOS 1960

ANOS 1970

ANOS 1990

ANOS 2000

ANOS 1920

O século XX foi um marco para a luta das mulheres, em que finalmente conquistaram o direito ao trabalho e ao voto, entre outros. Na década de 1920, ter os cabelos curtos foi um símbolo de liberdade, então as mulheres adotaram cabelos lisos e curtos, em cortes conhecidos como "bobs", ou cachos presos à cabeça. Quanto aos homens, o penteado pompadour, com o cabelo puxado para trás, e os bigodes também ganharam popularidade.

ANOS 1930

Ainda influenciadas pelos anos 1920, as mulheres deixaram o cabelo crescer do queixo até os ombros, às vezes moldando-o em um formato de ampulheta para criar uma variedade de estilos que vemos até hoje. Quanto às mulheres com cabelos longos, que também era uma opção nos anos 1930, as ondas de dedo e as ondas Marcel se tornaram mais populares. Quanto aos homens, o bigode ficou um pouco mais fino, com cerca de um centímetro de largura.

ANOS 1940

O cabelo com comprimento até os ombros era comum nessa época, com ondas arrumadas e limpas. Além disso, houve a introdução de tranças. Durante esse período, a influência de Hollywood cresceu e era isso o que mais víamos na TV e no cinema. Quanto aos homens, um bigode muito fino, quase como um risco de lápis, era o que estava em alta.

ANOS 1950

Após a Segunda Guerra Mundial, o empoderamento das mulheres estava em ascensão, e alguns penteados eram realmente chamados de "penteados da vitória". Os cabelos ficaram mais curtos e texturizados por meio de permanente ou rolos, e foram adicionados lenços, além de outros ornamentos como flores.

ANOS 1960

A década de 1960 foi uma época de libertação cultural do cabelo. Os direitos das mulheres evoluíram mais do que nunca, levando a cortes pixie ou mesmo cabelos superlongos. Algumas optaram por muito volume. Os homens deixaram o cabelo crescer, mantendo-o ondulado na parte de cima e com um topete estilo pompadour, como nas décadas anteriores. Quanto aos homens e às mulheres pretos, eles se fortaleceram com o movimento *black is beautiful* (preto é belo), em que houve um posicionamento contra a cultura europeia de cabelos ao abraçar a textura natural do cabelo, e o grande afro se tornou um estilo popular na cultura afro-americana.

ANOS 1970

Uma época de grande avanço cultural do cabelo, homens e mulheres entenderam que podiam ter qualquer estilo desde que combinasse com suas personalidades. Camadas emplumadas, mullets, cabelos longos e retos, muitos estilos entraram em jogo, influenciados por movimentos políticos e culturais, além da influência da cultura pop em suas vidas cotidianas.

ANOS 1980

Grandes ícones pop redefiniram o apelo geral com todo tipo de textura, como permanentes, cabelos ondulados, cachos Jheri, moicanos, cabelos bem curtos, afros e cabelos volumosos. Além disso, era possível adicionar acessórios como scrunchies (elásticos de cabelo) e laços.

ANOS 1990

Saindo dos anos 1980, os anos 1990 foram ainda mais interessantes no departamento de cores, com as chunky highlights (mechas grossas), cabelos cacheados grandes com aparência molhada, franjas divididas ao meio para homens e cabelos loiros descoloridos e espetados, tanto para homens quanto para mulheres.

ANOS 2000

Nos anos 2000, os cabelos ganharam mais textura, com um grande movimento de liberdade liderado pela cultura pop. Homens com estilos de cabelo com aparência "suja", mulheres com cabelos lisos e ondas de praia, franjas divididas ao meio e outros estilos que vemos no nosso dia a dia ao sair.

2. NOÇÕES GERAIS

A origem da profissão de cabeleireiro remonta ao antigo Egito, tornando-a uma das mais antigas a serem exercidas, ao lado de pedreiro, padeiro, cervejeiro, açougueiro, agricultor, médico, parteira, barbeiro e advogado. No entanto, foi apenas por volta de 500 a.C. que os primeiros barbeiros e salões foram abertos na Grécia, onde os homens tinham cabelos longos e barbas que precisavam ser estilizados e aparados com ferro quente. Isso mesmo, foi nesse momento que surgiram os primeiros modeladores de cachos.

Ao longo da história, a profissão evoluiu, conforme discutiremos a seguir.

Na atualidade, o cabeleireiro é uma profissão bastante reconhecida na sociedade, cuja responsabilidade é criar e manter a imagem de alguém. Esse profissional é responsável por colorir, cortar, estilizar e arrumar o cabelo em diferentes looks.

Como em qualquer profissão, o cabeleireiro possui especializações, entre elas:

COLORISTA. Especializado em colorir o cabelo com várias técnicas, como reflexos, processos simples (coloração em um único passo) e duplo (coloração em duas fases, podendo ser duas colorações ou coloração e descoloração), balayages, entre outras que utilizam produtos químicos para alterar a aparência do cabelo.

HAIR STYLIST. Responsável por estilizar o cabelo, bem como por cortá-lo.

ESPECIALISTA EM EXTENSÕES DE CABELO. Por meio de múltiplas técnicas, adiciona cabelo ao cabelo natural de alguém para aumentar o tamanho ou acrescentar volume.

BARBEIRO. Especializado em beleza masculina, principalmente cortes e cuidados com a barba.

ESPECIALISTA EM CABELOS NATURAIS. Profissional especializado em estilos de cabelo natural, como tranças, extensões, rastas, etc.

PROPRIEDADES DO CABELO

Além de ser a moldura do rosto, o cabelo serve para manter a cabeça aquecida e preservar a temperatura necessária do corpo. Embora os folículos capilares sejam encontrados por todo o corpo, cada parte tem sua própria finalidade.

O cabelo cresce a partir do folículo capilar encontrado na derme, sob a nossa pele. Esse mecanismo continua a produzir células cheias de queratina que crescem a partir das raízes.

A saúde do cabelo começa pelas raízes localizadas abaixo da epiderme, que é a camada externa da pele.

Agora que entendemos um pouco de onde o cabelo vem, vamos entender suas propriedades. Ao compreendê-las, como cabeleireiro, você será capaz de tomar a decisão certa sobre tratamentos químicos e sobre a saúde do cabelo em conjunto.

Existem cinco propriedades principais do cabelo:

TEXTURAS. Essa categoria é medida pelo diâmetro do fio de cabelo, o que determinará a sua textura (liso, médio ou grosso).

POROSIDADE. Mede a saúde dos fios. Quanto maior o nível de porosidade, menos proteína é encontrada, tornando o cabelo vulnerável aos efeitos do calor e a produtos químicos.

TENACIDADE. Também chamada de resistência do cabelo. É a capacidade de o fio voltar à sua forma original após o cessar da força ou da fonte de calor sobre ele.

DENSIDADE. A cabeça humana possui cerca de 100 mil fios de cabelo. A densidade remete à proximidade de cada fio em relação ao outro. Quanto mais espesso o cabelo, maior a densidade, e quanto mais fino, menor a densidade.

ELASTICIDADE. É a medida de quanto o cabelo pode ser esticado e retornar ao seu estado original antes de quebrar.

Estrutura do cabelo

O cabelo é composto por três partes principais:

HASTE. A parte que cresce para fora da pele.

RAIZ OU BULBO. A base do seu cabelo que se conecta ao folículo capilar.

FOLÍCULO CAPILAR. É a parte da haste do cabelo que fica abaixo da superfície da pele.

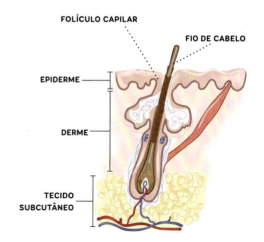

O fio é dividido nas seções raízes, meio e pontas e é estruturado em três camadas concêntricas – cutícula, córtex e medula –, conforme a seguir.

ESTRUTURA DO FIO

CUTÍCULA. É uma camada semelhante a escamas, cuja função é proteger o fio de cabelo, principalmente o córtex e a medula. Quando o cabelo começa a perder o córtex, ele fica vulnerável e enfraquecido, principalmente por causa de processos químicos e do calor.

CÓRTEX. Também conhecido como a camada do meio, o córtex é não apenas a camada mais espessa, responsável por 95% da estrutura do cabelo, mas também abriga a melanina, que é responsável pela cor do cabelo.

MEDULA. É a parte interna do cabelo. Curiosamente, nem todas as pessoas têm medula no cabelo. Isso depende da textura e da cor natural do cabelo. A ausência de medula não influencia na saúde dele.

Essas propriedades do cabelo são fundamentais para compreender como diferentes tratamentos químicos e estilos podem afetar o cabelo e como escolher os melhores produtos e serviços para cada cliente.

QUEDA DE CABELO

A queda de cabelo é uma condição que afeta mais de 50 milhões de homens e 30 milhões de mulheres nos Estados Unidos, e pode ser causada por muitas razões. De acordo com a Sociedade Internacional de Cirurgia de Restauração Capilar (ISHRS), mulheres já são 40% dos pacientes. O Brasil tem cerca de 42 milhões de pessoas afetadas pela alopecia.

A alopecia, nome mais comum para queda de cabelo, pode ser causada por vários fatores, como hereditariedade, mudanças hormonais, medicamentos, mas às vezes também pode ser causada pelo envelhecimento. Vamos entender quais são os tipos mais comuns:

ALOPECIA AREATA. É o tipo de alopecia que atinge homens e mulheres em todo o mundo e é principalmente causada por uma doença autoimune que pode ser percebida por uma área calva do tamanho de uma moeda, podendo ser reconhecida como um "ponto claro" no couro cabeludo. Pode ser um episódio isolado ou se espalhar se não for tratada. O tamanho da área sem cabelo provocada pela alopecia pode variar significativamente de uma pessoa para outra. O tratamento mais comum é a injeção de esteroides.

ALOPECIA ANDROGENÉTICA MASCULINA. Também conhecida como calvície, pode ser hereditária e causada pela taxa dos hormônios masculinos na corrente sanguínea. De acordo com estudos, 25% dos homens começam a perder cabelo aos 20 anos, o que aumentará para 60% aos 30, chegando a 80% aos 50 anos.

ALOPECIA ANDROGENÉTICA FEMININA. Também conhecida como calvície feminina, pode ser causada pelos mesmos fatores que afetam os homens, como hormônios, hereditariedade ou desequilíbrios hormonais. Esse tipo de calvície começa após os 40 anos na maioria das mulheres que a tem.

FERRAMENTAS DO CABELEIREIRO

O sucesso de qualquer cabeleireiro, além das habilidades básicas, está em ter o equipamento adequado, que garantirá o melhor desempenho em todas as áreas. Antes de tudo, todo profissional bem-sucedido deve ter as seguintes características:

- CRIATIVIDADE
- HABILIDADES DE ESCUTA
- HABILIDADES DE ATENDIMENTO AO CLIENTE
- GERENCIAMENTO DE TEMPO
- HIGIENE

Listamos na sequência as ferramentas básicas para exercer o ofício. Todo cabeleireiro deve estar familiarizado com cada um dos seguintes itens.

FERRAMENTAS

- BOBES DE VELCRO
- CAPA DE CORTE
- CAPA PARA COLORAÇÃO
- ELÁSTICOS DE CABELO
- ESCOVA PLANA PARA PENTEAR O CABELO
- ESCOVAS DE CABELO
- ESCOVAS REDONDAS DE TAMANHOS DIFERENTES
- FERRO QUENTE DE TAMANHOS DIFERENTES
- FRASCO DE SPRAY
- GRAMPOS DE CABELO
- MODELADORES DE CACHOS DE TAMANHOS DIFERENTES
- PENTES DE TAMANHOS DIFERENTES
- PRANCHA DE CABELO (chapinha)
- PRESILHAS PARA SEÇÃO DO CABELO
- SECADOR DE CABELO
- TESOURAS DE CABELO DE TIPOS DIFERENTES
- TIGELAS PARA COLORAÇÃO

CONHECIMENTOS BÁSICOS

Como mencionado, existem muitas ramificações na área de atuação do cabeleireiro, podendo-se trabalhar em salões de beleza e como autônomo. Alguns profissionais conseguem mesclar ambas as formas, dependendo da disponibilidade.

Em um salão de beleza, quando você começa como assistente, o que eu recomendo fortemente, as lições aprendidas com outros profissionais serão essenciais para uma carreira duradoura.

Em um salão, você encontrará:

- CADEIRAS DE CABELEIREIRO
- CARRINHO AUXILIAR
- EQUIPAMENTOS PARA CUIDADOS FACIAIS E DE PELE
- ESTAÇÕES DE MANICURE E PEDICURE
- ESTAÇÕES DE MAQUIAGEM
- ESTAÇÕES DE TRABALHO
- LAVATÓRIO
- SECADORES DE CABELO E SISTEMAS DE AQUECIMENTO PARA COLORAÇÃO
- TOALHAS DE MÃO

3. CORTES DE CABELO

A arte de cortar cabelo é muito mais que modificar comprimentos ou volumes. É sobre se reinventar e se divertir, descobrindo as várias facetas que existem em nós. Os cortes de cabelo são a base para qualquer cabeleireiro profissional, por isso é indispensável ter o pleno domínio de suas técnicas. Neste capítulo, vamos nos aprofundar sobre os fundamentos do corte de cabelo.

FUNDAMENTOS DO CORTE DE CABELO

ELEVAÇÃO. A elevação é o ângulo ou o grau em que o cabelo é mantido, vertical ou horizontalmente, o que ditará a densidade. A elevação em determinado grau definirá se o cabelo ficará mais reto ou mais em camadas. Por exemplo, à medida que o grau aumenta, também aumenta a intensidade das camadas. O sistema de graus utiliza o formato da cabeça como referência:

0 GRAU → corte reto ou bob.

45 GRAUS → corte em cunha ou bob em camadas.

90 GRAUS → corte em camadas mais popular.

180 GRAUS → corte shaggy em que a camada superior tem um ângulo de 90 graus e a inferior de 180 graus.

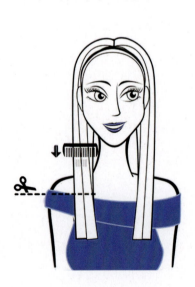 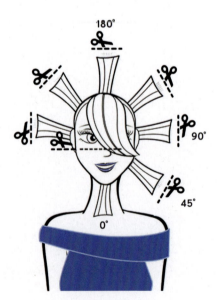

PERSPECTIVA. É olhar de um ponto frontal reto ou observar a cabeça a partir de uma superfície plana. Ao observarmos a perspectiva de múltiplos pontos, temos a forma completa. No entanto, a perspectiva vertical é para conferir a simetria, e a horizontal é para o volume e o espaço.

DIMENSÃO. Quando a luz reflete no cabelo como uma luz plana, você precisará adicionar profundidade e largura. Com o corte de cabelo, você adicionará movimento e altura onde a luz atinge, e não parecerá mais uma superfície plana. A luz viajará para dentro e para fora, mostrando textura.

DISTRIBUIÇÃO DE PESO. Basicamente, quando você penteia o cabelo na direção em que vai cortá-lo, a distribuição vertical depende da elevação, criando dimensão, e a horizontal se relaciona com a forma geométrica.

SUPERDIREÇÃO. Determinará o comprimento do cabelo ao direcioná-lo de um lado para o outro. Geralmente, isso é alcançado ao pentear o cabelo contra o caimento natural.

POSIÇÃO DO CORPO. A posição do corpo é como o cabeleireiro se posiciona e, acredito que seja ainda mais importante, como o cliente se posiciona durante o corte. Lembre-se de que cortes de cabelo envolvem ângulos.

Agora que discutimos os fundamentos do corte de cabelo, vamos entender a posição das mãos:

CORTE ACIMA DOS DEDOS. Utilizado para cortes curtos, degradês e desfiados em cabelos médios ou longos.

CORTE ABAIXO DOS DEDOS. Utilizado para cortar franjas e/ou pontas de cabelos médios ou longos.

CORTE EM DIREÇÃO AOS DEDOS. A tesoura ou navalha fica posicionada em direção aos dedos. É utilizado para desfiar e/ou criar textura.

ANATOMIA DA CABEÇA

Há cinco partes da cabeça.

1. COROA: TOPO DA CABEÇA.
2. ÁREA POSTERIOR: ABAIXO DA COROA.
3. LATERAIS: LADOS ESQUERDO E DIREITO DA CABEÇA.
4. NUCA: PARTE DE TRÁS, PRÓXIMA AO PESCOÇO.
5. TESTA: ÁREA DA FRANJA.

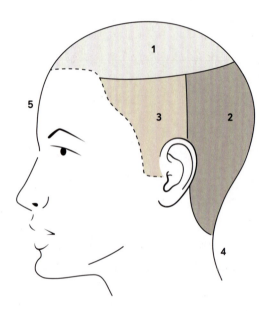

FERRAMENTAS DE CORTE

Agora que aprendemos o básico, vamos conhecer as ferramentas de corte de cabelo.

....

TESOURAS E NAVALHAS. Escolher as tesouras ou navalhas certas é uma questão pessoal, pela forma como são construídas. Eu prefiro lâminas curtas, pois tenho mãos pequenas. No entanto, essas tesouras são para cortes retos, blunt cuts, texturização, camadas e cortes curtos.

....

TESOURAS DE TEXTURIZAÇÃO. A maneira como são construídas, com micro e macrolacunas nas lâminas, permitirá que se corte apenas o cabelo entre as lacunas, adicionando textura ao cabelo.

....

NAVALHAS DE TEXTURIZAÇÃO. A maior diferença entre uma navalha de texturização e uma comum está no design da lâmina. Enquanto a navalha comum tem uma lâmina reta e extremamente afiada – o que permite cortes precisos e suaves –, a navalha de texturização possui lâmina com dentes espaçados. Isso permite o corte do cabelo de maneira irregular, criando texturas e camadas, afetando diretamente a quantidade de cabelo cortado.

....

MÁQUINAS DE CORTAR CABELO. São máquinas projetadas para cortes de cabelos curtos, embora alguns cabeleireiros as usem para cortar cabelos longos, o que é uma arte por si só. As máquinas de cortar cabelo têm um motor interno que controla duas lâminas que se movem lateralmente em direções diferentes. A maioria das máquinas vem com um conjunto de pentes numerados de 1 a 6. Cada fabricante tem seus tamanhos de acordo com o comprimento.

- 0 → sem pentes acoplados.
- 1 → couro cabeludo visível.
- 2 → ligeiramente menos visível.
- 3 → sombra clara/escura.
- 4 → sombra escura, equivalente a um corte de tesoura curto.
- 5 → um pouco mais longo.

Há uma alavanca na lateral da máquina que, ao ser empurrada para a frente, aumentará em ½ o tamanho do pente. Por exemplo, o pente 3 (alavanca para a frente) será 3 ½.

As máquinas de cortar cabelo são utilizadas principalmente por barbeiros que precisam dar um acabamento perfeito ao cabelo.

Os cortes de cabelo mais procurados são:

graduado

flat top

texturizado

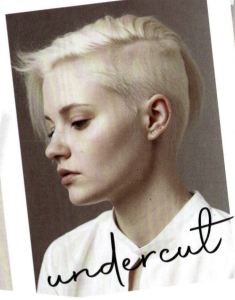

undercut

shaggy

MODELOS DE CORTE

A seguir, vamos estudar os tipos de corte de cabelo pelo estilo de camadas longas.

CAMADAS LONGAS

Passo a passo

1. COM O CABELO LAVADO, DIVIDA-O EM QUATRO PARTES: DE ORELHA A ORELHA E DA PARTE SUPERIOR À NUCA. PRENDA O CABELO COM PRESILHAS.

2. COM AS DUAS PARTES DE TRÁS, ESCOLHA O COMPRIMENTO E CORTE-O A 0 GRAU.

3. COMECE COM SUA BASE. NA PARTE DE TRÁS, ELEVE A 90 GRAUS, CRIANDO UM PONTO DE REFERÊNCIA.

4. A PRIMEIRA SEÇÃO VERTICAL CORTADA SERÁ A REFERÊNCIA PARA AS MECHAS VIZINHAS. CORTE A SEÇÃO UTILIZANDO A PRIMEIRA SEÇÃO COMO PARÂMETRO.

5. COM O CABELO DIVIDIDO AO MEIO, ESCOLHA A PRIMEIRA SEÇÃO, FAZENDO ISSO VOCÊ DETERMINARÁ O QUÃO CURTO SERÁ O SEU CABELO.

6. CORTE AMBAS AS SEÇÕES EM UM ÂNGULO, CONECTANDO O ÂNGULO MAIS CURTO À BASE DO CORTE DE CABELO. VERIFIQUE SE OS DOIS LADOS ESTÃO SIMÉTRICOS.

DEGRADÊ E DISFARÇADO

Um corte "disfarçado" em geral é um corte de cabelo masculino que possui uma gradação harmônica. Existe uma infinidade de opções para esse corte. Aqui faremos uma descrição de um corte disfarçado, utilizando pentes de tamanhos 0 a 3, com um topete cortado com tesoura. Lembre-se de que o tipo de cabelo, o resultado almejado e a preferência do cliente são imprescindíveis para determinar o comprimento e o material a ser utilizado.

Passo a passo

1. DIVIDA O CABELO EM SEÇÕES, DEIXANDO UMA SEÇÃO SUPERIOR PARA O TOPETE. USE UM PENTE DE CABO PARA DIVIDIR O CABELO EM CAMADAS, PREPARANDO PARA O USO DE DIFERENTES PENTES DA MÁQUINA DE CORTAR.

2. COMECE COM O PENTE DE NÚMERO 0 PARA CORTAR AS LATERAIS E A NUCA. GRADUALMENTE, AVANCE PARA PENTES DE TAMANHOS MAIORES (1, 2, 3) CONFORME VOCÊ SE MOVE PARA A PARTE SUPERIOR DA CABEÇA. USE UMA TÉCNICA DE DESVANECIMENTO, GARANTINDO UMA TRANSIÇÃO SUAVE ENTRE OS COMPRIMENTOS.

3. APÓS CORTAR AS LATERAIS E A PARTE DE TRÁS, CONCENTRE-SE NO TOPETE. UTILIZE UMA TESOURA PARA CORTAR O TOPO DE FORMA A OBTER O COMPRIMENTO DESEJADO, DEIXANDO UM POUCO MAIS DE COMPRIMENTO PARA CRIAR O TOPETE.

4. CASO DESEJE ADICIONAR TEXTURA AO CABELO, ESPECIALMENTE NO TOPO, UTILIZE TÉCNICAS DE DESBASTE OU DESFIAMENTO COM A TESOURA.

5. SEJA RIGOROSO NA CONFERÊNCIA DO CORTE. AJUSTE QUALQUER IRREGULARIDADE OU DISCREPÂNCIA NO COMPRIMENTO.

6. SEQUE O CABELO E ESTILIZE O TOPETE USANDO PRODUTOS DE MODELAGEM CONFORME A PREFERÊNCIA DO CLIENTE.

O CORTE IDEAL PARA CADA TIPO DE ROSTO

Não é surpresa que escolher o corte de cabelo certo para o formato do rosto é muito importante. Aqui estão algumas recomendações:

FORMATO REDONDO
- FRANJA
- CAMADAS QUE EMOLDURAM O ROSTO
- CORTE PIXIE
- CORTE BOB

FORMATO DE DIAMANTE
- CAMADAS LONGAS COM FRANJA
- FRANJA LATERAL
- CABELO COMPRIDO EM UMA ÚNICA CAMADA
- CORTES CURTOS

FORMATO OBLONGO OU RETANGULAR
- LONG BOB
- BOB FRANCÊS
- FRANJA EM CAMADAS
- CABELO DE COMPRIMENTO MÉDIO EM CAMADAS

FORMATO QUADRADO
- BOB ASSIMÉTRICO
- CAMADAS LONGAS
- FRANJA TIPO CORTINA
- CORTE RETO DO OMBRO AO COMPRIMENTO LONGO

FORMATO OVAL
- PIXIE CRESCIDO
- DESGRENHADO
- CORTES CURTOS
- FRANJA VOLUMOSA

FORMATO DE CORAÇÃO OU TRIÂNGULO INVERTIDO
- BOB EM CAMADAS LONGAS
- CORTE PIXIE LONGO
- BOB DE COMPRIMENTO MÉDIO COM FRANJA
- BOB DESCONECTADO

FORMATO TRIANGULAR
- BOBS CURTOS
- CORTES RETOS COM PONTAS TEXTURIZADAS
- CORTE PIXIE
- FRANJAS EMPLUMADAS

4. PENTEADOS

O penteado é uma poderosa ferramenta para expressar personalidade, estilo e gosto pessoal. Um penteado despojado remete a alegria e diversão, enquanto um penteado elaborado demonstra a atenção aos detalhes e a relevância do evento.

Existe uma grande variedade de penteados e técnicas que são descobertos e aprimorados a cada dia. Estude e domine as técnicas de modelagem, pois isso permitirá que você reproduza e crie looks incríveis.

A seguir, vamos abordar alguns estilos que vão das passarelas para as ruas.

PENTEADOS COM O CABELO SOLTO

Para penteados com o cabelo solto, o que você deve ter em seu kit:

KIT

- BABYLISS COM EFEITO FRISADO
- BABYLISS DE TAMANHOS DIFERENTES
- CABELO PARA TRANÇAS
- ELÁSTICOS DE CABELO
- ESCOVA DE CABELO RETA
- EXTENSÕES DE CABELO
- GRAMPOS DE CABELO DE DIFERENTES TAMANHOS E TIPOS
- MODELADOR DE TRÊS BARRAS (3 barrel curling iron wand)
- PENTES DE ESTILO (diferentes estilos)
- PRANCHA DE CABELO
- PRESILHAS MODELADORAS
- PRODUTOS DE ACABAMENTO
- REDE PARA CABELO
- SECADOR DE CABELO
- TOALHAS

Criar visuais para as passarelas tem sido, sem dúvida, um dos pontos altos da minha carreira. As pessoas têm uma grande ideia equivocada de que o cabelo de passarela e o cabelo avant-garde são a mesma coisa, mas há uma sutil diferença. Não necessariamente utilizo as mesmas técnicas. O avant-garde é principalmente para editoriais e, às vezes, para desfiles de moda. Cabelos-fantasia geralmente são para shows de cabelo e competições.

A arte de criar looks para a passarela envolve conectar a história por trás da coleção, o conceito e as roupas, transformando as modelos em personagens que vão apresentar as roupas. Muitas vezes, o cabelo de passarela precisa ser simples e marcante, trazendo uma mensagem sem ofuscar as roupas.

É uma colaboração entre cabeleireiro, maquiador e estilista, em que trabalhamos juntos para dar vida à visão do designer. O cabelo, como você sabe, ocupa mais espaço real na imagem do que a maquiagem, portanto cada estilo de cabelo inacabado pode refletir na coleção. É por isso que a maioria dos designers opta por looks simples para garantir um visual clássico.

O cabelo de passarela é muito diferente do cabelo de salão. Os looks precisam ser cuidadosamente criados com técnicas de diferentes áreas e lugares.

Agora, vou compartilhar com você alguns dos meus estilos de cabelo favoritos. Misturamos técnicas que existem há centenas de anos com técnicas modernas.

Técnicas de modelagem

A modelagem dos fios é a arte de moldar o cabelo para obter o resultado desejado. A qualidade da modelagem afeta diretamente a beleza do penteado, então são necessários atenção e cuidado ao realizá-la. Entre alisar, frisar, ondular ou cachear, expressamos personalidade e individualidade, refletindo a nossa visão de moda e de vida para o mundo.

SECAGEM DIRECIONAL

Escovação e corte são a base para o ofício de cabeleireiro. Dominar essas técnicas proporcionará ao profissional um acabamento de qualidade ao seu trabalho, que o fará conquistar a admiração e a fidelidade de seus clientes.

Quando pensamos em escovação de cabelo, existem alguns estilos que vêm à mente, nos quais secamos o cabelo com o propósito específico de obter volume e altura.

Secar o cabelo com o secador consiste em dividir o cabelo em mechas e, com uma escova redonda, girar sob o bocal até que o cabelo esteja seco e brilhante, mas a direção em que você seca o cabelo ditará o visual que está buscando. Assim como o corte de cabelo, a elevação é fundamental ao trabalhar um estilo perfeito.

Para uma secagem ideal, o cabelo deve ser dividido de orelha a orelha e da área da franja à nuca. Depois, a metade da frente deve ser subdividida em quatro partes, começando pela cauda das sobrancelhas até o meio. Na parte de trás, subdivida em oito seções segurando com clipes.

FRANJA. Se o resultado que você estiver procurando for reto e liso, o segredo é direcionar o secador para o rosto, achatando as raízes com uma escova pequena.

VOLUME. Seque o cabelo a um ângulo de 90 graus.

LISO. Seque o cabelo a 0 grau.

CAMADAS EMOLDURANDO O ROSTO. Seque o cabelo na direção da frente do rosto, da ponte do nariz.

Cada corte de cabelo tem um ponto de destaque onde isso será o fator-chave. Usar a secagem direcional permitirá que você direcione o caimento exatamente para onde precisa, mesmo que isso signifique ir contra o padrão natural de crescimento do cabelo.

Por exemplo, a seguir, a secagem direcional de um corte bob desconectado.

Passo a passo

1. DIVIDA O CABELO DE ORELHA A ORELHA E DA ÁREA DA FRANJA ATÉ A NUCA.
2. SUBDIVIDA O CABELO EM SEÇÕES NA DIAGONAL.
3. SEQUE AS LATERAIS E AS SEÇÕES DE TRÁS COM UMA ESCOVA CERÂMICA MÉDIA EM DIREÇÃO À FRENTE.
4. A PARTE SUPERIOR DEVE SER ESCOVADA JOGANDO O CABELO PARA O LADO.
5. JOGUE AR FRIO PARA DAR MOVIMENTO E APLIQUE O SPRAY DE TEXTURA.

PIN CURLS (CACHOS COM GRAMPOS)

Os pin curls se tornaram populares nos anos 1930 por proporcionar um visual perfeito e duradouro. Às vezes, para recriar o visual dos anos 1930 na passarela, precisamos compreender a realidade da época e aprender o que o tornou tão único.

Essa técnica pode ser feita em cabelo úmido ou seco. A diferença é que, no cabelo úmido, você precisaria deixá-lo sob o secador até que esteja completamente seco.

Passo a passo

1. APLIQUE MOUSSE NO CABELO E SEQUE COM O SECADOR.
2. DIVIDA O CABELO INTEIRO EM PEQUENOS QUADRADOS. USE OS DOIS DEDOS INDICADORES PARA ENROLÁ-LOS NA CABEÇA. PARA UM ONDULADO MISTURADO, ENROLE TODOS NA MESMA DIREÇÃO.
3. PRENDA OS CACHOS COM DOIS GRAMPOS.
4. USE O SECADOR DE CABELO COM UM DIFUSOR EM UMA TEMPERATURA MORNA ENTRE 5 E 10 MINUTOS.
5. DEIXE ESFRIAR POR MAIS 5-10 MINUTOS, SOLTE OS GRAMPOS E PENTEIE COM UM PENTE DE DENTES LARGOS.

FERRO MARCEL (MODELADOR)

Os modeladores de cachos evoluíram desde a sua criação pelo inventor francês Marcel Grateau. Hoje em dia, existem muitas marcas e formatos diferentes. No entanto, apesar dessa criação ter sido modernizada, seu conceito operacional original não mudou.

Primeiro, vamos entender a diferença entre um ferro Marcel e um modelador de cachos convencional.

....

FERRO MARCEL. A presilha é segurada no cilindro livremente, sem a tensão de uma mola. A tensão é controlada pela pessoa que opera o dispositivo ao controlar a pressão.

....

MODELADOR DE CACHOS CONVENCIONAL. A presilha é fixada ao cilindro com uma mola, adicionando um método de aperto e liberação para garantir a tensão adequada no cabelo.

....

Em suma, a equação é:

FERRO MARCEL + TENSÃO + CALOR = ONDA OU CACHO DURADOURO.

O cacho da imagem a seguir é feito com a técnica de modelagem 6; é o que vemos no dia a dia. Ao utilizar o ferro Marcel, adicionaremos um estilo retrô que pode durar até o cabelo ser lavado.

MODELAGEM 6

Passo a passo

1. PEGUE UMA PEQUENA MECHA DO CABELO COM O PENTE.
2. APROXIME O FERRO MARCEL DAS RAÍZES, GIRE, CLIQUE, GIRE NOVAMENTE E CLIQUE MAIS UMA VEZ.
3. REPITA O PROCESSO ATÉ QUE A MECHA INTEIRA DO CABELO ESTEJA COMPLETAMENTE ENROLADA NO FERRO.
4. O SEGREDO É COMEÇAR DA RAIZ ATÉ AS PONTAS, SEMPRE PROTEGENDO O COURO CABELUDO AO DEIXAR O PENTE ENTRE O FERRO MARCEL E O COURO CABELUDO.
5. SOLTE O CABELO O SUFICIENTE, SEM PERDER O CACHO. PRENDA-O COM O GRAMPO DE METAL, DEIXE ESFRIAR E PASSE PARA A PRÓXIMA MECHA.

O ferro Marcel também é um método para criar o cacho perfeito, conhecido como formato de 8.

FORMATO DE 8

Passo a passo

1. PEGUE UMA PEQUENA MECHA DO CABELO, ENROLE O FERRO MARCEL EM DIREÇÃO ÀS RAÍZES EM MEIA-VOLTA, DE MODO QUE POSSA SEGURAR O CABELO DO OUTRO LADO.

2. ENROLE O CABELO AO REDOR DO FERRO ATÉ OUVIR O CLIQUE DO MOVIMENTO DO RELÓGIO.

3. GIRE E, DESTA VEZ, PASSE A SEÇÃO DO CABELO PARA O LADO OPOSTO PARA CRIAR UM FORMATO DE 8. PARA SABER QUE VOCÊ ESTÁ CRIANDO UM FORMATO DE 8 EM VEZ DE UM FORMATO DE 6, DEVE HAVER DUAS VOLTAS: UMA DO LADO ESQUERDO E UMA DO LADO DIREITO, COM O RESTANTE DA MECHA NO MEIO.

4. REPITA A TÉCNICA ATÉ QUE A MECHA ESTEJA COMPLETAMENTE ENROLADA NO CILINDRO, ISTO É, RAÍZES, MEIO E PONTAS. SOLTE A MECHA E DEIXE-A ESFRIAR PARA FIXAR.

ONDAS DE PRAIA

Não importa onde olhe, você sempre verá este visual atemporal, que foi criado para imitar a aparência de alguém que acabou de sair da praia e deixou o cabelo secar naturalmente. Lembre-se de sempre secar o cabelo antes de usar o ferro Marcel ou o modelador de cachos, sendo ele liso ou cacheado.

Passo a passo

1. SEQUE O CABELO COM UMA ESCOVA REDONDA.
2. DIVIDA O CABELO COMO FARIA PARA UMA ESCOVAÇÃO. PEGUE PEQUENAS MECHAS COM O MESMO DIÂMETRO DO FERRO DE CACHOS UTILIZADO.
3. PARA ESSE TIPO DE TÉCNICA, VOCÊ UTILIZARÁ O CACHO COM A TÉCNICA DE MODELAGEM 6, APRENDIDA NO TÓPICO ANTERIOR.
4. ENROLE APENAS A PARTE DO MEIO, DEIXANDO CERCA DE UMA POLEGADA DAS PONTAS PARA FORA.
5. DEPOIS, ENROLE O CABELO EM DIFERENTES DIREÇÕES, ALTERNANDO. SE VOCÊ ENROLOU UMA MECHA PARA A ESQUERDA, A PRÓXIMA DEVE SER PARA A DIREITA.
6. DEIXE ESFRIAR E PASSE OS DEDOS ENTRE OS CACHOS.

ONDAS DE DEDOS EM CABELO SECO

As ondas de dedos, como visto anteriormente, tornaram-se populares nos anos 1930 e, desde então, evoluíram para formas mais práticas de fazê-las. Vamos fazer uma delas a seguir: ondas de dedos utilizando a técnica de modelagem 6.

Passo a passo

1. SEQUE O CABELO E DIVIDA-O.
2. NESSE VISUAL, A PARTE LATERAL DO CABELO TERÁ ONDAS EM FORMATO DE S. PARA CONSEGUIR ISSO, VOCÊ PRECISARÁ DIVIDIR A PARTE LATERAL DO CABELO E ENROLÁ-LA PRIMEIRO.
3. PEGUE A PARTE DA COROA COM UM PEQUENO MODELADOR DE CACHOS, INDO ATÉ AS RAÍZES NA DIREÇÃO DE TRÁS EM UM PADRÃO DE CACHOS COM A TÉCNICA DE MODELAGEM 6. PRENDA O CACHO COM PEQUENOS GRAMPOS DE CABELO E DEIXE DESCANSAR.
4. AGORA, COMECE AS LATERAIS, PEGANDO PEQUENAS MECHAS E PRENDENDO COM DOIS GRAMPOS DE METAL.
5. ENROLE, COMEÇANDO PELA ESQUERDA E INDO AO REDOR DE TODO O CABELO NA MESMA DIREÇÃO. CADA MECHA DEVE TER O MESMO TAMANHO. O CABELO INTEIRO DEVE SER ENROLADO COMPLETAMENTE COM A TÉCNICA DE CACHO SIMPLES. DEIXE ESFRIAR POR 10 MINUTOS.
6. DEPOIS DISSO, COMECE A SOLTAR O CABELO A PARTIR DA NUCA, DEIXANDO O TOPO POR ÚLTIMO. USE UM PENTE DE DENTES LARGOS PARA ACOMODAR O FORMATO DESEJADO. QUANTO AO TOPO, ACOMODE O CABELO EM FORMATO DE S.

ONDAS DE DEDOS EM CABELO MOLHADO

Este visual é muito usado nas passarelas e existe em duas versões, para cabelos curtos e longos. Para essa técnica, a preparação do cabelo feita com mousse ou gel é muito importante.

ONDAS DE DEDOS

Passo a passo

1. COM O CABELO ÚMIDO, APLIQUE MOUSSE OU GEL.
2. DIVIDA O CABELO NA DIREÇÃO QUE VOCÊ DESEJA QUE AS ONDAS DE DEDOS COMECEM.
3. COM UM PENTE DE DENTES FINOS, COMECE A CRIAR O FORMATO COM O INDICADOR E O DEDO MÉDIO.
4. USE UM PENTE DE DENTES FINOS PARA MOLDAR AS ONDAS DE DEDOS E ADICIONE OS GRAMPOS NA DOBRA DA ONDA PARA DAR NITIDEZ.

CASTING HAIR

Este é um dos estilos mais populares na passarela. Nele, você reproduz o visual "lave e saia". O nome "casting hair" vem das audições de modelos e atores/atrizes, em que o visual limpo é o preferido para que os diretores possam ver a beleza real dos modelos. Atualmente é o estilo favorito das audições mundo afora.

Passo a passo

1. SEQUE O CABELO COM O SECADOR.
2. COM UM BABYLISS, ENROLE O CABELO AO REDOR DO MEIO DO FIO COM MOVIMENTOS ASCENDENTES E DESCENDENTES.
3. ASSIM COMO NAS ONDAS DE PRAIA, PARA UM VISUAL NATURAL, ENROLE AS MECHAS EM DIREÇÕES OPOSTAS.
4. DEIXE ESFRIAR.
5. PASSE OS DEDOS PELO CABELO.

TÉCNICA DE FRIZZ

Esta técnica é utilizada para obter textura máxima no cabelo.

Passo a passo

1. PEGUE UMA PEQUENA MECHA DE CABELO.
2. ENROLE-A AO REDOR DO GRAMPO, PASSANDO PARA DENTRO E PARA FORA DELE.
3. PRESSIONE CADA PARTE COM UMA PRANCHA.
4. DEIXE ESFRIAR.
5. DESENROLE O CABELO.

CABELO SEXY

O cabelo sexy é um visual deslumbrante, obtido por meio da técnica do cacho no formato de 8.

Passo a passo

1. SEQUE O CABELO ALISANDO.
2. APLIQUE A TÉCNICA DO CACHO NO FORMATO DE 8 ENSINADA ANTERIORMENTE.
3. FIXE OS CACHOS COM PRESILHAS METÁLICAS.
4. SOLTE OS CACHOS.
5. PASSE UM PENTE DE DENTES LARGOS OU OS DEDOS PELO CABELO.

VISUAL MOLHADO (WET LOOK)

Este visual é muito usado nas passarelas. Ele imita o efeito do cabelo penteado para trás após um banho relaxante, passando uma impressão de frescor e modernidade.

Passo a passo

1. DIVIDA O CABELO EM QUATRO PARTES, COM UMA PARTE LATERAL.
2. DA NUCA EM DIREÇÃO AO TOPO, APLIQUE GEL EM ATÉ QUATRO DEDOS DE EXTENSÃO. NO RESTANTE DO FIO, APLIQUE MOUSSE E USE CERA PARA ALINHAR PERFEITAMENTE OS BABY HAIRS.
3. APLIQUE O PRODUTO ATÉ A COROA COM UMA TÉCNICA HORIZONTAL. NAS LATERAIS, APLIQUE O PRODUTO VERTICALMENTE EM DIREÇÃO À PARTE DE TRÁS.
4. USE UMA REDE PARA MANTER O PENTEADO NO LUGAR E O DIFUSOR PARA DISTRIBUIR O CALOR UNIFORMEMENTE.
5. RETIRE A REDE.

PENTEADOS EM UPDOS (PRESOS OU SEMIPRESOS)

O updo é o nome dado aos penteados em que os cabelos são total, semi ou minimamente presos. É inegável que um updo dá um aspecto mais elegante e requintado a qualquer pessoa. Em alguns casos, cria um efeito rejuvenescedor, pois desvia a atenção de partes do rosto com as quais a pessoa possa não se sentir tão segura. Existem muitos tipos de updos: semipresos, coques baixos, coques altos, coques laterais, coques bagunçados, enfim, são inúmeras possibilidades que podem ser realizadas. Em alguns casos, podem ser adicionadas extensões para dar volume, assim como apliques de cabelo. A verdade é que não existe uma regra definida sobre como alguém deve usar o próprio cabelo. No entanto, escolher o estilo mais adequado para cada pessoa depende dos seguintes fatores:

- O tipo de evento ao qual ela vai comparecer.
- O tipo de vestido ou terno a vestir.
- O horário do evento.
- O local onde o evento vai acontecer.
- O formato do rosto.

Indiscutivelmente, a maioria dos cabeleireiros pode fazer maravilhas com o cabelo. O segredo é encontrar o updo certo que fará com que seus clientes chamem atenção. Você já assistiu a uma cerimônia de premiação em que tudo, da cabeça aos pés, está perfeito? Na maioria dos casos, uma equipe de profissionais pensou, discutiu e testou estrategicamente cada detalhe. Desenvolver a intuição é a chave para uma carreira bem-sucedida tanto na moda quanto no entretenimento e no salão de beleza.

Além do glamour e do brilho, para nós que trabalhamos em um salão de beleza, é importante criar estilos incríveis que não apenas pareçam bons enquanto estamos fazendo, mas que também durem por alguns dias. Adapte o visual ao estilo de vida e à personalidade dos clientes.

Preparação adequada do cabelo e bases para styling

Para fazer um updo, é muito importante fazer a preparação do cabelo. O que a experiência me mostrou ser útil é começar com o cabelo molhado e construir o penteado a partir da base, mesmo antes de começar a secagem. Para isso, deve-se adicionar três tipos de produtos:

→ MOUSSE
→ SÉRUM
→ SPRAY VOLUMIZADOR

A razão para isso é que o cabelo terá os elementos certos de hidratação e textura e a quantidade certa de peso. Afinal, quem gosta de cabelos rebeldes em um updo que deveria ser impecável?

Outro componente importante é a ancoragem. Quando você terminar de secar o cabelo, escolha o local onde o penteado será colocado: no alto, embaixo, na lateral, etc. Encontre o ponto focal do penteado e crie um pequeno rabo de cavalo com um elástico em formato de diamante. Esta será não apenas a base para o penteado, mas também o local onde você colocará o aplique e onde os primeiros grampos vão fixar o penteado.

Exemplos de updos

UPDOS PRÁTICOS

São estilos que não têm muitos detalhes. Você pode fazer um updo simples, prender o cabelo em um rabo de cavalo ou usar elásticos para criar um visual completo.

UPDOS

Passo a passo

1. PRENDA O CABELO EM UM RABO DE CAVALO BAIXO.
2. FAÇA TRÊS RABOS DE CAVALO A PARTIR DESSE PRIMEIRO.
3. ADICIONE TRÊS ELÁSTICOS AO LONGO DO COMPRIMENTO DO CABELO.
4. USE GRAMPOS PARA PRENDER OS RABOS DE CAVALO, CRIANDO UM UPDO COM FORMATO DE ESPIRAL.
5. APLIQUE O SPRAY FIXADOR E, COM UM PEQUENO PINCEL, REMOVA OS FIOS ARREPIADOS.

COQUES BAGUNÇADOS

Os coques bagunçados, como o nome indica, são um visual sem esforço, mas que, mesmo assim, ainda precisam estar limpos e sem fios arrepiados.

O segredo de um coque bagunçado está na preparação do cabelo e, em seguida, na adição de textura, geralmente com um modelador de cachos grande. Esses coques são ótimos para eventos diurnos, casamentos, tapetes vermelhos e até mesmo passarelas.

Eu prefiro usar coques bagunçados para combinar com roupas que possuem muitos detalhes, adicionando textura ao cabelo para criar harmonia no visual geral. Aqui está um dos meus coques bagunçados favoritos.

COQUE BAGUNÇADO

Passo a passo

1. PREPARE O CABELO: LAVE-O E USE O SECADOR PARA ESCOVÁ-LO. UTILIZE A TÉCNICA DE MODELAGEM 6, COM O USO DO MODELADOR DE CACHOS.

2. DIVIDA O CABELO EM QUATRO PARTES: DE ORELHA A ORELHA E DA FRENTE PARA TRÁS.

3. USANDO UM MODELADOR DE CACHOS GRANDE, ADICIONE TEXTURA, CRIANDO UMA BASE DOIS CENTÍMETROS ACIMA DA NUCA.

4. NA PARTE DE TRÁS, CRIE UM ESTILO ÚNICO ENTRELAÇANDO AS SEÇÕES E AS PRENDENDO COM GRAMPOS.

5. PARA A PARTE DA FRENTE, USE UM SECADOR DE CABELO NAS CONFIGURAÇÕES MAIS BAIXAS, SOPRANDO ALEATORIAMENTE AS MECHAS DA FRENTE PARA TRÁS. PRENDA-AS NA PARTE DE TRÁS COM GRAMPOS DE CABELO.

RABOS DE CAVALO

Os rabos de cavalo são, sem dúvida, um dos looks mais versáteis que você pode usar nas passarelas e na vida cotidiana. Você pode usar sua criatividade para criar tipos muito únicos apenas mudando a posição, a divisão e até mesmo torcendo de diferentes maneiras. Vamos explorar esse tipo de penteado que pode ser usado em qualquer ocasião.

Passo a passo

1. FAÇA A SECAGEM DO CABELO.
2. DIVIDA O CABELO DE ORELHA A ORELHA.
3. PENTEIE A PARTE DE TRÁS, MANTENDO-A EM UM ÂNGULO RETO.
4. DIVIDA A PARTE DA FRENTE AO MEIO E PUXE-A PARA TRÁS, PASSANDO POR CIMA DAS ORELHAS E ENCONTRANDO A PARTE DE TRÁS.
5. CRUZE A PARTE DA FRENTE E A DE TRÁS SOBRE O PRENDEDOR DO RABO DE CAVALO.

TRANÇAS

Ao longo dos séculos, homens e mulheres vêm trançando o cabelo, criando looks incríveis que lhes conferem status social e cultura.

Atualmente, as tranças incorporam cada vez mais criatividade, desde os penteados superelaborados da era vitoriana até as passarelas da Semana de Alta-Costura de Paris.

Existem muitos tipos de tranças, como: francesa, holandesa, espinha de peixe, cascata, coroa, halo, entre outras. Trançar o cabelo é uma forma de arte e requer prática, então comece com as tranças simples de três mechas como base.

Vejamos, a seguir, a trança vitoriana, um dos meus estilos favoritos, em que misturaremos dois tipos para obter um visual único: a trança halo e a trança francesa.

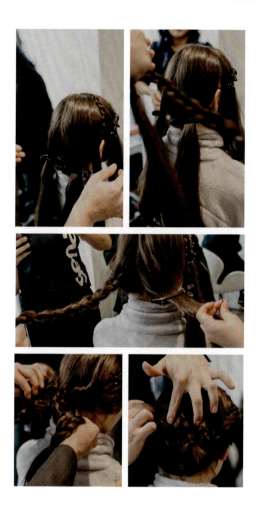

Passo a passo

1. COM O CABELO LIMPO E ESCOVADO, SECCIONE-O EM TRÊS PARTES: DE ORELHA A ORELHA E DO TOPO À NUCA.
2. FAÇA UMA TRANÇA SIMPLES EM UM APLIQUE DE CERCA DE 50 CENTÍMETROS DE EXTENSÃO. VOCÊ TAMBÉM PODE USAR TRANÇAS SINTÉTICAS PRÉ-FABRICADAS. DEPOIS, PRENDA O APLIQUE NA DIVISÃO DE ORELHA A ORELHA DE FORMA A TORNÁ-LO UM DIADEMA. NÃO SE ESQUEÇA DE ESCONDER BEM AS PONTAS DO APLIQUE SOB O CABELO.
3. FAÇA TRANÇAS SIMPLES NAS PONTAS DE CADA SEÇÃO.
4. TRABALHE AS QUATRO TRANÇAS NA PARTE POSTERIOR DA CABEÇA PARA FORMAR UM COQUE MODERNO. PARA DAR MAIS VOLUME E TEXTURA, VOCÊ PODE PUXAR SUAVEMENTE AS SEÇÕES DA TRANÇA.
5. FINALIZE COM SPRAY PARA PENTEADO. CASO DESEJE UM VISUAL MAIS SUAVE, SOLTE ALGUMAS MECHAS AO REDOR DO ROSTO.

PENTEADOS DE NOIVAS

O penteado de noiva, assim como qualquer outro estilo de cabelo, segue as últimas tendências da moda, apesar de muitas noivas optarem por penteados e maquiagem clássicos, pois tendem a ser atemporais, proporcionando uma elegância duradoura. Isso significa que, ao olharem para fotos do casamento ao longo dos anos, o visual não lhes parecerá datado, embora reflita o seu estilo e personalidade da época.

Fala-se em muitas origens para o uso de véu; uma delas remontaria à Roma Antiga e conta que o objetivo era cobrir o rosto e espantar os espíritos malignos que tentariam se intrometer entre a noiva e sua felicidade. Quanto à tiara, seria um símbolo da perda da inocência e da entrada na fase de mulher adulta.

Mas a pergunta que fica é: **QUAL É O MELHOR PENTEADO PARA UMA NOIVA?**

A resposta é, na verdade, qualquer penteado com o qual a noiva se identifique. Desde coques bagunçados, ondas perfeitas, updos, ou qualquer outro estilo de preferência da noiva.

É importante fazer algumas perguntas básicas para a noiva antes de decidir o melhor caminho para o penteado. A seguir, algumas perguntas-chave que devem ser feitas nessa consulta.

....

1. QUANDO SERÁ O SEU CASAMENTO? → A pergunta visa também identificar a estação do ano em que o casamento ocorrerá, se primavera, verão, outono ou inverno.

....

2. ONDE VOCÊ SE CASARÁ? → Isso indicará se a noiva se casará em uma igreja, uma catedral, um salão de casamento, uma praia, um jardim, um clube de campo, etc.

....

3. QUE HORÁRIO DO DIA SERÁ? → A parte do dia em que o evento ocorrerá será determinante na escolha do estilo.

....

4. QUE TIPO DE VESTIDO DE NOIVA VOCÊ USARÁ? → Conhecer o formato e o tamanho permitirá projetar o volume do cabelo. Alguns exemplos de tipos de vestido são: silhueta, de corte evasê, em formato de A, sereia, estilo princesa, modelo curto ou longo, etc.

....

5. VÉU OU SEM VÉU, CURTO OU LONGO? USARÁ TIARA, FLORES, ENFEITES? → Esses acessórios serão decisivos para o estilo do penteado.

....

A pesquisa é muito importante nos dias de hoje, seja na internet, seja em revistas, que são excelentes fontes de inspiração.

Agora, vamos imaginar que estamos atendendo uma noiva e é assim que ela respondeu às perguntas-chave:

Ela se casará no outono, à noite, em uma igreja, com um vestido de corte evasê, com um véu longo e usará uma tiara.

Agora que identificamos nossa noiva, vamos explorar um pouco mais as possibilidades.

- Visuais de noivas da primavera e do verão tendem a ser mais descontraídos, provavelmente com o cabelo solto ou um coque bagunçado, ao contrário dos estilos de noivas de outono e inverno, que são mais elegantes.

- Estilos de noivas diurnas são mais casuais, então elas podem usar tranças, ondas de praia, cabelo liso, enquanto noivas noturnas optam por ondas mais glamorosas ou coques.

- Vestidos com mais volume tendem a combinar com cabelos mais volumosos, sejam soltos, presos ou updos. Tiaras geralmente requerem coques ou cabelos semipresos.

- Noivas com véu geralmente preferem coques baixos, e noivas sem véu podem escolher entre ter ondas glamorosas ou ondas de praia.

Depois de analisar tudo isso, vamos seguir para o último passo, que é a análise do formato de rosto da noiva.

O penteado ideal para cada tipo de rosto

- **FORMATO QUADRADO.** Coques baixos, meio presos, peças suaves com cabelo no rosto, cabelo solto e rabo de cavalo.

- **FORMATO REDONDO.** Coques altos, coques grandes e rabos de cavalo com volume no topo.

- **FORMATO OBLONGO.** Coques médios, coques grandes, cabelo liso e ondas suaves.

- **FORMATO DE CORAÇÃO.** Rabos de cavalo altos, ondas longas e coques no topo.

- **FORMATO OVAL.** Todos os tipos de coque, ondas longas e chignon.

- **FORMATO DE DIAMANTE.** Todos os tipos de coque, desde que o cabelo fique fora do rosto, meio preso, meio solto.

- **FORMATO TRIANGULAR.** Meio preso, coque baixo grande, rabos de cavalo altos e coques baixos.

Também acabamos de descobrir que nossa noiva tem um rosto oval, então chegamos à conclusão de que um coque baixo grande seria ideal.

Passo a passo

1. SEQUE O CABELO, PRENDENDO-O EM UM RABO DE CAVALO BAIXO A 0 GRAU.
2. DO LADO, SEPARE UMA MECHA DE CABELO FAZENDO UM TRANÇADO. UTILIZE UM APLIQUE DE CABELO PARA PREENCHER E DAR VOLUME AO PENTEADO, PRENDENDO-O COM GRAMPOS DE PENTEADO PARA DAR O FORMATO DESEJADO.
3. ENVOLVA O RABO DE CAVALO COM A MECHA PARA DAR ACABAMENTO E ESCONDER O ELÁSTICO QUE PRENDE O CABELO. PRENDA A MECHA COM GRAMPO EMBAIXO DO RABO DE CAVALO.
4. DIVIDA O RABO DE CAVALO EM CAMADAS FINAS, USANDO UM PENTE DE ESTILO.
5. QUANDO TERMINAR, USE UM PINCEL DE COR PARA PENTEAR OS FIOS E ELIMINAR QUALQUER FRIZZ.

ESTILIZAÇÃO DE CABELO MASCULINO

Você pode usar muita criatividade para estilizar cabelos masculinos. Como a maioria dos homens tem cabelo curto, é importante identificar primeiro o corte e a textura do cabelo para criar um visual minimalista e polido.

Muitos erros podem ser cometidos ao fazer esse tipo de estilização, entre eles, deixá-lo com aparência feminina quando não for a intenção do cliente ou do projeto. Para evitar isso, é importante valorizar os ossos da face e o maxilar. Quando você tiver um cliente que precisa de um estilo, como um noivo com cabelo cacheado, não alise. Cabelos curtos não precisam de mudanças drásticas, pois isso pode distanciá-los da aparência natural.

A maioria das sessões de fotos requer um estilo suave. Às vezes, apenas um pouco de água resolve. Ao trabalhar com gel, não exagere, pois isso não apenas torna o cabelo mais fino, mas também o deixa sujo. Na maior parte dos casos, aplicar mousse e usar um difusor ajudará a criar estilos incríveis. Para um visual masculino, evite escovas redondas; em vez disso, use apenas pente e secador.

Em se tratando de beleza masculina para a passarela, a maioria dos designers opta por uma aparência natural e limpa.

Um dos looks mais famosos é o topete. Esse estilo retrô consegue ser atemporal e ainda assim moderno. Na sequência, vamos estilizar um topete.

Passo a passo

1. COM O CABELO AINDA MOLHADO, CRIE UMA DIVISÃO FUNDA.
2. COM O PENTE, USE A TÉCNICA DE SECAGEM DIRECIONADA PARA AFASTAR O CABELO DA DIVISÃO.
3. SEQUE O CABELO DAS LATERAIS DA CABEÇA PARA TRÁS.
4. NA COROA, ONDE O TOPO DO CABELO ENCONTRA AS LATERAIS, FAÇA A TRANSIÇÃO SEM EMENDAS, SECANDO O CABELO EM DIREÇÃO À PARTE DE TRÁS.
5. FIXE O CABELO COM O SPRAY FIXADOR.

5. CABELO EDITORIAL E TAPETES VERMELHOS

O cabelo editorial é muito específico, então criar o conceito e desenvolver a intuição para escolher os estilos certos que se encaixem no conceito pode ser desafiador. Pesquisa e técnicas são uma combinação perfeita para criar os looks mais extraordinários.

EDITORIAIS

Os editores de beleza estão sempre procurando coisas novas ou versões diferentes para reciclar as versões antigas em um novo estilo. Aplicando as técnicas que você aprendeu até agora, você chegará a looks que o surpreenderão.

Maior nem sempre é melhor, às vezes menos é suficiente, contanto que faça sentido e tenha harmonia no visual geral. Ao fazer cabelo para editoriais, a limpeza e o acabamento polido são essenciais. O único momento que importa é aquele, já que é quase impossível retocar o cabelo. Você precisa garantir a perfeição fazendo a maior parte do trabalho na preparação e usando o mínimo possível de spray fixador, já que o spray pode criar camadas que podem refletir de volta para a câmera, como uma superfície plana sem dimensão. Primeiro, decida se o cabelo ficará solto ou preso, dependendo da história, e então escolha o estilo e siga em frente.

TAPETES VERMELHOS

Quando se trata de tapetes vermelhos, algumas coisas são muito importantes para o visual do cabelo, como o acabamento e um resultado duradouro. Muitos aspectos devem ser considerados, como o estilo das roupas, o formato do rosto, o horário e o tipo de tapete vermelho.

Os tapetes vermelhos mais famosos são das seguintes premiações: Oscar, Grammy, Globo de Ouro, Emmy e Festival de Cinema de Cannes. Na maioria dos casos, manter algo simples é a chave, e sempre considere algumas regras práticas para criar o penteado de acordo com o corte do vestido.

Tipos de penteado por modelo de vestido em tapetes vermelhos

- **GOLAS ALTAS.** Coques altos, rabos de cavalo e coques médios.
- **DECOTE EM V.** Meio preso e cabelo solto.
- **DECOTE CANOA.** Coques baixos com mechas no rosto e coque médio.
- **SEM ALÇA.** Cabelo solto e todos os tipos de coque.
- **COMPRIMENTO E VOLUME.** Vestidos longos geralmente requerem penteados maiores e exuberantes.
- **TEXTURA DO VESTIDO (FOSCA OU BRILHANTE).** Sempre é bom harmonizar o acabamento do cabelo com o acabamento geral do vestido.
- **FORMATO DE CORAÇÃO.** Coques laterais e coques baixos.
- **DECOTE OMBRO A OMBRO.** Coques laterais, coques altos e coques baixos.
- **DECOTE NAS COSTAS.** Cabelo solto e coques baixos.
- **DECOTE HALTER.** Rabos de cavalo e coques altos.
- **DECOTE RETO.** Coques altos e baixos e cabelo solto.
- **UM OMBRO SÓ.** Coques laterais e rabos de cavalo laterais.
- **DECOTE GREGO.** Cabelo preso em qualquer estilo.
- **DECOTE CRUZADO.** Tranças, cabelo preso em qualquer estilo e coques baixos.
- **DECOTE EM FORMA DE JOIA.** Coques grandes e rabos de cavalo volumosos.

Um dos meus estilos favoritos para tapetes vermelhos são as ondas molhadas de Hollywood. Não apenas são atemporais, mas também são chiques e elegantes.

Passo a passo

1. COM O CABELO ÚMIDO, FAÇA UMA DIVISÃO NA LATERAL DIREITA.
2. APLIQUE UMA MISTURA DE PRODUTOS COMO SÉRUM, CONDICIONADOR LEAVE-IN E MOUSSE.
3. SEQUE O CABELO COMPLETAMENTE COM O DIFUSOR.
4. USE UM MODELADOR DUPLO DE CACHOS PARA REFORÇAR AS ONDAS NATURAIS.
5. APLIQUE O SPRAY FIXADOR.

CABELO AVANT-GARDE

Como vimos nos capítulos anteriores, a vanguarda transcendeu de um movimento artístico para todas as áreas, incluindo o cabelo. Atualmente, penteados de vanguarda são frequentemente vistos em competições e, às vezes, mesmo na passarela e em editoriais. No entanto, criar esses penteados sofisticados requer técnica, habilidade, conhecimento de equilíbrio e peso, pesquisa e outros aspectos que abordaremos neste tópico.

BASE → Todos os estilos de cabelo avant-garde que criamos necessitam se encaixar no cabelo humano, às vezes até usamos toucas de peruca para uma melhor aderência e estabilidade. Algumas competições têm regras específicas sobre quanto do cabelo pode estar visível, e, na maioria das vezes, as peças de cabelo não devem ocupar mais do que um quarto da cabeça, com frequência, menos. Existem muitas maneiras de criar uma base sólida. Dependendo da altura, talvez seja preciso fazer tranças como base ou, o que também funciona, um rabo de cavalo alto firme. É por isso que é indicado fazer testes em uma cabeça de manequim primeiro. A maioria dos estilos avant--garde é feita com fios, tecidos, espumas de todos os tipos e tamanhos e até rolos.

CRIAÇÃO DE IDEIAS → Na criação do conceito, depois de pesquisar a direção que deseja seguir, você pode trabalhar em duas frentes.

- **AVANT-GARDE ESTRUTURAL.** São utilizados principalmente fios, tecidos e até papelão às vezes.

- **PREENCHIMENTO.** São utilizados espumas e apliques para adicionar volume extra ao cabelo. Deve-se desenhar a peça em um pedaço de papel, dividi-la em partes e trabalhá-la separadamente como um sistema de produção. Escolha os materiais e faça testes para ver qual dará o melhor resultado e o menor peso. Comece a trabalhar e continue testando na cabeça do manequim para verificar o peso.

TÉCNICAS → Aqui estão algumas técnicas que podem ser incorporadas. Todos os dias, elaboro novas técnicas ou aprendo com outros profissionais. Para executá-las, basicamente, devemos sempre ter os itens a seguir.

ITENS

- ALICATES
- BASTÃO DE SILICONE
  (para pistola de cola quente)
- CABELO EM TRAMA
- CABELO PARA TRANÇAS
- COLA DE SECAGEM RÁPIDA PARA ENCANAMENTO
- COLA DE SILICONE (fria)
- COLA PARA ARTESANATO
- EXTENSÕES DE CABELO FALSO
- FIOS
- FITAS
- GRAMPOS DE CABELO
- ISOPOR
- LINHA E AGULHA
- PAPELÃO
- PISTOLA DE COLA QUENTE
- SELANTE
- SPRAY DE FIXAÇÃO FORTE
- TECIDO
- TESOURAS
- TULE

Aqui estão algumas técnicas:

- **CAGING.** Estrutura interna semelhante a uma gaiola, geralmente feita de material leve e resistente, como arame ou plástico, usada para fornecer suporte e forma à peruca, especialmente as que possuem estilos elaborados ou volumosos, pois proporciona um visual mais duradouro e estável.
- **ACHATAMENTO.** O cabelo muda de estado, de maleável para sólido, ao aplicar calor moderado e camadas de spray de cabelo de fixação forte.
- **ENVOLVIMENTO.** O cabelo é envolvido em tubos e fios de encanamento.
- **TRICÔ.** Agulhas de tricô e suprimentos são utilizados para criar rendas feitas de cabelo.
- **CAMADAS.** São adicionadas camadas de cabelo falso em outras superfícies, como papel ou isopor.

Essas técnicas básicas permitirão que você crie maravilhas.

Ao fazer cabelos avant-garde, certifique-se de que o peso seja leve e equilibrado para que a estrutura possa permanecer no lugar e não machucar o modelo. Agora, vamos trabalhar no nosso primeiro cabelo avant-garde.

Passo a passo

1. ENCONTRE SUA INSPIRAÇÃO E DIVIDA O TRABALHO EM PARTES.
2. COMECE A TRABALHAR NAS TÉCNICAS DE CAMADAS E ACHATAMENTO PRIMEIRO.
3. ADICIONE AS PEÇAS À ESTRUTURA.
4. REMOVA QUALQUER RESÍDUO DE COLA, APLICANDO TINTA ACRÍLICA.
5. PRENDA O CABELO USANDO AGULHA E GRAMPOS DE CABELO, OU ATÉ MESMO COLA.
6. NA METADE DO CAMINHO, MOVA A PEÇA E PRENDA-A NO MANEQUIM.
7. CONTINUE A PEÇA ATÉ QUE ESTEJA TERMINADA.

6. TRATAMENTOS QUÍMICOS

Não é estranho para nós o quanto os tratamentos químicos para cabelo podem custar no salão e que eles geram de 50% a 80% da renda de um cabeleireiro.

Ao manusear produtos químicos em cabelo, é importante ter um treinamento completo e é preciso ter segurança no que está fazendo. Pois, quando não aplicados corretamente, podem causar danos irreparáveis à pele e ao cabelo. Portanto, fazer um teste de mecha é importantíssimo para todos os novos clientes e para aqueles que decidem mudar de produtos ou optam por um tratamento mais agressivo. Ignorar isso pode causar alergias, queda de cabelo e quebra.

Este é um campo complexo e exigente. Para atuar nele, é crucial ter um profundo conhecimento sobre os produtos químicos que você está usando e como eles podem interagir com diferentes tipos de cabelo e couro cabeludo. A segurança e a saúde do cliente devem ser sempre a prioridade.

Aqui, ao abordar este assunto, o objetivo é apenas abrir um mundo de possibilidades. Para seguir nele, recomendo fortemente que você participe de cursos de especialização após concluir seu curso profissionalizante de cabeleireiro. Não tente colorir cabelos se você não estiver licenciado, especialmente treinado ou em um programa de aprendizado sob a supervisão de um profissional experiente.

COLORAÇÃO

Cada salão que oferece serviços de coloração tem o que chamam de "tabela de cores", na qual você encontrará referências que auxiliarão na escolha da cor ideal. A seguir estão alguns dos itens básicos para realizar uma coloração.

ITENS BÁSICOS

- AVENTAL
- LOÇÃO ATIVADORA DE COR
- LUVAS
- MÁSCARA E XAMPU MATIZADOR
- OXIDANTE EM CREME DE 10, 20, 30 E 40 VOLUMES
- PAPEL-ALUMÍNIO
- PENTE PARA MECHAS
- PINCEL PARA APLICAÇÃO DE TINTA
- PÓ DESCOLORANTE
- PRENDEDORES (clipes e piranhas)
- TIGELA DE COLORAÇÃO (plástico ou vidro, nunca de metal)
- TINTURA DE CABELO EM CREME
- TINTURA DE CABELO SEMIPERMANENTE
- TOALHAS DE MÃO
- TÔNICO CAPILAR
- XAMPU E CONDICIONADOR

Antes de entrarmos no mundo das cores, vamos revisitar a anatomia do cabelo discutida anteriormente. O córtex do cabelo contém melanina, que é responsável pela cor do nosso cabelo, e a melanina, por sua vez, tem duas categorias principais:

- **EUMELANINA.** Pigmentos pretos e castanhos.

- **FEOMELANINA.** Pigmentos amarelos e vermelhos.

A cor também depende do círculo cromático, que inclui tons frios, quentes e neutros. Tudo relacionado à cor também é uma reação química. Como o pH saudável do cabelo está entre 4,5 e 5,5, a tinta de cabelo aumenta o nível de pH, amaciando a cutícula para que o pigmento possa penetrar no córtex e alterar a melanina.

A coloração de cabelo é frequentemente mencionada em números. A maioria das marcas possui cores numeradas de 1 a 10, conforme o quadro a seguir.

> **1** → Preto azulado.
>
> **2** → Preto natural.
>
> **3-5** → Castanho de tom escuro a claro.
>
> **6-10** → Loiro de tom escuro a loiro claríssimo.

Antes de analisar essas informações, consulte o fabricante das marcas com sua cartela de cores, pois cada marca tem uma variedade de tons de acordo com a sua formulação.

As cores com adição de algum tom são indicadas por números decimais. O número ou a letra indicará o tom de cor, conforme a seguir.

.1 → refere-se a tons acinzentados.

.2 → refere-se a tons de lavanda acinzentados.

.3 → refere-se a tons dourados.

.4 → refere-se a tons de cobre.

.5 → refere-se a tons de mogno.

.6 → refere-se a tons de vermelho.

Algumas marcas também usam letras para se referir aos tons:

N → Natural

A → Cinza

V → Violeta

R → Vermelho

G → Dourado

C → Cobre

W → Quente

Aprender a ler a tabela de cores é o primeiro passo para se tornar um colorista bem-sucedido. O próximo é dominar o círculo cromático para equilibrar os tons de cada cor de cabelo natural ou artificial, neutralizando os tons indesejados. Isso é feito escolhendo o tom oposto e adicionando-o à fórmula. Esse conceito funciona em qualquer lugar, desde arte até maquiagem e coloração de cabelo. O círculo cromático é o melhor amigo de qualquer colorista de sucesso.

Coloração por processo único

Como o nome indica, um processo único é o tipo de coloração que requer apenas uma etapa para escurecer ou clarear o cabelo. Isso geralmente é feito para clientes que desejam cobrir suas raízes com uma cor artificial ou cobrir os cabelos grisalhos. Cada marca tem sua própria formulação, em que cada quantidade/peso da cor do tubo misturada com um revelador (oxidante), também informado pelo fabricante, permitirá que você produza a melhor formulação.

Vamos dar alguns exemplos de neutralização de cor, relembrando o círculo cromático que já utilizamos na primeira parte do livro.

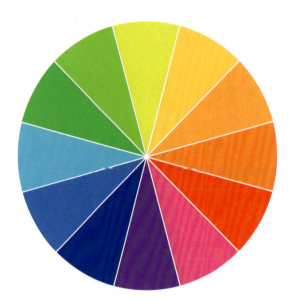

VERDE NEUTRALIZA O VERMELHO.
AZUL NEUTRALIZA O LARANJA.
VIOLETA/ROXO NEUTRALIZA O AMARELO.

O cancelamento ou a neutralização da cor do cabelo depende principalmente de quão escuro é o cabelo com o qual você está trabalhando. Vamos explicar segundo os níveis.

Níveis 1 e 2 → preto.

Subtom/pigmento roxo.

Preto é a presença de todas as cores.

Nível 3 → castanho escuro.

Subtom/pigmento vermelho.

Pode ser neutralizado por verde.

Níveis 4-5 → castanho médio.

Subtom/pigmento laranja/amarelo.

Pode ser neutralizado por azul/verde.

Níveis 6-10 → de loiro escuro a loiro claríssimo.

Subtom/pigmento amarelo/amarelo pálido.

Pode ser neutralizado por azul para tons mais escuros e roxo para tons mais claros.

FORMULAÇÃO DE COR

Aprender como formular a cor é essencial. Antes, vamos entender os dois tipos de cor que existem.

PERMANENTE. É a cor permanente que penetra no córtex, alterando a melanina, e permanece em sua integridade completa, com uma pequena variação quando exposta aos elementos de calor e à luz do sol.

SEMI/DEMIPERMANENTE. Cores semi e demi são muito semelhantes. Elas são usadas como um "depósito" na camada superior do cabelo, desvanecendo após várias lavagens.

Cada fabricante nos informa como devemos misturar suas cores, adicionando a cor (tubo) e o revelador (oxidante).

A mistura de tinta de cabelo e oxidante cria uma reação de oxidação que é essencial para que a cor se desenvolva e se fixe nos fios capilares. A volumagem do oxidante determina a sua atuação.

- **10 VOLUMES** – ocorre apenas para depósito, ou seja, para a cobertura de fios com tons escuros.
- **20 VOLUMES** – clareamento de 1 a 2 tons (indicado para cobertura de cabelos grisalhos ou para leve clareamento).
- **30 VOLUMES** – clareamento de 3 tons.
- **40 VOLUMES** – clareamento de 4 tons.

Luzes e balayage

Desde os anos 1960, cabeleireiros de todo o mundo adotaram a técnica de clarear o cabelo para imitar mechas loiras naturais. No início, usava-se uma touca, e mechas finas eram puxadas por todo o cabelo com uma agulha. Mais tarde, foram introduzidos papéis e, em seguida, a técnica de mãos livres.

Vamos entender a diferença entre luzes e balayage.

LUZES. Podem ser feitas com papel-alumínio. Pequenas mechas de cabelo são colocadas em uma folha de alumínio e pintadas por cima.

BALAYAGE. Tecnicamente, balayage é a palavra francesa para "varrer" o cabelo sem usar folhas de alumínio, fazendo uma aplicação livre com as mãos.

EM TODOS OS PROCESSOS DE CLAREAMENTO, RECOMENDO ADICIONAR BOND STRAIGHTENING, QUE É UM PRODUTO QUE PRESERVA A FIBRA DO CABELO, REDUZINDO OS DANOS E AS QUEBRAS DURANTE OS PROCESSOS QUÍMICOS. SIGA AS INSTRUÇÕES DO FABRICANTE PARA A DOSE CORRETA ANTES DE ADICIONÁ-LO AO PRODUTO CLAREADOR.

Nesta seção, vamos explorar os vários tipos de luzes. Primeiro, você pode controlar o quão claro deseja que fique o resultado por meio da técnica utilizada, e aqui estão quatro das minhas favoritas.

MECHAS HORIZONTAIS → Esta técnica é para quem deseja clarear mais o cabelo do que deixar parte do cabelo natural. Basicamente, você aplicará o produto por toda a mecha.

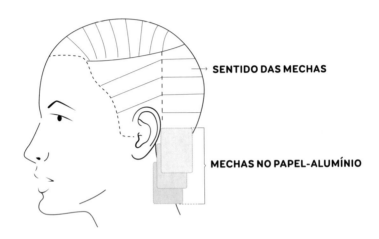

MECHAS VERTICAIS → Esta técnica é perfeita se você está buscando um visual de mechas com o contraste mais evidente. Na mecha vertical, você aplicará o produto nas mechas selecionadas.

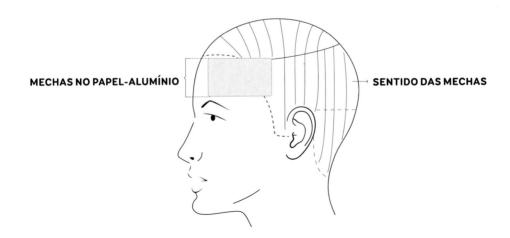

MECHAS COSTURADAS → Primeiro, você vai "costurar" o cabelo em zigue-zague para deixar parte do cabelo de fora. Depois, vai utilizar uma plaquete como suporte para uma melhor distribuição do produto com o auxílio do pincel e, em seguida, colocar o cabelo na folha de alumínio.

 Ao falarmos em mechas horizontais ou verticais, estamos nos referindo ao sentido em que a mecha será puxada, ao passo que, ao falarmos de mechas costuradas, estamos nos referindo ao estilo delas.

MICROLUZES → Também conhecidas como "baby lights", aqui os cabelos são tecidos de forma micro, e, diferentemente das outras técnicas indicadas, as luzes não ficarão tão próximas das raízes, deixando cerca de 1 centímetro de distância para imitar o efeito da cor de cabelo natural.

A seguir, vamos aprender a técnica de microluzes.

MATERIAIS

- AVENTAL
- FOLHAS DE ALUMÍNIO
- LUVAS
- PENTE DE LUZES
- PERÓXIDO (oxidante)
- PÓ DESCOLORANTE
- PRENDEDORES (clipes e piranhas)
- TIGELA DE TINTA
- TONALIZANTE

FORMULAÇÃO

Na tigela, misture o clareador e o oxidante até obter uma consistência homogênea. Se ficar muito espessa, não penetrará no cabelo; se ficar muito fina, poderá causar manchas nas raízes. Encontrar a consistência certa é fundamental.

APLICAÇÃO

Passo a passo

1. DIVIDA O CABELO EM CINCO SEÇÕES.

    A) NA PARTE SUPERIOR, DIVIDA O CABELO EM UM FORMATO DE FERRADURA, FIXANDO COM UM PRENDEDOR.

    B) DA PARTE DE CIMA ATÉ A ORELHA ESQUERDA, FIXE COM UM PRENDEDOR.

    C) DA PARTE DE CIMA ATÉ A ORELHA DIREITA, FIXE COM UM PRENDEDOR.

    D) DIVIDA A PARTE DA DIVISÃO DE ORELHA A ORELHA ATÉ A NUCA.

2. "COSTURE" O CABELO. UTILIZE FOLHAS DE PAPEL-ALUMÍNIO FINAS PRÉ-CORTADAS A PARTIR DO LADO DIREITO. COLOQUE A FOLHA SOB O CABELO PERTO DAS RAÍZES.

3. APLIQUE O CLAREADOR NA REGIÃO MÉDIA DO CABELO, ESCOVANDO ATÉ AS RAÍZES E AS PONTAS.

4. DOBRE A FOLHA, FECHANDO-A, E VÁ PARA A PRÓXIMA MECHA, DEIXANDO UMA MECHA DE INTERVALO. OBSERVE QUE, QUANTO MAIS PRÓXIMAS AS FOLHAS, MAIS LOIRO FICARÁ O RESULTADO.

5. TRABALHE NO SENTIDO HORÁRIO ATÉ QUE TODO O CABELO TENHA SIDO FEITO; LAVE-O E PREPARE-SE PARA PASSAR O TONALIZANTE.

6. DEPOIS QUE A COR PASTEL FOR ALCANÇADA, MISTURE O TONALIZANTE SEGUINDO AS INSTRUÇÕES DO FABRICANTE PARA ALCANÇAR A TONALIDADE DESEJADA.

Luzes são o oposto da coloração, pois o seu processo não para. Assim, continue verificando as mechas até alcançar um belo tom pastel. Se alcançar esse resultado antes de terminar de aplicar as mechas, leve a cliente até o lavatório e lave essa parte para evitar a quebra química. Não tenha medo, antes de o cabelo atingir o tom loiro, ele passará por tons de vermelho, laranja e amarelo até chegar ao amarelo-pastel.

Processo duplo e cor fantasia

O processo duplo é uma técnica que precisa ser executada em duas fases. Na maioria dos casos, é solicitado quando alguém vai clarear o cabelo e precisa remover todos os pigmentos do fio antes de aplicar a nova cor. Pode ser utilizado como correção de cor ou simplesmente para colocar uma nova cor. O processo duplo que abordaremos é uma preparação capilar antes de aplicar uma cor fantasia.

Esse processo é delicado de se realizar em razão da intensidade do processo químico. Antes de replicá-lo em qualquer nível, faça cursos práticos. A seguir, compartilharei a minha técnica específica, mas tenha em mente que cada colorista desenvolve a sua própria ao longo dos anos.

KIT

- FOLHAS DE ALUMÍNIO
- PENTE DE MECHAS
- PRENDEDORES
- LUVAS
- AVENTAL
- PÓ CLAREADOR
- PERÓXIDO (oxidante) VOLUME 20
- TONALIZANTE
- TIGELA DE MISTURA E PINCÉIS DE TINTURA

Antes de realizar qualquer processo químico, é obrigatório fazer um teste de mecha de cabelo para analisar a saúde do fio e como ele responderá ao processo. Sempre aplique com oxidante de volume 20. O processo pode levar mais tempo, mas você obterá loiros mais claros.

Passo a passo

1. PRIMEIRO, DIVIDA O CABELO COMO FARIA PARA AS MECHAS E PREPARE O CLAREADOR COM O OXIDANTE DE VOLUME 20 EM UMA TEXTURA MAIS FINA.
2. PENTEIE O CABELO E APLIQUE O PRODUTO DO TOPO DA CABEÇA ATÉ A NUCA, POIS O PROCESSO DE COLORAÇÃO É MAIS RÁPIDO NA NUCA POR CAUSA DO CALOR NATURAL DO CORPO.
3. APÓS A APLICAÇÃO NA PARTE DE TRÁS DA CABEÇA, MOVA-SE PARA OS LADOS, DEIXANDO O TOPO POR ÚLTIMO.
4. ASSIM QUE ATINGIR UM LOIRO-PASTEL, APLIQUE O CLAREADOR NAS RAÍZES E DEIXE-O PROCESSAR ATÉ QUE A COR FIQUE UNIFORME EM TODO O CABELO.
5. LAVE O CABELO COM ÁGUA MORNA PARA REMOVER TODOS OS RESÍDUOS DO CLAREADOR. DEIXE SECAR AO AR LIVRE OU USE UM SECADOR DE CABELO.
6. APLIQUE O TONALIZANTE DE COR FANTASIA E DEIXE-O AGIR DE ACORDO COM AS INSTRUÇÕES DO FABRICANTE DO TONALIZANTE. ENXÁGUE COM ÁGUA FRIA, APLIQUE UM CONDICIONADOR SUAVE E DEPOIS ENXÁGUE NOVAMENTE.

Correção de cor

No mundo dos cabelos, a correção de cor pode significar coisas diferentes: neutralizar a cor, mudar tons indesejados, remover tons acobreados, entre outras. Alguns profissionais a veem como uma etapa de neutralização, enquanto outros a consideram apenas como correção de cor.

Em alguns casos, quando a correção de cor é drástica, um processo duplo é necessário, principalmente quando você está mudando de nível, por exemplo, de um cabelo castanho escuro para um loiro médio, ou de cores vermelhas para tons naturais.

Recomendo explorar todas as opções colorindo sem clareador, simplesmente trabalhando com o círculo cromático e neutralizando tons indesejados. Algumas cores até podem clarear um tom, dependendo do nível de partida.

Agora, imagine que sua cliente tenha um cabelo castanho no nível 5 e queira chegar a um dourado no nível 8. Nesse caso, será necessário um processo duplo.

Passo a passo

1. APÓS LAVAR O CABELO, SEQUE-O. VOCÊ VERÁ TONS AMARELOS NO CABELO. ADICIONE O TOM 8.3 (VERIFIQUE A MARCA PARA ENTENDER O PIGMENTO SUBJACENTE DESSA MARCA) COM PERÓXIDO DE 10 VOLUMES.

2. APÓS UM TEMPO DE ESPERA DE 20 A 30 MINUTOS, DEPENDENDO DA MARCA, ENXÁGUE E SIGA COM UM XAMPU E UM CONDICIONADOR SUAVES.

3. SEQUE A PARTE DA FRENTE DO CABELO PARA VER SE HÁ ALGUM RETOQUE QUE PRECISA SER FEITO.

TEXTURIZAÇÃO

Antes de realizar qualquer procedimento de texturização é indispensável a realização dos testes de mecha e de alergia. Deve-se fazer isso aplicando uma pequena quantidade do produto na região de trás da orelha, próximo ao couro cabeludo.

Permanente

Os permanentes se tornaram muito populares nos anos 1980, mas eles datam do final do século XIX, quando um cabeleireiro francês criou uma máquina de ondulação permanente, em que micro-ondas conectadas a bobes para permanente modelavam o cabelo para obter resultados duradouros.

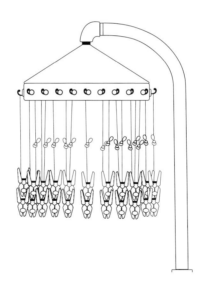

PRIMEIRA MÁQUINA DE PERMANENTE CAPILAR

Hoje em dia, é uma versão muito mais simples, em que uma loção à base de hidrogênio romperá a estrutura original do cabelo para que ele seja reconfigurado em um novo padrão de cachos artificialmente.

Homens e mulheres podem escolher entre vários estilos de permanentes, sendo os mais utilizados:

- Permanente espiral
- Ondulação do corpo
- Permanente na raiz
- Ondulação de praia
- Permanente com cachos pequenos (pin curl)
- Permanente em camadas (stack perm)

Os clientes procuram os permanentes por vários motivos, como alteração de volume, textura, mudança de visual e estilo. Tudo dependerá do tamanho dos bobes para permanente escolhidos, que geralmente são catalogados por cores em várias marcas.

Esteja ciente de que os fabricantes produzem permanentes para cada tipo de cabelo. Leia primeiro os ingredientes da loção permanente. Os tipos mais utilizados são:

> **PERMANENTE ALCALINO (pH 8,2-9,6).** Tipo de cabelo: grosso, fino, resistente ou com baixa elasticidade.
>
> **PERMANENTE ÁCIDO (pH 6-7).** Tipo de cabelo: danificado, frágil, com luzes, tingido ou com alta elasticidade.

Cada um deles é apropriado de acordo com o pH do cabelo (potencial de hidrogênio). Um cabelo saudável deve ter entre 4,5 e 5,5.

A função de uma loção de permanente é elevar o pH do cabelo para torná-lo flexível e, assim, estabelecer a nova forma, determinada pelo tamanho dos bobes para permanente.

A seguir, vamos aprender um pouco mais sobre o processo de permanente. Para isso, é necessário o seguinte kit:

KIT

- SOLUÇÃO DE PERMANENTE E NEUTRALIZANTE
- BOBES PARA PERMANENTE
- PAPEL PARA PERMANENTE
- PRENDEDOR (clipes)
- PENTE
- LUVAS

Passo a passo

1. LAVE O CABELO COM XAMPU CLARIFICANTE, SEM CONDICIONADOR.
2. COM O CABELO AINDA ÚMIDO, DIVIDA-O EM SEÇÕES. ENROLE O CABELO COM OS BOBES, ENVOLVENDO AS PONTAS COM O PAPEL DE PERMANENTE.
3. COLOQUE ALGODÃO AO REDOR DA LINHA DO CABELO, NA FRENTE E ATRÁS. MISTURE A SOLUÇÃO COM O ATIVADOR, APLIQUE PELO CABELO E ENTRE OS BOBES PARA PERMANENTE. NÃO DEIXE NENHUM ESPAÇO SEM APLICAR, DEIXE-O BEM ÚMIDO.
4. AGUARDE 3 MINUTOS E VERIFIQUE O CABELO DESENROLANDO UM BOBE. CONTINUE VERIFICANDO A CADA 2 MINUTOS ATÉ QUE O CACHO ESTEJA FORMADO EM SUAS MÃOS.
5. ENXÁGUE POR 3 MINUTOS COMPLETOS E SEQUE COM UMA TOALHA.
6. APLIQUE METADE DO NEUTRALIZANTE POR 5 MINUTOS, RETIRE OS BOBES PARA PERMANENTE, TERMINE DE APLICAR A OUTRA METADE E DEIXE POR MAIS 3-5 MINUTOS.

Leia as instruções do fabricante, pois os tempos de processamento podem variar de uma marca para outra.

Relaxamentos × tratamentos de queratina

Cada cutícula capilar tem de cinco a doze camadas de queratina que se distribuem pelo eixo do cabelo. A localização e a forma de seu folículo que determinarão o padrão dos cachos, e cada pessoa tem um tipo de cacho diferente.

Conforme o gráfico de densidade capilar, as categorias são:

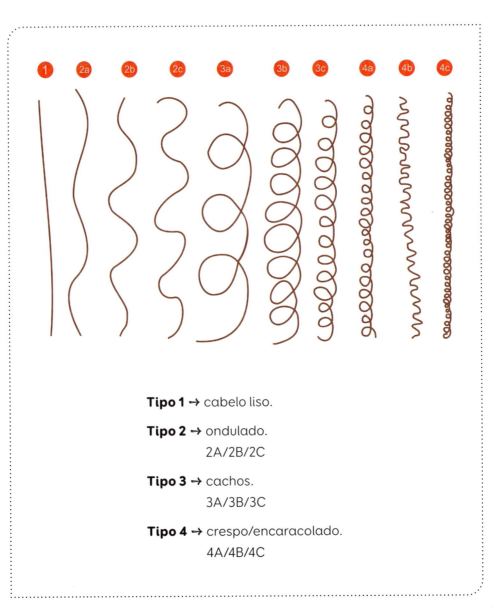

Tipo 1 → cabelo liso.

Tipo 2 → ondulado.
2A/2B/2C

Tipo 3 → cachos.
3A/3B/3C

Tipo 4 → crespo/encaracolado.
4A/4B/4C

Agora que entendemos um pouco mais sobre o padrão de cachos do cabelo, vamos conhecer algumas maneiras de fazer com que o cabelo mude de categoria.

Estudamos anteriormente que, para passar de liso para cacheado, podemos usar permanentes. A seguir, detalharemos as técnicas de relaxamento e tratamento de queratina para passar de cacheado para liso.

RELAXAMENTOS

O relaxamento de cabelo é um procedimento químico que altera a textura natural do fio, possibilitando ao profissional obter vários tipos de resultado, que vão desde uma leve soltura dos cachos, passando pela diminuição do volume do cabelo e podendo chegar até mesmo ao alisamento total do fio. Tudo depende da vontade do cliente.

Relaxantes capilares em creme penetram no córtex alterando o padrão do cabelo. Existem três tipos principais:

1. COM SODA CÁUSTICA:
AGENTE: HIDRÓXIDO DE SÓDIO.
TIPO DE CABELO: CRESPOS, CABELO RESISTENTE.

2. SEM SODA CÁUSTICA:
AGENTES: GUANIDINA, HIDRÓXIDO DE CÁLCIO, HIDRÓXIDO DE POTÁSSIO, HIDRÓXIDO DE LÍTIO OU BISSULFATO DE AMÔNIO.
TIPO DE CABELO: MÉDIO, MENOS RESISTENTE.

3. TIOGLICOLATO DE AMÔNIA:
DISPONÍVEL EM FORTES, SUAVES E FRACOS.
AGENTES: AGENTE ALCALINO, ÓLEO E ÁGUA.
TIPO DE CABELO: MACIO.

Após a consulta, é hora de fazer o relaxamento. Para isso, utilize o seguinte kit:

KIT

- CREME RELAXANTE E ATIVADOR
- NEUTRALIZANTE

Passo a passo

1. DIVIDA O CABELO EM SEÇÕES.
2. APLIQUE O PRODUTO NA RAIZ CRESCIDA OU ATÉ A EXTENSÃO DO FIO QUE SE DESEJA RELAXAR.
3. SIGA AS INSTRUÇÕES DE TEMPO DO FABRICANTE.
4. LAVE O CABELO E USE O NEUTRALIZANTE.
5. USE UM CONDICIONADOR POTENTE.

TRATAMENTOS DE QUERATINA

Os tratamentos de queratina incluem as técnicas de escova definitiva, escova progressiva e selagem. Eles revolucionaram a indústria do cabelo; essa fórmula líquida conquistou o mundo, e a maioria das marcas é tão simples quanto três passos.

Passo a passo

1. LAVE O CABELO COM XAMPU DE LIMPEZA PROFUNDA.
2. APLIQUE A SOLUÇÃO.
3. SEQUE COM SECADOR E FAÇA A PRANCHA.

A quantidade de passadas da prancha, bem como a espessura das mechas, varia de produto a produto. Siga fielmente as instruções do fabricante.

7. ESTILIZAÇÃO DE CABELO NATURAL

Trabalhar com diferentes tipos de cabelo deve ser recebido como um empolgante desafio, pois diversificar nossa área de conhecimento e atendimento é uma excelente maneira de otimizar e expandir os nossos negócios. Como profissionais do cabelo, não devemos nos limitar a um único nicho.

Para dar um exemplo de empreendedorismo: nos Estados Unidos, mulheres pretas formam um mercado milionário em produtos de beleza, o que torna este um negócio extremamente atrativo para proprietários de salões de beleza.

Você pode se perguntar: como posso aprender a atender um nicho específico? A resposta para isso é simples: da mesma maneira que você aprendeu a fazer balayage, correção de cor, extensões de cabelo, etc., isto é, participando de cursos e seminários, praticando, por exemplo, em uma cabeça de manequim com cabelo texturizado, entre outras formas.

Alguns dos tipos de serviço que mulheres com cabelo natural procuram são: cortes de cabelo, tratamentos capilares, coloração, blow outs (secagem sem o uso do bico direcionador de ar, visando ao aumento do volume do cabelo), tratamentos de queratina (escovas progressiva e definitiva, selagem, entre outros), luzes, balayage, processos duplos, maquiagem, extensões capilares, relaxamentos e assim por diante.

Atualmente, as mulheres com cabelo natural alcançaram um marco importante, libertando-se dos relaxantes químicos agressivos, que, às vezes, podem causar queimaduras e danos irreparáveis ao couro cabeludo. No entanto, se desejado, com os excelentes produtos disponíveis no mercado hoje, podemos evitar completamente esses danos e conseguir resultados maravilhosos.

Além de penteados lindos e sofisticados, elas também podem buscar todos os outros serviços e ter resultados tão duradouros quanto os de cabelos alisados, por exemplo. No entanto, essa é uma decisão que precisa ser tomada por elas e para elas. Como profissionais, podemos apresentar todos os fatos e deixá-las decidirem por si.

E como conquistar a confiança dessas clientes e conseguir uma fatia desse mercado promissor? A resposta é: prestando um ótimo atendimento, oferecendo qualidade nos serviços e trabalhando o marketing. Foi apenas na década de 1990 que grandes marcas perceberam que a melhor maneira de chamar a atenção desse nicho, então pouco explorado, era colocar rostos com os quais as pessoas pudessem se identificar. Esse é o conceito primário dos negócios.

CUIDADOS COM O CABELO NATURAL E ESTILIZAÇÃO

As mulheres com cabelos crespos e cacheados estão cada vez mais abandonando os relaxantes químicos para manter a textura natural do cabelo, optando por estilizar com calor. Mas isso não significa que elas não façam outros tipos de serviço no salão, como coloração, escova, etc. Assim como qualquer outro tipo de cabelo, o texturizado (alisado ou com permanente) também deve ser bem cuidado. Tudo o que precisamos é aprender a fazê-lo.

Cuidados com o cabelo natural

Homens e mulheres pretas produzem mais óleo como uma proteção natural para a pele, que tende a ser sensível.

Dessa maneira, é possível passar mais tempo sem lavar o cabelo, pois isso ajuda seus óleos naturais a hidratarem o cabelo.

Para completar uma rotina de cuidados capilares, não hesite em usar todos os produtos disponíveis para nutrir o cabelo, além de condicionadores leave-in potentes e óleos, a depender da textura do cabelo.

A beleza de ter cabelos de ondulados a crespos é que, usando calor e a técnica certa, eles podem alcançar o resultado almejado. Aqui estão alguns dos serviços que podem ser feitos: tratamento com óleo quente; máscaras de hidratação profunda; enrolamentos com bobes; definição de cachos, entre outros. Além dos tradicionais bobes, há muitas opções para se fazer a modelagem de cachos sem o uso de fonte de calor, como por meio de papelotes, faixas, texturizadores, tranças, etc.

Como aprendemos na escola de cabeleireiro, ainda em habilidades básicas, o conceito por trás dos definidores de cachos é o mesmo dos enrolamentos com bobes, e depois o cliente precisa ser colocado sob o secador de cabelo até que este esteja completamente seco.

Para redefinição dos cachos, há muitas técnicas a serem exploradas, mas vamos descrever a seguir a técnica de permanente com o uso de bobes.

Passo a passo

1. LAVE O CABELO E APLIQUE UMA BOA MÁSCARA HIDRATANTE, DEIXANDO-A AGIR POR 15 MINUTOS SOB O CALOR.
2. APÓS ENXAGUAR O CABELO, APLIQUE UMA LOÇÃO DE FIXAÇÃO.
3. ENROLE OS BOBES PARA PERMANENTE DE FORMA VERTICAL PARA CACHOS SOLTOS. SE O OBJETIVO FOR REDEFINIR UM CABELO AFRO, ENROLE OS BOBES HORIZONTALMENTE.
4. COLOQUE O CLIENTE SOB O SECADOR ENTRE 30 MINUTOS E 1 HORA, ATÉ QUE O CABELO ESTEJA COMPLETAMENTE SECO.
5. DESENROLE OS BOBES E APLIQUE UM SPRAY DE CABELO NUTRITIVO.

Estilização de cabelo natural

Os serviços que abrangem a estilização de cabelo natural, de acordo com a divisão de licenciamento do Departamento de Estado de Nova York, são: lavar com xampu, arrumar, pentear, torcer, enrolar, trançar, aplicar extensão e fazer trancinhas ou tranças no cabelo ou na barba à mão ou com aparelhos mecânicos. A prática não deve incluir cortar, barbear ou aparar o cabelo, exceto se tais atividades forem incidentalmente relacionadas à estilização de cabelo natural.

Existem muitas maneiras de estilizar cabelos naturais, o que abre um mundo de possibilidades. Estas são as mais utilizadas: variados tipos de trança, trança embutida, trança de duas mechas, tranças Marley, dreadlocks, apliques e extensões, rabos de cavalo falsos, todos os tipos de coque, nó celta e assim por diante.

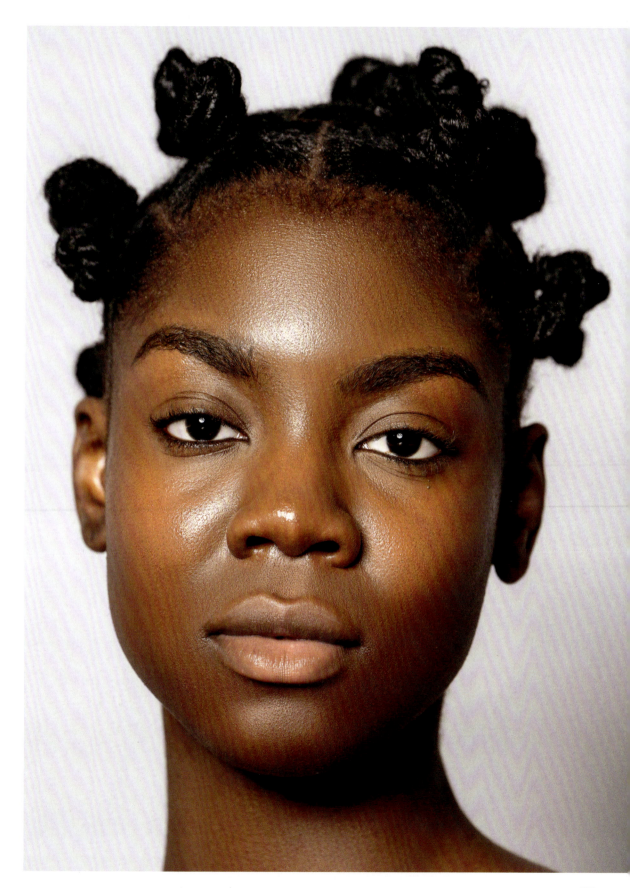

8. SALÃO DE BELEZA

Se você está abrindo um salão de cabelo e maquiagem, conhecer suas necessidades o ajudará a entender o que é preciso para tornar seu sonho realidade. Será necessário criar um plano de negócios. Nele, você traçará estratégias de marketing e fará análise de mercado e projeções financeiras, além de outros elementos essenciais para o sucesso do empreendimento, fazendo com que gastos supérfluos sejam evitados. O plano lhe dará uma visão objetiva de tudo o que necessitará para abrir o seu negócio.

Sonhe alto, mas estabeleça metas realistas, isto é, que sejam possíveis de serem atingidas. Como em qualquer outro serviço, tudo o que você precisa é conquistar um novo cliente, e, se você for gentil, educado e habilidoso em seu trabalho, a divulgação "boca a boca" continuará a aumentar a sua clientela.

Se conquistar um cliente por semana, em um mês terá quatro novos clientes e, em um ano, terá 52 novos clientes fiéis. Mulheres e homens vão a salões para cuidarem de si e se sentirem especiais, então cabe a você oferecer o melhor atendimento que puder para satisfazê-los.

EMPREENDEDORISMO: DESENVOLVENDO UM PLANO DE NEGÓCIOS

Faça o plano e siga o plano. Em tudo na vida, o planejamento é importante, seja ao fazer as malas para viajar ou escolher o que vestir para uma festa. Planejar o seu negócio é essencial, deve-se calcular os riscos e se preparar para quaisquer imprevistos que possam ocorrer. Neste tópico, vou orientá-lo sobre como você pode planejar e organizar as principais necessidades do seu negócio.

Ao fazer consultorias, recomendo aos meus clientes que o plano de negócios seja dividido em dez etapas.

1. DESENVOLVIMENTO DO CONCEITO DO SALÃO

Ter um conceito único ajuda você a ingressar no negócio com um diferencial. Se você não trabalhou na indústria da beleza, meu conselho é fazer parceria com alguém que compreenda os altos e baixos do setor. Quando o negócio não está gerando dinheiro suficiente, muitos empresários encerram as atividades. Dessa forma, aconselho a criar um conceito permanente e um conceito sazonal para o trabalho no salão, como: primavera, verão, outono e inverno. Inovar é a chave para se manter e crescer no negócio.

2. ANÁLISE DO MERCADO

Observe outros negócios ao seu redor e os tipos de serviços que eles oferecem. Verifique a lista de preços deles e os clientes que frequentam o local. Também entenda o bairro. Quão longe você está fisicamente? Não recomendo abrir um salão perto de outro, mas também não abra um salão muito longe. Verifique os produtos com os quais a concorrência trabalha. A melhor maneira de fazer isso é marcar um horário ou ir com um amigo e fazer perguntas. No mundo dos negócios, isso é chamado de análise e pesquisa de mercado.

3. PREVISÃO FINANCEIRA

Registre tudo de que você precisará, com margem para surpresas. Quando essa parte estiver pronta, faça o seu plano de negócios e visite várias instituições financeiras. Não espere ser aprovado na primeira tentativa. Também esteja atento a investidores anjo e outros tipos de investidores. Esta é uma etapa complicada, pois, dependendo da sua experiência no negócio, você pode optar por um salão simples com quatro cadeiras ou por um espaço maior, tudo depende das suas expectativas e disposição para investir.

4. SERVIÇOS E EQUIPE

Se você está na indústria da beleza e já trabalhou em outros estabelecimentos, faça uma lista de todos os seus clientes com seus contatos. Lembre-se de que, no início, a chave para o seu sucesso futuro é a discrição. Converse com alguns colegas com quem você já trabalhou e até mesmo dentro da sua rede para ver quem se envolveria nessa nova empreitada com você, caso ofereça uma parceria mais ampla e benefícios adicionais, e sempre cumprindo o que você prometeu. Agora, se você não faz parte da indústria da beleza, encontre profissionais em quem você confie e que tenham experiência no setor. Assim, vocês podem se tornar uma força conjunta. Descubra quais serviços você oferecerá. Quanto mais serviços, mais opções no menu e mais renda você terá.

327

5. ESTRATÉGIA DE MARKETING

O marketing move o mundo; no entanto, ele pode ser caro. Comece com uma lista de e-mails simples e com as redes sociais. Existem muitas ferramentas disponíveis no Google e alternativas de marketing, caso você não tenha um orçamento inicial para contratar uma empresa especializada.

6. LOCALIZAÇÃO

Encontrar o local certo é especialmente importante. Geralmente, recomendo aos novos proprietários de salões que escolham um local que tenha sido recentemente um salão, pois isso economizará dinheiro em infraestrutura, como encanamento e, às vezes, até móveis. A melhor coisa ao seguir essa dica é que você pode herdar alguns clientes antigos que já amavam aquela localização. A área em que você colocará seu salão também é muito importante, pois você precisará saber quantas pessoas moram lá para poder estabelecer o tipo de clientela que atenderá.

7. CONSOLIDAÇÃO DA CLIENTELA

A divulgação "boca a boca" pode levá-lo longe; agora é hora de selecionar os profissionais. Há muitos cabeleireiros e maquiadores que, de uma forma ou de outra, estão tentando iniciar uma nova jornada. O benefício de contratar esses profissionais experientes é que eles já têm uma base de clientes que pode ajudar você a estabelecer seus primeiros clientes até conseguir mais. Utilizar uma estratégia de marketing também ajudará a atrair novos clientes. Combinar isso com um ótimo atendimento ao cliente e qualidade dos serviços e experiência será a chave para o seu sucesso.

8. ESCOLHA DE PRODUTOS

Existem muitas marcas que oferecem pacotes para novos e iniciantes proprietários de salões. Escolher os produtos de varejo, coloração e produtos de uso diário ajudará você a entregar resultados que se destacarão. Encontre um fornecedor e tenha múltiplas opções. Busque resultados de qualidade e não se deixe levar por discursos enganosos – um exemplo é que somente determinada marca (em geral, cara) poderá garantir os resultados almejados –, pois isso pode torná-lo dependente. A verdade é que há várias opções de qualidade. Limitar-se a uma única marca pode ser uma escolha que o impedirá de conhecer o que mais está disponível no mercado. Ser independente lhe trará todas as recompensas de ser dono de um salão. A maioria das marcas oferece treinamento gratuito para a sua equipe, bem como amostras para experimentar antes de decidir. Estabeleça uma relação significativa com seu fornecedor.

9. ESCOLHA DE MÓVEIS E ESTILO

Existem muitas fontes de móveis e estilos. Seja inteligente, crie um ambiente confortável para seus clientes. Encontre um designer de interiores, vale a pena. Esses profissionais ajudarão você a permanecer dentro do orçamento e a ter um gosto refinado. Ninguém sabe de tudo.

10. CRIAÇÃO DE ALIANÇAS

Depois que seu salão estiver aberto, crie alianças com outros negócios próximos, outros profissionais e pessoas com seguidores nas redes sociais. Microinfluenciadores locais ajudarão você a criar e a continuar alimentando sua lista de clientes.

EXTENSÕES E PERUCAS

PARTE III

1. EXTENSÕES E PERUCAS AO LONGO DA HISTÓRIA

Extensões e perucas nos remetem à arte de se reinventar. Ao fazer uso desses magníficos recursos, um novo mundo de opções se descortina, e podemos dar asas à imaginação. Seja para desfrutar de um novo visual sem submeter o próprio cabelo a processos químicos ou à exposição ao calor, seja para corrigir falhas naturais ou até mesmo dar vida a um personagem, é fato que o uso de extensões e perucas tem se tornado cada vez mais comum.

Existem muitos tipos de materiais que podem ser utilizados para fazer extensões e perucas. Entre eles estão: cabelo humano, cabelo sintético e mistura de cabelo humano e fibras sintéticas.

De acordo com historiadores, extensões e perucas datam de 3000 a.C., época em que a alta sociedade egípcia, incluindo políticos, imperadores e imperatrizes, usava extensões de pelos de animais e cabelos de pessoas trançados aos seus próprios para obter volume e comprimento.

Avançando no tempo, durante o Renascimento, homens e mulheres também usavam perucas como sinal de riqueza. As mulheres vestiam peças mais sofisticadas. A rainha Elizabeth I, da Inglaterra, por exemplo, usava perucas para exibir seu estilo inovador, que, por muitas vezes, ditou a moda da época, assim como o rei Luís XIII, da França, que supostamente usava perucas para esconder sua calvície. Independentemente da época histórica que escolhermos, perceberemos que as perucas eram parte importante da cultura.

Além disso, essas peças têm sido usadas não apenas para melhorar a beleza, mas também para fins religiosos. Diversas religiões fazem uso de coberturas de cabeça, cada uma por seus motivos específicos.

2. EXTENSÕES

Nos primeiros anos da minha carreira, fui introduzido às extensões. Como mencionado, elas existem há muitos anos e têm se tornado a cada dia mais comuns no uso cotidiano.

Alguns motivos para usar extensões são ganhar volume ou comprimento; às vezes, ambos. O segredo das extensões de cabelo está na camuflagem e na mistura, como estudaremos a seguir.

COMO CAMUFLAR AS EXTENSÕES DE CABELO

A colocação é tudo. Definir a quantidade certa de mechas, deixando um pouco de cabelo no meio, já resolve. Na maioria dos casos, deixar a linha do cabelo, a nuca e a área da coroa de fora ajudará a alcançar um visual mais natural, principalmente para que clientes possam fazer penteados altos e rabos de cavalo sem deixar a extensão aparente. A essas áreas, damos o nome de área de camuflagem.

TIPOS DE CABELO DA EXTENSÃO

As extensões de cabelo oferecem a oportunidade de explorar e expressar diferentes looks, promovendo a celebração da individualidade. Cachos exuberantes, tranças, cabelos lisos e ondulados podem ser obtidos por meio do uso de fios naturais ou sintéticos. A escolha é feita visando atender às necessidades e expectativas de cada cliente.

Cabelo humano real

Nesta categoria, a maioria das extensões de cabelo é nomeada pela origem, por exemplo: brasileira, malaia, russa, indiana, etc. Nela, há muitas texturas para escolher, como cabelo liso, cacheado, crespo, ondulado, entre muitas outras. Combinar não apenas a cor do cabelo, mas a textura, é importante para compor um visual natural.

Cabelo sintético

O fio sintético é utilizado em muitos visuais, como em extensões de cabelo presas com presilhas ou clipes, cabelos avant-garde e outros. Seu uso mais frequente está relacionado a tranças e a estilos de cabelos naturais. Os tipos mais conhecidos são kanekalon, poliéster, PVC e acrílico.

TÉCNICAS DE EXTENSÃO CAPILAR

Como falamos, extensões são uma solução versátil para transformar o visual do cabelo, permitindo adicionar comprimento e volume ou realçar a cor de maneira temporária. A seguir, vamos nos aprofundar em algumas técnicas de extensão capilar.

Ponta de queratina ou extensões de fusão I-tip

Esta técnica é baseada em prender pequenas mechas da extensão ao cabelo do cliente com cola à base de queratina, que é utilizada na parte das raízes das extensões que serão fixadas ao cabelo. O intervalo de retoque desse método é de seis a nove semanas.

PONTA DE QUERATINA

Passo a passo

1. PRIMEIRO, PENTEIE O CABELO E DEPOIS USE O PENTE PARA CRIAR UMA LINHA DE ORELHA A ORELHA, NA PARTE SUPERIOR DA CABEÇA, E PRENDA. EM SEGUIDA, FAÇA OUTRA LINHA NA PARTE DE TRÁS, DIVIDINDO E PRENDENDO O CABELO EM DUAS SEÇÕES IGUAIS.

2. APÓS O CABELO DE CAMUFLAGEM TER SIDO SEPARADO, DESTAQUE TAMBÉM UMA CAMADA FINA ONDE AS EXTENSÕES SERÃO APLICADAS.

3. SEPARE O CABELO COM A PEÇA PROTETORA PLÁSTICA REDONDA PARA EVITAR QUE OUTROS FIOS DE CABELO SEJAM FIXADOS E PARA PROTEGER O COURO CABELUDO.

4. COLOQUE A EXTENSÃO PERTO DAS RAÍZES DO CABELO E USE A PINÇA DE MEGA HAIR PARA DERRETER A COLA DE QUERATINA.

5. QUANDO A COLA ESTIVER CLARA, SIGNIFICA QUE ESTÁ MUITO QUENTE; QUANDO COMEÇAR A MUDAR DE COR, É HORA DE ENVOLVER TANTO A EXTENSÃO QUANTO O CABELO. CERTIFIQUE-SE DE QUE O CABELO NÃO SEQUE ANTES QUE A QUERATINA SEJA PERFEITAMENTE APLICADA; SE SECAR MAIS RÁPIDO DO QUE O PREVISTO, TALVEZ SEJA NECESSÁRIO REAQUECER.

6. PARA REMOVER A EXTENSÃO, A MAIORIA DAS MARCAS TEM SUA PRÓPRIA SOLUÇÃO. COM A AJUDA DE ALICATES E UM PEDAÇO DE ALGODÃO EMBEBIDO NA SOLUÇÃO, PENTEIE CUIDADOSAMENTE O CABELO PRESO UTILIZANDO UM PENTE COM DENTES FINOS.

Extensão de cola fria ou ice extension

Este método não requer calor, é natural e dura mais do que outras técnicas. Verifique as instruções do fabricante; na maioria dos casos, você precisará aplicar a cola primeiro e revesti-la com um ativador para solidificá-la.

Passo a passo

1. APÓS SEPARAR O CABELO DE CAMUFLAGEM, DIVIDA-O EM UMA CAMADA FINA NA QUAL AS EXTENSÕES SERÃO APLICADAS.
2. SEPARE O CABELO COM A PEÇA PROTETORA PLÁSTICA REDONDA PARA EVITAR QUE OUTROS FIOS DE CABELO SEJAM FIXADOS E PARA PROTEGER O COURO CABELUDO.
3. COLOQUE UMA TOALHA EM SUA ESTAÇÃO DE TRABALHO E SEPARE AS PEÇAS DA EXTENSÃO, UMA POR UMA, NA MESMA DIREÇÃO. O CABELO HUMANO TEM CUTÍCULAS, E TÊ-LAS EM DIREÇÕES DIFERENTES DO CRESCIMENTO NATURAL PODE FAZER COM QUE O CABELO EMBARACE AO SER LAVADO.
4. APLIQUE A COLA E, EM SEGUIDA, COM UM BASTÃO DE MADEIRA, APLIQUE O ATIVADOR.
5. PARA REMOVER A EXTENSÃO, APLIQUE O SOLVENTE INCLUÍDO NO SEU KIT APÓS LER AS INSTRUÇÕES.

Tress

Esta técnica é uma mistura de tranças box feitas com extensões de cabelo humano, na maioria das vezes aplicadas em todo o cabelo. Isso é importante, já que você precisará dobrar a peça de extensão. Sempre calcule esse fator; por exemplo, se o comprimento desejado for de 35 centímetros, você deve sempre adicionar de 10 a 13 centímetros extras, de modo que as extensões de cabelo devem ter entre 45 e 48 centímetros (comprimento indicado se o cabelo trabalhado for de tamanho médio).

Passo a passo

1. APÓS SEPARAR O CABELO DE CAMUFLAGEM, DIVIDA-O EM UMA CAMADA FINA NA QUAL AS EXTENSÕES SERÃO APLICADAS.

2. SEPARE O CABELO COM A PEÇA PROTETORA PLÁSTICA REDONDA PARA EVITAR QUE OUTROS FIOS DE CABELO SEJAM FIXADOS E PARA PROTEGER O COURO CABELUDO.

3. COLOQUE UMA TOALHA EM SUA ESTAÇÃO E SEPARE AS PEÇAS DA EXTENSÃO, UMA POR UMA, NA MESMA DIREÇÃO. O CABELO HUMANO TEM CUTÍCULAS, E TÊ-LAS EM DIREÇÕES DIFERENTES DO CRESCIMENTO NATURAL PODE FAZER COM QUE O CABELO EMBARACE AO SER LAVADO.

4. DOBRE O CABELO ATÉ O MESMO COMPRIMENTO DO CABELO DO CLIENTE E CRIE UMA MICROTRANÇA, INDO ATÉ ONDE O CABELO DO CLIENTE TERMINA. ENVOLVA A TRANÇA COM UM FIO ELÁSTICO, GERALMENTE UTILIZADO EM BIJUTERIAS, PARA EVITAR QUE A TRANÇA SE DESFAÇA.

5. PARA REMOVER A EXTENSÃO, CORTE O FIO E A TRANÇA SE SOLTARÁ.

Nó italiano ou nó brasileiro

Esta técnica se parece com a técnica de fusão, mas, em vez de usar cola, você enrolará as raízes com um fio elástico entre dez e catorze vezes, cortando a ponta do elástico.

NÓ ITALIANO/ BRASILEIRO

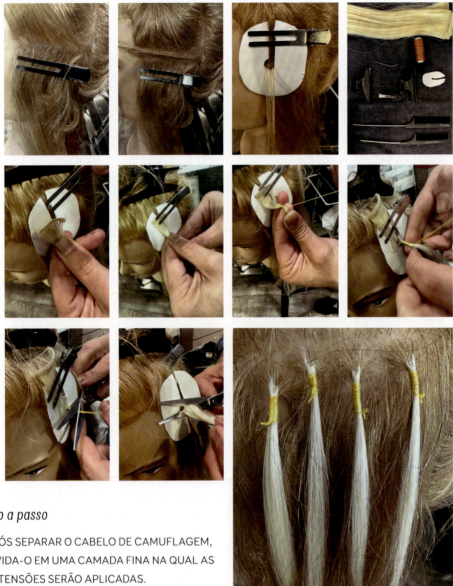

Passo a passo

1. APÓS SEPARAR O CABELO DE CAMUFLAGEM, DIVIDA-O EM UMA CAMADA FINA NA QUAL AS EXTENSÕES SERÃO APLICADAS.

2. SEPARE O CABELO COM A PEÇA PROTETORA PLÁSTICA REDONDA PARA EVITAR QUE OUTROS FIOS DE CABELO SEJAM FIXADOS E PARA PROTEGER O COURO CABELUDO.

3. COLOQUE UMA TOALHA EM SUA ESTAÇÃO E SEPARE AS PEÇAS DA EXTENSÃO, UMA POR UMA, NA MESMA DIREÇÃO. O CABELO HUMANO TEM CUTÍCULAS, E TÊ-LAS EM DIREÇÕES DIFERENTES DO CRESCIMENTO NATURAL PODE FAZER COM QUE O CABELO EMBARACE AO SER LAVADO.

4. PRENDA UM CLIPE DE CABELO DE METAL COM AS RAÍZES DAS EXTENSÕES DE CABELO NA PEÇA PLÁSTICA PARA FIXAR O CABELO. ENROLE COM O FIO ELÁSTICO, APLICANDO PRESSÃO ENTRE DEZ E CATORZE VEZES. CORTE A PEÇA FORA DO NÓ, ASSIM COMO OS RESTOS DO FIO ELÁSTICO.

5. PARA REMOVER A EXTENSÃO, CORTE O NÓ E O ELÁSTICO SE SOLTARÁ. VÃ PENTEANDO O CABELO PRESO.

Extensão italiana com trança

Este método é uma mistura de tress e nó brasileiro. Mas, em vez de trançar o cabelo até o final, você manterá a trança com no máximo 2 centímetros de comprimento, apenas o suficiente para segurar o cabelo. Pode durar nove meses.

Passo a passo

1. APÓS SEPARAR O CABELO DE CAMUFLAGEM, DIVIDA O CABELO EM UMA CAMADA FINA NA QUAL AS EXTENSÕES SERÃO APLICADAS.
2. SEPARE O CABELO COM A PEÇA PROTETORA PLÁSTICA REDONDA PARA EVITAR QUE OUTROS FIOS DE CABELO SEJAM FIXADOS E PARA PROTEGER O COURO CABELUDO.
3. COLOQUE UMA TOALHA EM SUA ESTAÇÃO E SEPARE AS PEÇAS DA EXTENSÃO, UMA POR UMA, NA MESMA DIREÇÃO. O CABELO HUMANO TEM CUTÍCULAS, E TÊ-LAS EM DIREÇÕES DIFERENTES DO CRESCIMENTO NATURAL PODE FAZER COM QUE O CABELO EMBARACE AO SER LAVADO.
4. DOBRE A EXTENSÃO DE CABELO E FIXE-A PERTO DO COURO CABELUDO. DEPOIS, FAÇA UMA TRANÇA DE 2 CENTÍMETROS E A ENVOLVA COM UM FIO ELÁSTICO DE OITO A DEZ VEZES.
5. PARA REMOVER A EXTENSÃO, CORTE O FIO ELÁSTICO E RETIRE A TRANÇA DO CABELO.

Tress com cabelo natural

É basicamente uma trança box feita de cabelo humano, em que se deixa a extremidade com uma textura natural.

Passo a passo

1. APÓS SEPARAR O CABELO DE CAMUFLAGEM, DIVIDA O CABELO EM UMA CAMADA FINA NA QUAL AS EXTENSÕES SERÃO APLICADAS.
2. SEPARE O CABELO COM A PEÇA PROTETORA PLÁSTICA REDONDA PARA EVITAR QUE OUTROS FIOS DE CABELO SEJAM FIXADOS E PARA PROTEGER O COURO CABELUDO.
3. COLOQUE UMA TOALHA EM SUA ESTAÇÃO E SEPARE AS PEÇAS DA EXTENSÃO, UMA POR UMA, NA MESMA DIREÇÃO. O CABELO HUMANO TEM CUTÍCULAS, E TÊ-LAS EM DIREÇÕES DIFERENTES DO CRESCIMENTO NATURAL PODE FAZER COM QUE O CABELO EMBARACE AO SER LAVADO.
4. DOBRE O CABELO AO MEIO E TRANCE-O COMPLETAMENTE, DEIXANDO AS PONTAS DE FORA. NO FINAL DA TRANÇA, ENVOLVA DE CINCO A SETE VEZES COM UM FIO ELÁSTICO.
5. PARA REMOVER A EXTENSÃO, CORTE O FIO ELÁSTICO E DESFAÇA A TRANÇA.

Tranças nagô ou tranças de raiz

Esta técnica existe há milhares de anos e serve como base para todos os apliques costurados e extensões. Você pode criar qualquer design ou fazê-la em qualquer direção, pode costurar uma mecha de cabelo ou deixá-la exatamente como está. A diferença entre uma microtrança francesa e uma trança de raiz é que, em vez de "alimentar" a trança de cima, você "alimentará" a trança de baixo, fazendo com que a trança fique por cima do cabelo.

Passo a passo

1. DIVIDA O CABELO EM UMA LINHA RETA DA FRENTE ATÉ A NUCA, FORMANDO UMA SEÇÃO. SE DESEJAR, APLIQUE UM POUCO DE GEL OU POMADA PARA CABELO NOS FIOS. ISSO FACILITA A TRANÇA.

2. PEGUE A PRIMEIRA MECHA DA LINHA QUE VOCÊ ESTÁ TRABALHANDO E DIVIDA-A EM TRÊS PARTES IGUAIS. SEGURE CADA PARTE COM OS DEDOS CORRESPONDENTES.

3. COMECE A TRANÇAR, CRUZANDO A PARTE DIREITA SOBRE O CENTRO E DEPOIS A PARTE ESQUERDA SOBRE O CENTRO.

4. A CADA CRUZAMENTO, ADICIONE UM POUCO MAIS DE CABELO À SEÇÃO ANTES DE CRUZÁ-LA SOBRE O CENTRO.

5. CONTINUE ESSE PROCESSO, ADICIONANDO MAIS CABELO À TRANÇA CONFORME AVANÇA, ATÉ ATINGIR O COMPRIMENTO DESEJADO.

Tranças box (box braids)

Este estilo é um dos favoritos para as férias e para o verão, pois mantém o cabelo protegido e um visual incrível ao mesmo tempo. As tranças box consistem em trançar todo o cabelo em pequenos quadrados ou boxes, adicionando cabelo de trança para aumentar o comprimento e ter mais estilo.

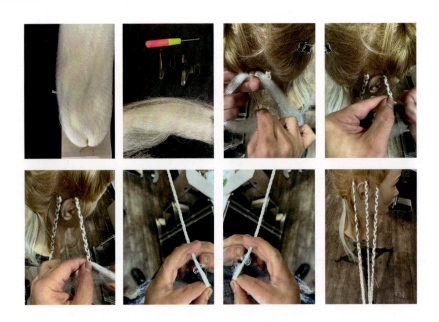

Passo a passo

1. SEPARE O CABELO DA EXTENSÃO EM MECHAS COM A ESPESSURA DESEJADA.
2. APLIQUE GEL NA MECHA QUE VOCÊ VAI TRABALHAR.
3. TRANCE O CABELO SINTÉTICO COM O CABELO NATURAL.
4. TRANCE ATÉ O FINAL. COMO O CABELO DE TRANÇA É FEITO DE PLÁSTICO, DERRETA AS SUAS PONTAS.
5. MERGULHE AS TRANÇAS EM ÁGUA QUENTE.

Tecimento rápido (quick weave)

É uma técnica de extensão capilar prática e temporária que envolve colar mechas de cabelo sintético ou natural sobre o cabelo para adicionar volume e comprimento aos fios. Existem dois tipos de tecimento rápido; no primeiro, as mechas são aplicadas em uma touca protetora que depois é devidamente colocada na cabeça; no outro, elas são aplicadas diretamente sobre o cabelo natural utilizando cola especial ou fita adesiva. Às vezes, utilizamos a técnica de tecimento rápido para sessões de fotos e desfiles de moda.

Passo a passo

1. DIVIDA O CABELO E APLIQUE COLA DE TECIMENTO NA MECHA.
2. COLE A MECHA NA SEÇÃO.
3. APLIQUE AS MECHAS CAMADA POR CAMADA.
4. USE O SECADOR DE CABELO PARA SECAR A COLA.

Extensões adesivas (tape-in extensions)

Estas são extensões fixadas em uma fita, que é presa a seções finas de cabelo. Essas fitas geralmente são divididas em duas partes, ambas contendo cabelo. Depois que a primeira parte é fixada no cabelo, a segunda é colocada por cima.

Passo a passo

1. DIVIDA E PRENDA O CABELO EM DUAS PARTES: DE ORELHA A ORELHA E A PARTE DE TRÁS.
2. PLANEJE O LOCAL EM QUE AS EXTENSÕES SERÃO COLOCADAS.
3. APLIQUE AS FITAS NA PARTE INFERIOR.
4. APLIQUE AS FITAS NA PARTE SUPERIOR.
5. PARA REMOVER A EXTENSÃO, APLIQUE A SOLUÇÃO DE SOLVENTE NO CABELO PARA RETIRAR AS FITAS; DEIXE AGIR POR 5 MINUTOS ANTES DE REMOVÊ-LAS.

Crochê

As extensões de cabelo de crochê são o método em que, utilizando uma agulha de crochê, você pode interagir com cada seção de cabelo em suas tranças nagô.

Passo a passo

1. TRANCE O CABELO DA FRENTE PARA TRÁS EM UM ESTILO DE TRANÇA NAGÔ.
2. SEPARE AS EXTENSÕES DE CABELO EM MECHAS.
3. APLIQUE CADA MECHA DE CABELO NA TRANÇA AFRO COM UM NÓ DE CROCHÊ.
4. COMECE PELA NUCA, PELAS LATERAIS E PELA PARTE SUPERIOR.
5. PARA REMOVER A EXTENSÃO, CORTE O CABELO E DESFAÇA AS TRANÇAS DE RAIZ.

Tranças de rabo de cavalo

As tranças de rabo de cavalo são um dos visuais mais divertidos. Além de econômico, é uma boa maneira de ter muito estilo.

Passo a passo

1. FAÇA UM RABO DE CAVALO, PODE SER ALTO OU BAIXO.
2. ESCOLHA A TEXTURA DE CABELO DESEJADA PARA SUAS EXTENSÕES; DE PREFERÊNCIA, CABELO DE TRANÇA PARA O COMPRIMENTO.
3. NA EXTREMIDADE, PRENDA O RABO DE CAVALO COM UM ELÁSTICO.
4. CORTE O EXCESSO DA EXTENSÃO DE CABELO SOBRE O ELÁSTICO E, EM SEGUIDA, CUBRA COM UMA PEÇA DE EXTENSÃO DE CABELO.
5. TRANCE O CABELO DO CLIENTE COM A EXTENSÃO DE CABELO DE TRANÇA ATÉ O FINAL.

Extensões costuradas

As extensões costuradas são um dos tipos mais utilizados de extensão de cabelo. Elas são costuradas em uma trança de raiz e podem ter qualquer formato lateralmente, ao redor do cabelo, metade da cabeça, cabeça completa ou retas.

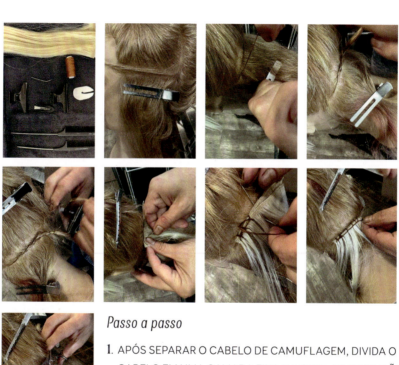

Passo a passo

1. APÓS SEPARAR O CABELO DE CAMUFLAGEM, DIVIDA O CABELO EM UMA CAMADA FINA NA QUAL AS EXTENSÕES SERÃO APLICADAS.
2. TRANCE O CABELO EM DIREÇÃO AO MEIO DA CABEÇA, DA ESQUERDA PARA O MEIO E DA DIREITA PARA O MEIO.
3. AGORA VOCÊ JUNTARÁ A TRAMA DE APLIQUE À TRANÇA.
4. COSTURE A TRAMA NO CABELO, PRENDENDO BEM NAS DUAS EXTREMIDADES.
5. PARA REMOVER A EXTENSÃO, CORTE A LINHA E DESFAÇA AS TRANÇAS.

Dreadlocks

Dreadlocks é a arte de torcer e trançar o cabelo. Seu conceito é imitar as mechas formadas naturalmente pelo cabelo quando deixado em seu estado natural sem ser tocado. Existem muitas técnicas e produtos indicados para entrelaçar o cabelo da melhor forma.

Passo a passo

1. LAVE E CONDICIONE O CABELO ADEQUADAMENTE. SEQUE COM UMA TOALHA E APLIQUE SEU PRODUTO FAVORITO PARA FORMAR OS DREADLOCKS.
2. GIRE CADA DREADLOCK NO SENTIDO HORÁRIO E PRENDA AS NOVAS TRANÇAS COM UM CLIPE DE METAL.
3. DEIXE SECAR AO AR LIVRE.
4. REMOVA OS GRAMPOS DE CABELO. EM ALGUNS CASOS, OS CLIENTES PEDEM PARA FAZER UM RABO DE CAVALO OU UM PENTEADO QUE SEGURE OS DREADLOCKS ATÉ QUE ELES ESTEJAM BEM FORMADOS.
5. OS DREADLOCKS PODEM SER DESFEITOS QUANDO SÃO BEM CUIDADOS POR ESPECIALISTAS EM DREADLOCKS.

Extensões de presilha (clip-ons)

As extensões de presilha são o método mais utilizado para alongar ou adicionar volume ao cabelo instantaneamente. Elas possuem presilhas que facilitam muito a sua colocação.

Passo a passo

1. APÓS SEPARAR O CABELO DE CAMUFLAGEM, DIVIDA O CABELO EM UMA CAMADA FINA NA QUAL AS EXTENSÕES SERÃO APLICADAS.
2. DESFIE O CABELO PARA QUE AS PRESILHAS TENHAM MELHOR ADERÊNCIA.
3. AS EXTENSÕES DE PRESILHA TÊM TAMANHOS DIFERENTES: AS PEÇAS MENORES DEVEM SER COLOCADAS NA NUCA, E AS MAIORES, DE UMA LATERAL À OUTRA DA CABEÇA.
4. APÓS APLICAR AS EXTENSÕES, DEIXE A PARTE DE CIMA DO CABELO CAIR SOBRE ELAS PARA UMA PERFEITA CAMUFLAGEM.
5. PARA REMOVER A EXTENSÃO, ABRA AS PRESILHAS E PENTEIE O CABELO COM UMA ESCOVA PLANA PARA REMOVER OS NÓS.

Microlink

Este método resume-se a colocar um microlink, ou microtubo, que conecta a extensão ao cabelo natural do cliente.

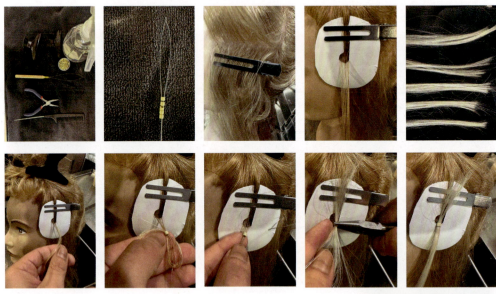

Passo a passo

1. APÓS SEPARAR O CABELO DE CAMUFLAGEM, DIVIDA O CABELO EM UMA CAMADA FINA NA QUAL AS EXTENSÕES SERÃO APLICADAS.

2. SEPARE O CABELO COM A PEÇA PROTETORA PLÁSTICA REDONDA PARA EVITAR QUE OUTROS FIOS DE CABELO SEJAM FIXADOS E PARA PROTEGER O COURO CABELUDO.

3. COLOQUE UMA TOALHA EM SUA ESTAÇÃO E SEPARE AS PEÇAS DA EXTENSÃO, UMA POR UMA, NA MESMA DIREÇÃO. O CABELO HUMANO TEM CUTÍCULAS, E TÊ-LAS EM DIREÇÕES DIFERENTES DO CRESCIMENTO NATURAL PODE FAZER COM QUE O CABELO EMBARACE AO SER LAVADO.

4. EM UMA MÃO, VOCÊ TERÁ TODOS OS MICROTUBOS COLOCADOS EM UM TUBO E, NA OUTRA, TERÁ UMA AGULHA ESPECIAL POR ONDE PASSARÁ O CABELO DO CLIENTE. ADICIONE O CABELO NO TUBO E PRESSIONE-O COM UM PAR DE ALICATES PARA PRENDER AS EXTENSÕES E O CABELO DO CLIENTE JUNTOS.

5. PARA REMOVER A EXTENSÃO, PRESSIONE OS ALICATES EM UMA DIREÇÃO DIFERENTE PARA SOLTAR.

Extensões de cola quente em formato de U (U-tip hot glue)

A diferença entre a ponta em formato de I (I-tip) e a ponta em formato de U (U-tip) é o contorno da cabeça em U.

Passo a passo

1. APÓS SEPARAR O CABELO DE CAMUFLAGEM, DIVIDA O CABELO EM UMA CAMADA FINA NA QUAL AS EXTENSÕES SERÃO APLICADAS.

2. SEPARE O CABELO COM A PEÇA PROTETORA PLÁSTICA REDONDA PARA EVITAR QUE OUTROS FIOS DE CABELO SEJAM FIXADOS E PARA PROTEGER O COURO CABELUDO.

3. COLOQUE UMA TOALHA EM SUA ESTAÇÃO E SEPARE AS PEÇAS DA EXTENSÃO, UMA POR UMA, NA MESMA DIREÇÃO. O CABELO HUMANO POSSUI CUTÍCULAS, E TER AS CUTÍCULAS EM DIREÇÕES DIFERENTES DO CRESCIMENTO NATURAL PODE FAZER COM QUE O CABELO EMBARACE AO SER LAVADO.

4. COLOQUE A EXTENSÃO CAPILAR EM FORMATO DE U NA SEÇÃO DO CABELO E USE A PINÇA DE MEGA HAIR PARA DERRETER A COLA DE EXTENSÃO NO CABELO. ENROLE COM O DEDO, ASSIM COMO NA TÉCNICA DE EXTENSÃO EM FORMATO DE I.

5. PARA REMOVER A EXTENSÃO, APLIQUE O REMOVEDOR E UTILIZE ALICATES PARA RETIRAR A COLA.

Técnica de costura com microtubos

Este estilo se tornou mais popular na última década. Nele, dois tipos de extensões são combinados: costura e microtubos. Você prende a mecha de apoio com o microtubo e costura a trama nela.

Passo a passo

1. APÓS SEPARAR O CABELO DE CAMUFLAGEM, DIVIDA O CABELO EM UMA CAMADA FINA NA QUAL AS EXTENSÕES SERÃO APLICADAS.

2. DIVIDA O CABELO EM UMA LINHA HORIZONTAL, COMEÇANDO PELA NUCA.

3. CRIE PONTOS DE ANCORAGEM USANDO PEQUENAS MECHAS PRESAS COM MICROTUBOS PERTO DA RAIZ.

4. COSTURE A TRAMA DE APLIQUE NOS PONTOS DE ANCORAGEM, DANDO NÓS NO INÍCIO E NO FIM.

5. PARA REMOVER A EXTENSÃO, PRIMEIRO CORTE A LINHA QUE SEGURA A TRAMA NO PEQUENO RABO DE CAVALO; EM SEGUIDA, REMOVA OS MICROTUBOS COM ALICATES.

Aplicando perucas com a técnica dos microtubos

A cada dia, aparecem novas técnicas para colocação de perucas, de modo que os métodos tradicionais que usam fitas e colas podem ser alternados por costura de peças inteiras ou técnicas mistas, como fechamento (meia peruca lace) e trama. Às vezes, podemos combinar ambos.

Este método é basicamente a técnica de trama com microtubos passados pelo cabelo e pela linha do cabelo para fixá-lo. Meu conselho é: não abuse desse método, faça intervalos e não aplique os microtubos nas mesmas seções ao manter as extensões.

Passo a passo

1. TRANCE TODO O CABELO POR BAIXO, COMO UMA TRANÇA DE RAIZ POR TODA A CABEÇA.
2. DEIXE O CABELO DA LINHA DO CABELO E DA NUCA PARA CAMUFLAGEM.
3. INICIE O PROCESSO DE ANCORAGEM COMEÇANDO NA ÁREA DO TOPO DA CABEÇA E CONTINUE PELA CABEÇA INTEIRA. ESSE MÉTODO PERMITIRÁ QUE O PESO DA PERUCA SEJA DISTRIBUÍDO PELOS PRINCIPAIS PONTOS, ALIVIANDO A MAIOR PARTE DA PRESSÃO DA LINHA DO CABELO.
4. APLIQUE OS MICROTUBOS COM CERCA DE 1 CENTÍMETRO DE DISTÂNCIA ENTRE ELES E COSTURE A PERUCA NOS MICROTUBOS.
5. PARA REMOVER A EXTENSÃO, CORTE A LINHA, REMOVA OS MICROTUBOS COM OS ALICATES E DESFAÇA AS TRANÇAS.

Prótese capilar para homens

O conceito de substituição capilar pode ser dividido em métodos cirúrgicos e não cirúrgicos. Neste segmento, exploraremos os métodos não cirúrgicos para homens, em que uma prótese capilar é fixada na área receptora com uma cola segura para a pele.

Este método tem um longo caminho. A prótese é feita à mão especificamente para o cliente. No início, tira-se a medida da cabeça e a densidade. O processo ao todo pode levar de dois a quatro meses para ser concluído.

Graças às plataformas de compra on-line, podem-se adquirir peças pré-fabricadas diretamente com o distribuidor e apenas ajustá-las para o cliente. Esteja ciente de que essas peças também têm especificações listadas na descrição do produto. Antes de clicar no botão "comprar", certifique-se de que a peça combina com a cor e a textura do cabelo e com o tamanho do couro cabeludo do cliente.

A seguir, compartilharemos como obter essas respostas por meio de uma consulta adequada.

TAMANHO DO CABELO

Para tirar a medida certa para novos clientes que nunca usaram um sistema de substituição capilar masculino, você não pode simplesmente raspar o cabelo. Você terá que aplicar a técnica da garrafa de água, que consiste em: quando o cliente estiver sentado em sua cadeira, você borrifará água em seu cabelo, especialmente na área da coroa, para ver onde a área de rarefação realmente para. Geralmente, a área rala para no topo da sobrancelha, em ambos os lados da cabeça, esquerdo e direito, indo até a parte de trás da cabeça. Em geral, de 2 a 5 centímetros abaixo da coroa na parte posterior.

Quando isso for feito, coloque uma fina peça de plástico sobre a área a ser coberta com a ajuda de um assistente ou colega. Adicione camadas de fita para fortalecer o plástico fino. Com uma caneta marcadora, desenhe a área calva como um molde onde sua peça de substituição capilar ficará. Remova a peça e apare as bordas na linha externa. Assim que tiver uma pequena peça que se ajuste à área rala, coloque-a novamente ao redor dessa área e faça medições do meio, da curvatura da cabeça e dos lados. Agora você tem suas medidas. A seguir, você escolherá a renda e a base da peruca, que pode ser renda ou silicone. Eu prefiro silicone, pois a cola de aderência pode passar pela renda, danificando a peça.

COR E TEXTURA DO CABELO

Como mencionei nos segmentos anteriores, combinar a cor do cabelo e a cor das extensões capilares é uma etapa importante para obter um aspecto natural. A regra também se aplica à substituição capilar. Há uma variedade de cores naturais, desde cabelos grisalhos, castanhos e até pretos. Use a tabela de cores na consulta ao combinar essa cor. No entanto, às vezes, você pode enfrentar situações em que seu fornecedor não terá uma cor específica. Sendo assim, compre um tom ou dois mais claro, pois você sempre pode ajustá-lo. O próximo passo é combinar a textura. Como existem diferentes padrões de cachos, do 1A ao 4C, pode ser um pouco complicado fazer permanente nessas peças se você não conhecer a origem do cabelo. Pergunte ao fornecedor antes de fazer a compra.

DENSIDADE DO CABELO

A próxima parte é identificar a densidade. Cada fabricante tem sua própria tabela, que pode ser de 25%, 50%, 75%, 100% e até mais. Eu recomendo pedir ao fabricante uma foto da tabela de densidade para que você possa estudá-la. A densidade da peça de cabelo precisa ser o mais próxima possível das laterais e da parte posterior do cabelo do cliente.

Passo a passo

1. CONSULTE SEU CLIENTE, TIRE AS MEDIDAS E COMBINE A DENSIDADE. DEPOIS, CRIE O MOLDE.
2. SEGURE O MOLDE E MARQUE A ÁREA ONDE VOCÊ VAI RASPAR O CABELO. ESTE PASSO É MUITO IMPORTANTE: SEMPRE RASPE MENOS DO QUE O ESPAÇO REAL EM QUE APLICARÁ A PEÇA, POIS VOCÊ SEMPRE PODERÁ RASPAR MAIS DURANTE A APLICAÇÃO.
3. EM UM COPO, APLIQUE A COLA ADESIVA CERTA NO LOCAL ONDE VOCÊ VAI FIXAR A PEÇA. FAÇA SUA PESQUISA E VEJA O QUE OUTROS ESPECIALISTAS ESTÃO RECOMENDANDO. LIMPE A ÁREA COM ÁLCOOL PARA REMOVER QUALQUER ÓLEO NATURAL.
4. DESPEJE A COLA EM UM PEQUENO COPO DE PLÁSTICO E, COM UM BASTÃO DE MADEIRA, FIXE A PEÇA NA LINHA DO CABELO. SE O SEU CLIENTE TIVER PERDIDO COMPLETAMENTE A LINHA DO CABELO, PEÇA UMA FOTO DE QUANDO ELE ERA JOVEM, PARA QUE VOCÊ POSSA MEDIR O LUGAR CERTO. UMA LINHA DO CABELO MUITO ALTA OU MUITO BAIXA FARÁ COM QUE A SUBSTITUIÇÃO PAREÇA POUCO ATRAENTE E NÃO NATURAL.
5. COMECE A APLICAR A COLA PELA FRENTE, PELO MEIO E PELA PARTE DE TRÁS LENTAMENTE. FAÇA NO SEU TEMPO, A PERFEIÇÃO É O QUE VOCÊ E SEU CLIENTE ALMEJAM.
6. PARA A REMOÇÃO, A MAIOR PARTE DAS COLAS DE SUBSTITUIÇÃO CAPILAR TEM UM SOLVENTE. LEIA AS INSTRUÇÕES DO FABRICANTE. NA MAIORIA DOS CASOS, É PRECISO APLICÁ-LO, DEIXAR DESCANSAR ATÉ QUE A LIGAÇÃO SEJA QUEBRADA E DEPOIS FAZER A REMOÇÃO LENTAMENTE.

3. PERUCAS

Disponíveis em uma variedade de estilos, cores e texturas, as perucas proporcionam a liberdade de experimentar diferentes looks sem comprometer o próprio cabelo. Além de serem uma opção estilosa, também podem ser uma solução prática para cobrir a perda de cabelo temporária ou permanente.

Como visto anteriormente, as perucas podem ser sintéticas ou naturais, e as técnicas também podem variar entre as seguintes opções:

PERUCAS DE LACE. Também conhecidas como perucas com rede de monofilamento, feitas de renda suíça ou seda.

HARD FRONT. Mechas costuradas em uma lace. Geralmente, são parecidas com a peruca lace e são tecidas em máquina. O material mais utilizado para fazer a sua base é o silicone.

DEEP LACES. Uma mistura de lace e lace front wigs (perucas de renda frontal).

PERUCAS EM FORMATO DE U. Perucas com uma abertura na área da coroa, podendo ser na lateral ou no meio.

PERUCAS PARCIAIS (FALL WIGS). Perucas em que o próprio cabelo será exibido, geralmente a linha do cabelo.

CONSTRUÇÃO DE PERUCAS

As perucas naturais atualmente são confeccionadas ou construídas basicamente com renda. Os nós apertados à mão são o segredo para terem um aspecto natural, e a combinação da renda com a cor da pele permitirá uma transição perfeita na linha do cabelo. Antes de nos aprofundarmos em sua construção, vamos conhecer os materiais empregados na personalização das perucas.

Kit para fabricação de perucas

- **AGULHAS CURVAS.** SÃO USADAS PARA COSTURAR TRAMAS E A TOUCA.
- **AGULHAS DE VENTILAÇÃO.** SERVEM PARA FIXAR OS FIOS DE CABELO NA RENDA.
- **ALFINETES DE BLOQUEIO.** SERVEM PARA FIXAR A RENDA OU SEGURAR O PENTEADO.
- **CLIPES DE METAL.** SERVEM PARA SEPARAR O CABELO E MANTÊ-LO NO LUGAR.
- **CLIPES DE PENTE DE PERUCA.** SÃO COSTURADOS NA PERUCA PARA ANCORAR NO CABELO.
- **FITA MÉTRICA.** É USADA PARA FAZER MEDIÇÕES DA CABEÇA DURANTE O PROCESSO DE FABRICAÇÃO DE PERUCAS E O CORTE.
- **LINHA INVISÍVEL.** É UTILIZADA PARA COSTURAR RENDAS FINAS, FAZER REPAROS EM GERAL E FIXAR ÁREAS DELICADAS DA RENDA.
- **PENTES.** PARA MANUSEAR AS PERUCAS DA MELHOR FORMA, É IMPORTANTE TER UMA VARIEDADE DELES: PENTE DE ARMAR, ESCOVA DE METAL, PENTE DE CABO LONGO, PENTE DE DENTES LARGOS, ETC.
- **PINOS EM T.** SÃO UTILIZADOS PARA FIXAR AS PERUCAS NO BLOCO DE PERUCA, PRINCIPALMENTE NA NUCA E NAS ABAS DA ORELHA.
- **SECADOR DE PERUCA.** É UMA RÉPLICA DE UM SECADOR DE CABELO DE SALÃO DE BELEZA E É UTILIZADO PARA SECAR PERUCAS MAIS RÁPIDO. GERALMENTE, É UMA CAIXA DE MADEIRA OU DE PLÁSTICO COM UM MOTOR QUE SOPRA AR QUENTE, CUJA TEMPERATURA PODE SER REGULADA.
- **SUPORTE DE AGULHA DE VENTILAÇÃO.** É PARTE DA AGULHA DE VENTILAÇÃO EM FORMATO DE CANETA QUE PERMITE TRABALHAR NA RENDA.
- **SUPORTE DE PERUCA.** É UMA CABEÇA DE MANEQUIM UTILIZADA PARA COSTURAR AS PERUCAS, VENTILAR E REALIZAR TODAS AS PERSONALIZAÇÕES DO PROCESSO. O SUPORTE DE PERUCA PODE SER USADO PARA QUALQUER COISA, EXCETO PARA COLORIR, UMA VEZ QUE É FEITO DE SERRAGEM PARA FACILITAR A FIXAÇÃO DAS PERUCAS, E POR ISSO NÃO PODE SER MOLHADO.
- **TRIPÉ.** FERRAMENTA PARA PRENDER O BLOCO DE PERUCA PARA QUE VOCÊ POSSA TER UM ACESSO DE 360 GRAUS À PERUCA.

Agora, vamos entender a construção da touca da peruca. Na maioria dos casos, você pode comprar essas toucas em diferentes tamanhos: extrapequena, pequena, média, grande e extragrande. Elas são utilizadas principalmente com perucas lace front, nas quais há o material de malha na parte superior e uma renda mais espessa na parte de trás para que as tramas possam ser costuradas.

Se quiser construir uma peruca lace, precisará comprar uma flat lace ou adquirir uma touca de renda. Mas se desejar uma peruca com topo rígido, será necessário um tipo de renda mais espesso em vez de malha, pois naquela é feito um topo de silicone industrial ou fabricado por máquina, com cabelo já inserido através da costura sobre a renda.

Neste tópico, exploraremos como fazer perucas com topo de renda de malha.

Anatomia da peruca

Para fabricar uma peruca personalizada de qualidade, é necessário que vários elementos sejam considerados e cuidadosamente ajustados para atender às características e preferências individuais do cliente. Vamos explorar a anatomia da peruca, conhecimento indispensável ao profissional que deseja se especializar nessa arte.

> **ABAS DE ORELHA.** São colocadas nas laterais, ao redor da orelha, para fixar a peruca. Algumas laces têm as abas em renda, outras têm uma única peça de osso ou uma peça dupla (metal incorporado à renda).
>
> **COROA.** O topo da peruca.
>
> **FAIXAS DE AJUSTE ELÁSTICAS.** Para ajustar o tamanho das perucas.
>
> **NUCA.** A parte de trás do cabelo da peruca localizado na nuca do cliente.

Vamos imaginar um cenário em que você está começando a construir uma peruca com uma touca pré-fabricada. Para isso, há algumas coisas a serem consideradas: se a peruca tem uma renda na parte superior, você verá que ela tem o que chamamos de "deep lace", que começa nas abas de orelha, passa pela linha do cabelo na frente e se conecta à coroa até a outra aba de orelha. Ela é construída assim para que seja possível fazer rabos de cavalo depois. No entanto, você também pode colocar uma peça de malha na nuca, deixando as partes esquerda e direita da nuca abertas, com a renda espessa exposta. Para muitas produções que exigem rabos de cavalo altos completos, a renda precisa ser total.

Quando uma full lace é personalizada para o cliente, ela se ajustará perfeitamente, mas a peruca perderá a estrutura e a estabilidade que uma touca de peruca lace front oferece. As toucas com topo de renda são mais seguras na cabeça, porém podem limitar os estilos de cabelo. Por exemplo, uma full lace precisará ser fixada com cola, mas uma touca de renda na parte superior não necessariamente precisa de cola para se manter no lugar.

Ao começar a construir uma peruca lace front, tudo o que você precisa fazer antes de costurar as tramas e ventilar a parte superior é garantir que a touca da peruca se ajuste corretamente, lembrando que, quando as tramas são costuradas na touca à máquina ou à mão, ela fica menor. É por isso que é importante manter as medidas tiradas do cliente em sua peruca.

Se a peruca já estiver construída, só será preciso ajustar uma peça da parte de trás ou dos lados para que ela se encaixe melhor; tudo depende do fabricante da peruca e de como a peruca foi inicialmente montada.

Todas as perucas costuradas à mão ou à máquina seguem o mesmo conceito: a renda é ventilada na parte superior, mas as laterais e a parte de trás são compostas pelas tramas de cabelo costuradas na renda.

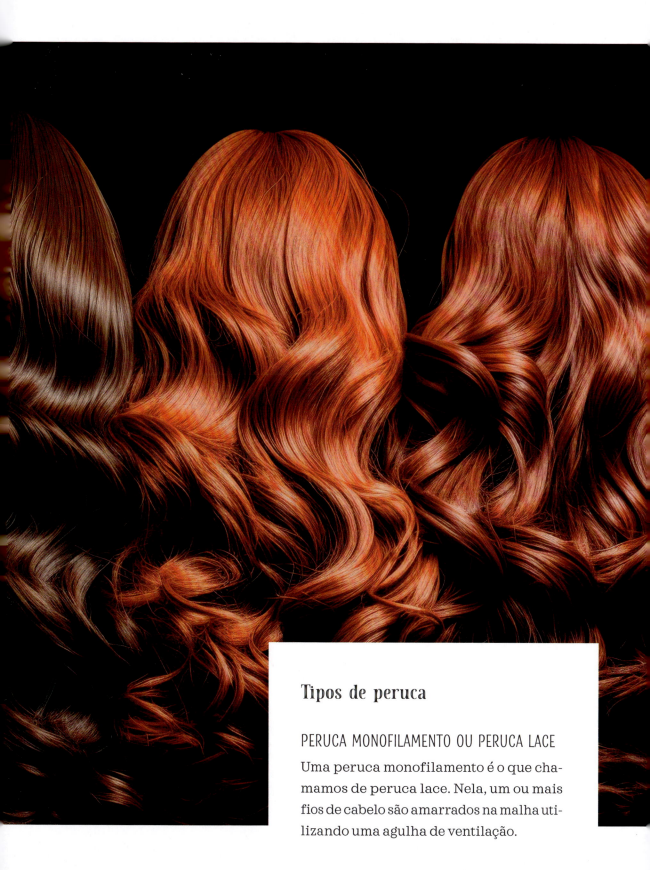

Tipos de peruca

PERUCA MONOFILAMENTO OU PERUCA LACE

Uma peruca monofilamento é o que chamamos de peruca lace. Nela, um ou mais fios de cabelo são amarrados na malha utilizando uma agulha de ventilação.

Os nós mais utilizados para amarrá-los estão indicados a seguir.

NÓS SIMPLES → Os nós simples são mais naturais e quase invisíveis a olho nu. No entanto, eles têm mais probabilidade de se desfazerem. É por isso que às vezes percebemos que uma peruca lace está ficando rala.

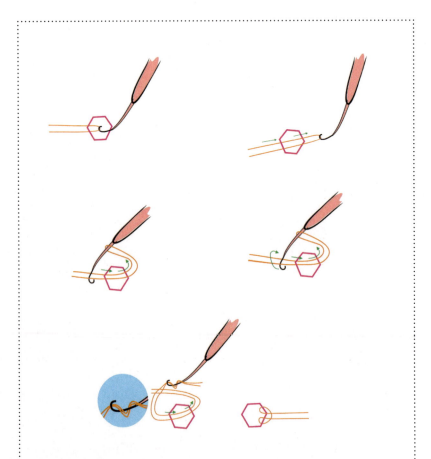

Passo a passo

1. PEGUE ALGUMAS MECHAS DE CABELO E DOBRE-AS, DEIXANDO 2,5 CENTÍMETROS COM AS RAÍZES VOLTADAS PARA VOCÊ.
2. PASSE A AGULHA PELA RENDA.
3. PEGUE UM POUCO DE CABELO DA PARTE SUPERIOR (CABELO MAIS LONGO, NÃO O CABELO CURTO OU AS RAÍZES) QUE VOCÊ DEIXOU PARA FORA, FAZENDO O FORMATO DO NÚMERO 0.
4. PUXE DE VOLTA PARA O FORMATO DE 0.
5. PUXE O RESTANTE DO CABELO ATRAVÉS DO NÓ.

NÓS DUPLOS → A beleza de uma peruca com nós duplos é que se pode adicionar mais densidade ao cabelo e é mais provável que ela dure mais. Por causa do volume, talvez seja preciso fazer a técnica de descoloração dos nós por baixo para uma melhor camuflagem.

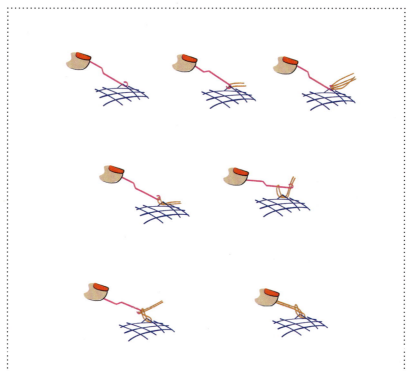

Passo a passo

1. SEGURE O CABELO DOBRADO, DE UM LADO O COMPRIMENTO E DO OUTRO A PARTE DAS RAÍZES, QUE DEVE TER CERCA DE 2,5 CENTÍMETROS DE COMPRIMENTO.
2. PASSE A AGULHA DO LADO OPOSTO DO CABELO, PEGUE O CANTO DO "0".
3. PUXE ATRAVÉS DA RENDA E VOLTE.
4. FAÇA O PRIMEIRO NÓ E DEPOIS OUTRO NÓ EM CIMA DELE.
5. PUXE O CABELO MAIS LONGO ATRAVÉS DO NÓ.

BARBA DE RENDA

No mundo da televisão e do cinema, em muitos casos, os atores precisam adicionar barbas para interpretar um personagem específico. Isso também se aplica a pelos faciais em geral, em que se faz necessário utilizar uma flat lace. Nesse caso, certifique-se de que a renda tenha a mesma cor e tonalidade da pele da pessoa. Tire as medidas do rosto, verifique se será preciso fazer barba completa, cavanhaque, bigode ou apenas costeletas.

Quando estou fabricando a peça, gosto de fazê-la por partes. Principalmente porque o material mais utilizado para fixar a renda no rosto do ator é a cola de pele, fazer tudo em uma única peça pode limitar os movimentos naturais da boca, então recomendo fazer por partes, isto é, barba e bigode separadamente ou uma barba completa.

Esteja ciente de que, se a barba for aparada, você pode ter que prender a renda com linha invisível para criar a curvatura natural da mandíbula. Use nós simples para um visual natural. Quanto ao corte, tudo dependerá da descrição do personagem, há quanto tempo a barba está crescendo ou a época em que a história ocorre também. Por isso, a comunicação com o roteiro é essencial.

Customização

O processo de ajustar a peruca à cabeça do cliente é necessário para a customização. Uma peruca personalizada se ajustará perfeitamente. No caso das perucas lace front, na maioria das vezes, você nem precisará de fitas adesivas ou cola.

Se você for utilizar uma peruca pré-fabricada, para encontrar a touca certa, tente ajustar a touca no cliente sem o cabelo. Se a cabeça for muito pequena, experimente uma touca pequena. Leve em consideração que a maioria das perucas personalizadas tem material extra na parte de trás, e isso cria um bolso para que o cabelo possa entrar e se acomodar.

No processo de personalização, uma consulta clara com o cliente é importante. Informe-o de que precisará cortar o cabelo regularmente, pois ter mais cabelo no bolso da peruca puxará a peruca, esticando a renda.

Tirando as medidas

Para a confecção da peruca, fazer uma boa medição da cabeça é crucial.

A seguir, vamos explicar como tirar as medidas.

1. CIRCUNFERÊNCIA

MEÇA A CIRCUNFERÊNCIA DA CABEÇA, CONTORNANDO-A PELA LINHA DO CABELO, DA PARTE DE TRÁS PARA A PARTE DA FRENTE, PASSANDO PELA ORELHA.

2. DA TESTA À NUCA

COMECE NA TESTA E PASSE PELO MEIO DO CABELO ATÉ A LINHA DO CABELO NA NUCA, OU SEJA, MEÇA DA LINHA DA TESTA ATÉ A PARTE DE TRÁS DA LINHA DO CABELO.

3. COSTELETAS OU FIOS DA FRENTE

COMECE A MEDIR NAS COSTELETAS DE UM LADO E PASSE PELO TOPO DA CABEÇA ATÉ A OUTRA ORELHA.

4. DE ORELHA A ORELHA

COLOQUE A FITA MÉTRICA ATRÁS DA PONTA DA ORELHA, ONDE A LINHA DO CABELO COMEÇA. PASSE A FITA PELO TOPO DA CABEÇA, PARANDO NA LINHA DO CABELO ATRÁS DA PONTA DA OUTRA ORELHA.

5. DE UMA TÊMPORA À OUTRA

A TÊMPORA É A ÁREA NA LATERAL DA CABEÇA ONDE O OSSO DA MANDÍBULA SE ENCONTRA COM A LATERAL DA TESTA. POSICIONE A PONTA INICIAL DA FITA MÉTRICA EM UMA TÊMPORA E DEPOIS PASSE A FITA PELA PARTE POSTERIOR DA CABEÇA, INDO EM LINHA RETA EM DIREÇÃO À TÊMPORA OPOSTA. FAZER UMA BOA MEDIÇÃO ENTRE AS TÊMPORAS, PRINCIPALMENTE EM PERUCAS SEM COLA, PERMITIRÁ QUE VOCÊ TENHA UMA LINHA FRONTAL PERFEITA.

6. NUCA

A REGIÃO DA NUCA É ONDE A BASE DO CRÂNIO ENCONTRA O PESCOÇO. COLOQUE A FITA MÉTRICA AO REDOR DA PARTE MAIS ESTREITA DA NUCA, LOGO ABAIXO DA LINHA DO CABELO E ACIMA DO INÍCIO DO PESCOÇO. A FITA DEVE FICAR NIVELADA. UMA MEDIÇÃO CORRETA DA NUCA PERMITE UM AJUSTE MAIS PRECISO E CONFORTÁVEL.

Acompanhamento da linha do cabelo

A última etapa da construção de uma peruca é a linha do cabelo, ou os chamados fios da frente (baby hair). A técnica mais comum é o corte dos fios da frente para simular os fios menores que emolduram a testa. No entanto, quando se está personalizando uma peruca que custará milhares de dólares, isso não é prático. Analisemos, então, como acompanhar a linha do cabelo para obter um acabamento impecável.

Coloque a peruca no cabelo do cliente e trace a linha do cabelo na renda com uma caneta lavável. O próximo passo é desenhar a direção dos fios da frente antes de enviar para a ventilação – utilize setas para comunicar ou lembrar a direção. Os fios da frente, por natureza, são mais claros do que o restante do cabelo, então tente usar um tom de cabelo entre três e quatro tons mais claros.

Passo a passo

1. COLOQUE A PERUCA NA CABEÇA DO CLIENTE.
2. ENQUADRE A LINHA DO CABELO COM UM LÁPIS.
3. IDENTIFIQUE O PADRÃO DE CRESCIMENTO DO CABELO.
4. USE SETAS PARA INDICAR A DIREÇÃO.
5. REMOVA A PERUCA, COLOQUE-A NO SUPORTE PARA PERUCAS E COMECE A FABRICAÇÃO.

CORTAR A RENDA É UMA ETAPA FINAL DELICADA, POIS ELA DEVERÁ SER CORTADA SEMPRE EM LINHA RETA. ALGUMAS PESSOAS TÊM ENTRADAS PRONUNCIADAS E COSTELETAS; NESSE CASO, DEIXE A RENDA NESSAS ÁREAS. É POR ISSO QUE COMBINAR A RENDA COM A COR DA PELE É TÃO IMPORTANTE.

Densidade do cabelo e padrões de ventilação

A peruca lace foi criada para imitar o crescimento natural do cabelo. Cada fio de cabelo cresce em uma direção diferente, então imitar isso por meio da ventilação fará com que o cabelo fique com uma aparência natural. A ventilação na renda é tão importante quanto igualar a densidade com o cabelo natural da pessoa. Uma dica é estudar o gráfico de densidade capilar apresentado anteriormente. Tudo isso permitirá que a lace fique com um aspecto natural impecável e que não tenha formas estranhas na cabeça.

Há duas direções de ventilação principais que podem ser utilizadas:

KNOTTING DE UMA DIREÇÃO. Este padrão é utilizado quando se deseja um visual definido, por exemplo, o lado em que a franja ficará dividida. O resultado é uma peruca com menos volume e mais definição.

KNOTTING DE VÁRIAS DIREÇÕES OU KNOTTING EM DIREÇÕES CRUZADAS. Este padrão permite mais liberdade na criação de looks, podendo ser dividido em qualquer direção, o que gera mais volume e versatilidade.

Costurando com linha invisível e reparando uma peruca lace

A linha invisível é o que chamamos de "faz-tudo" e é utilizada principalmente para reparar rendas de peruca que foram rasgadas.

Passo a passo

1. PASSE A LINHA INVISÍVEL POR UMA AGULHA CURVA.
2. IDENTIFIQUE ONDE O RASGO ESTÁ E TRABALHE AO REDOR DELE, PASSANDO A AGULHA NOS PEQUENOS BURACOS DA RENDA.
3. PASSE A AGULHA COM A LINHA PARA DENTRO E PARA FORA DE DUAS A TRÊS VEZES.
4. CORTE A SOBRA DA LINHA.
5. UTILIZE UM FERRO PEQUENO PARA DERRETER LEVEMENTE A LINHA PARA QUE SE MISTURE. NÃO SE PREOCUPE EM DERRETER A LACE, QUE É GERALMENTE TECIDO, ENTÃO NÃO DEVERÁ TER PROBLEMA.

Produzindo tramas

A arte de produzir tramas existe desde o início da confecção de perucas. A princípio, era feita usando as mãos e um pedaço de madeira longo com dois pregos em cada lado. Um fio de nylon conectava cada prego, formando duas linhas paralelas em que, com uma agulha de crochê, amarrava-se o cabelo nos fios.

Atualmente, a trama pode ser costurada por uma única máquina ou por uma máquina industrial dupla, formando uma linha de produção.

Se não fixar adequadamente a trama, ela poderá começar a soltar fios.

Estudaremos adiante como costurar uma trama com uma máquina comum.

Passo a passo

1. EM UMA TOALHA, COLOQUE O CABELO CUIDADOSAMENTE ALINHADO PARA EVITAR QUE EMBARACE. SE VOCÊ ESTIVER TRABALHANDO COM CABELO SINTÉTICO, CERTIFIQUE-SE DE QUE TODOS OS FIOS TENHAM O MESMO COMPRIMENTO. SE TRABALHAR COM CABELO NATURAL, AS RAÍZES OU A PARTE CORTADA DEVEM ESTAR VIRADAS PARA CIMA. SE NÃO FIZER ISSO, A TRAMA PODE EMARANHAR, CAUSANDO PERDA DE CABELO E DA PRÓPRIA TRAMA.
2. COMECE A ALINHAR O CABELO NA PLACA DA AGULHA OU NA ÁREA DE ALIMENTAÇÃO DA MÁQUINA, LADO A LADO, ALIMENTANDO A MÁQUINA COM O CABELO.
3. VOLTE E FAÇA OUTRA LINHA DE COSTURA PARA MAIOR SEGURANÇA.
4. DOBRE A PARTE CURTA E COSTURE NOVAMENTE DUAS VEZES PARA PRENDER O CABELO.
5. CORTE O LADO MAIS CURTO, DEIXANDO CERCA DE 2,5 A 3 CENTÍMETROS DE COMPRIMENTO.

Ter criatividade ao lidar com perucas é muito importante, contudo perucas sintéticas e naturais têm abordagens diferentes para o que pode ser feito. Vamos explorar cada uma delas a seguir.

PERUCAS NATURAIS

As perucas naturais são consideradas um sonho de consumo por muitas pessoas por diversas razões, entre elas estão: a aparência natural, a variedade de estilos e texturas, o conforto, a durabilidade e a versatilidade. Elas podem proporcionar um grande benefício para quem está disposto a fazer o alto investimento necessário para tê-las.

Estilização

O primeiro passo para estilizar uma peruca é lavá-la. Pode parecer complicado, mas na verdade é mais simples do que se imagina. Primeiro, será preciso ancorá-la em uma cabeça de espuma, prendendo-a com os alfinetes em T nas abas laterais e traseiras.

Coloque a cabeça sob água corrente e lave com xampu e condicionador, da mesma forma que faria com o cabelo. Deixe a água escorrer até que saia limpa. Aplique o condicionador e, novamente, deixe-a sob água corrente. Não é recomendado lavar a peruca fora do manequim, pois isso pode fazer com que a renda se estique e até rasgue.

Se for trabalhar com ferramentas quentes, como chapinha ou babyliss, coloque a peruca em um secador de perucas para secar completamente a touca e o cabelo antes. A touca da peruca deve estar seca, mesmo se você for criar um wet look. Lembre-se de que você pode reumidificar a peruca com um borrifador no meio e nas pontas.

Todas as texturas de cabelo podem ser replicadas na peruca, como cachos e ondas. Se quiser cachear a peruca com bobes, precisará enrolar o cabelo conforme mostrado na parte II deste livro. Se quiser ondas, pode ser necessário colocar uma fita de modelagem para prender a peruca.

Depois de terminar de lavar a peruca para ser estilizada, você deve secá-la com uma toalha e, em seguida, prendê-la em uma cabeça de modelagem.

Pode-se colocar a cabeça de modelagem no secador de peruca, mas o calor tende a danificá-la. Cabeças de espuma são consideravelmente mais baratas, então é melhor usar a que for mais fácil de substituir.

A seguir, vamos criar um estilo de cabelo dos anos 1920.

Passo a passo

1. LAVE A PERUCA CONFORME INSTRUÍDO.
2. DIVIDA-A NA ÁREA DA COROA, NAS LATERAIS E NA PARTE DE TRÁS.
3. COM BOBES, ENROLE AS LATERAIS E A PARTE DE TRÁS.
4. NO TOPO, USE UMA FITA DE MODELAGEM PARA FIXAR AS ONDAS DE DEDO. NAS PONTAS, ENROLE O CABELO COM BOBES.
5. COLOQUE A PERUCA NO SECADOR ATÉ QUE ESTEJA COMPLETAMENTE SECA.

CRIANDO TEXTURA EM PERUCAS NATURAIS

Você pode utilizar as mesmas técnicas que utilizaria em cabelos naturais, com as ferramentas e os produtos de finalização adequados. A diferença é que, ao estilizar perucas, você medirá as seções mecha por mecha.

CORTE – TÉCNICA MECHA POR MECHA

Ao cortar perucas, você deve se lembrar de que são perucas e, por isso, atente-se às suas especificidades. As perucas full laces estão mais próximas da anatomia humana do que as perucas lace front.

Ao cortar uma peruca natural, você precisará de uma fita métrica para garantir que as partes fiquem simétricas, principalmente as do meio. As seções nas laterais também devem ser simétricas e a franja deve estar uniforme.

Ao prender as perucas, meça as abas desde as orelhas até a base em ambos os lados, e a franja deve ficar perfeitamente posicionada no meio. Para isso, não confie apenas nos olhos, use a fita métrica.

Para cortar perucas, deve-se começar pelas tramas inferiores, pegando de duas a três tramas de cada vez e alinhando-as com a trama inferior como referência. Lembre-se de que uma peruca pode ter até duas ou três vezes mais cabelo do que uma cabeça humana. É por isso que é tão importante fazer a texturização com lâminas e tesouras de desbaste.

O conceito de corte de cabelo também se aplica a perucas, e às vezes apenas confiar no olhar não resultará em um visual natural. Em alguns casos, até mesmo pode ser necessário remover tramas se a peruca for pré-fabricada.

COLORAÇÃO

O conceito de coloração de cabelo também se aplica a perucas naturais, como mechas, nuances e muito mais. Lembre-se de que esses fios vêm de pessoas diferentes com tons de cabelo diversos, e, na maioria dos casos, os fabricantes se baseiam em uma cor para fazer a peruca.

Está tudo bem se suas mechas não processarem da mesma maneira; por isso, o conceito de correção de cor também é aplicado em perucas. A menos que esteja construindo uma peça do zero e tenha controle total sobre o cabelo, você enfrentará desafios nos tempos de processamento de cor. Para ter um melhor controle sobre isso, será preciso utilizar desenvolvedores de volumes mais baixos.

Estar atento à peruca no meio do processo será importante. A maioria das perucas com mechas processadas com oxidantes de 30 volumes pode levar mais tempo do que ocorre em uma cabeça humana, uma vez que não há calor vindo do couro cabeludo. Mas, às vezes, pode processar mais rápido.

A maior parte dos processos únicos pode ser realizada com oxidante de 10 volumes também. Não se surpreenda se não conseguir obter a cor correta na primeira vez. É comum precisar fazer várias rodadas de coloração, e é por isso que a coloração de perucas pode custar o dobro do que custaria a de cabelo natural de uma pessoa. Além disso, a maioria das perucas também tende a ficar com tons alaranjados. Aplicando o conceito do círculo cromático, você conseguirá ocultar todos os tons de laranja e vermelho.

Um dos estilos mais requisitados é o de criação de raízes coloridas no cabelo. Escolha o tom certo e aplique-o em cada mecha do cabelo. Com o auxílio de um borrifador, pulverize água sobre a raiz e penteie levemente a mecha até o comprimento desejado.

Tenha em mente que, ao trabalhar com materiais pré-fabricados e pré-coloridos, é importante comprar perucas que sejam o mais próximas possível da cor desejada, para que você precise apenas corrigir a cor com tintura e descolorante suave. Se você não tiver certeza de que a peça é de cabelo verdadeiro, evite cores escuras. Se seu objetivo for fazer mechas ou alcançar cores claras, é sempre mais fácil aplicar nuances e tons, e então usar processos mais fortes se a origem do produto para colorir a peruca for desconhecida.

PERUCAS SINTÉTICAS

A maioria das perucas sintéticas é feita de acrílico ou plástico, o que torna o estilo e as técnicas um tanto diferentes. A maior parte dos estilos é construída com vapor ou água quente e bobes. A peruca sintética também precisa ser lavada de tempos em tempos, seguindo os mesmos passos das perucas naturais. No entanto, mesmo que pareçam cabelo, não são. Em vez de xampu, deve ser utilizado detergente ou xampu específico para perucas, se disponível.

Plástico também tende a secar mais rápido no secador de peruca, então tenha atenção.

Estilização

Grande parte da estilização de perucas sintéticas pode ser feita com vapor e rolos. A técnica é a mesma que se usa para cabelo natural, mas, em vez de colocar a peruca em um secador, será preciso mergulhá-la em água quente ou utilizar um vaporizador para fixar a forma desejada.

Na etapa de finalização da costura do cabelo, será preciso deixar a pecura secar antes de adicionar a forma desejada. Use sprays de cabelo superfortes para fixá-lo. Você pode fazer maravilhas com um spray de cabelo e volume, que possibilita que uma peruca sintética adquira qualquer forma ou estilo.

CRIANDO TEXTURA EM PERUCAS SINTÉTICAS

Muitas perucas vêm em uma forma reta, e, por isso, você precisará remodelar a peça. Para tanto, será necessário usar diferentes tipos de rolos e bobes. Use a criatividade: qualquer material plástico ou metálico no formato desejado pode ser utilizado.

CORTE – TÉCNICA MECHA POR MECHA

Como mencionado, a técnica de cortar perucas sintéticas é a mesma utilizada em perucas naturais, apenas esteja ciente de que as lâminas de navalha tendem a funcionar melhor nas perucas de fios naturais.

COLORAÇÃO

Para colorir uma peruca sintética, você precisará de materiais como tinta ou até mesmo corantes acrílicos diluídos em água. Existem muitas cores disponíveis especificamente para perucas. Assim como se pode tingir tecido, é possível tingir perucas sintéticas.

PERUCAS DE FANTASIA OU AVANT-GARDE

Podemos ser muito criativos ao construir uma peruca avant-garde. O conceito é o mesmo que para cabelos naturais, a única diferença é que você trabalhará utilizando uma touca de peruca. É possível montar uma peruca com qualquer material, como espuma e plástico. Deixe a imaginação rolar solta e não tenha medo na hora de inovar no estilo e no material para criar uma peça única.

Construindo uma estrutura para peruca

A maioria das peças de época que vemos na TV e no cinema usa estruturas para dar volume, tamanho e até mesmo forma às perucas, com peso quase nulo. Essa estrutura geralmente é ancorada na peruca ou no próprio cabelo da pessoa.

MATERIAIS:

- FIOS
- ALICATES
- TESOURAS
- AGULHAS CURVAS
- FITA ADESIVA
- TULE OU QUALQUER TECIDO LEVE

Passo a passo

1. PROJETE O FORMATO DA ESTRUTURA DA PERUCA EM UM PEDAÇO DE PAPEL.
2. COMECE CRIANDO A BASE QUE FICARÁ NO CABELO E, EM SEGUIDA, CONSTRUA OS PRINCIPAIS PILARES DA ESTRUTURA.
3. CONECTE AS PEÇAS COM FIOS MENORES PARA FORMAS DELICADAS.
4. VOCÊ PODE USAR FITA ADESIVA PARA CONECTAR OS FIOS OU A LINHA.
5. CUBRA COM TECIDO LEVE.

4. CONSIDERAÇÕES FINAIS

Ser um cabeleireiro exige estudo, dedicação e prática. Cada país tem suas próprias regras sobre como você pode exercer essa profissão. É um assunto sério e não deve ser levado de forma leviana.

Nos Estados Unidos, é necessário frequentar uma escola de cosmetologia, onde se pode aprender tudo sobre cabelo. Cada um dos cinquenta estados tem sua própria quantidade de horas exigidas pelo Conselho Estadual de Cosmetologia. Após concluir os estudos, é preciso fazer um teste aplicado por esse conselho. É um processo longo em que cada estudante precisa se preparar completamente em relação à segurança, à higiene, a técnicas, etc. Todos os profissionais e assistentes, antes de tocar em um cabelo, devem ter licença. Não fazer isso resultará em várias multas tanto para o profissional quanto para o salão onde trabalha.

Para estilizar cabelos em produções, também é exigido ter uma licença de cosmetologia. Antes de trabalhar como cabeleireiro, verifique as leis locais sobre licenças, autorizações e certificações.

ESTE LIVRO NÃO ESTÁ ASSOCIADO A NENHUMA ESCOLA GOVERNAMENTAL, É UM MATERIAL DE SUPORTE PARA PROFISSIONAIS E UMA INTRODUÇÃO À CARREIRA DE COSMETOLOGIA. QUALQUER REPRODUÇÃO DAS TÉCNICAS SERÁ DE RESPONSABILIDADE DA PESSOA.

ÉTICA DE TRABALHO

ANEXO

Se você é artista de maquiagem ou de cabelo, as regras são as mesmas. Seguir estes conselhos poderá ajudá-lo a ter uma carreira profícua e respeitável.

PREPARE-SE ANTES DA CHEGADA DO CLIENTE

Seja no salão ou no *set*, é importante chegar cedo e garantir que, quando o cliente ou modelo chegar, tudo esteja pronto para começar. Minha regra básica é chegar entre 15 e 30 minutos antes do horário de início. Leve em consideração o clima, o transporte, greves e outros fatores. Saia mais cedo do que o habitual para se precaver de qualquer impedimento ou problema que possa ocorrer. É melhor chegar cedo do que atrasado.

SEJA UMA PESSOA PROFISSIONAL E CORTÊS

Quando trabalhamos em equipe, é importante ouvir as pessoas e respeitar suas opiniões, mesmo quando for algo não tão positivo sobre você. Você pode dizer, por exemplo: "Obrigado por compartilhar, e sinto muito que você tenha essa opinião sobre mim". Não é necessário ser rude com pessoas que discordem de você.

EVITE FOFOCAS

A fofoca é a raiz de muitos males. Ela pode destruir carreiras e levar a muitos problemas. A parte mais importante para parar com as fofocas é retirar delas o maior poder que podem ter, que é a sua atenção. Uma resposta possível ao se deparar com especulações sempre pode ser um simples "Não sei". Compartilhe apenas segredos que são seus. Se o segredo não envolve você, não o compartilhe. Ao fazer isso, você construirá uma reputação de nunca se envolver em fofoca, pelo que as pessoas irão respeitá-lo.

VALORIZE A APARÊNCIA PESSOAL

A aparência pessoal é importante, vista-se de acordo com o código de vestimenta ou use preferencialmente roupas de tons neutros. Você sempre pode usar acessórios e dar o seu toque pessoal. Cada país tem sua própria cultura, mas uma regra é importante tanto para homens quanto para mulheres, que é vestir-se discretamente. Mantenha-se profissional e ético.

TENHA INTEGRIDADE

Seja honesto com seus clientes, colegas e equipe. Não cobre demais dos clientes, mesmo quando são ricos. Se pegar algo emprestado de alguém, devolva; se quebrar algo, conserte. Se encontrar dinheiro, devolva – além da questão ética em si, dependendo do local de trabalho, isso pode ser um teste. Não leve produtos do salão para seus próprios clientes. Se precisar de algo, solicite a compra; se recusarem, aceite com tranquilidade.

ASSUMA RESPONSABILIDADE

Seja responsável não apenas com seus compromissos, mas também com as suas ferramentas, o cabelo e a maquiagem das pessoas. Tenha sinceridade sobre qualquer coisa que possa fazer. Seja pontual e gentil. Essas são as regras para um ser humano decente.

CUIDE DA SAÚDE E SEGURANÇA

Limpe e desinfete todas as superfícies para trabalhar o cabelo. Além disso, suas ferramentas devem ser esterilizadas e limpas o tempo todo. Para maquiagem, não use o mesmo produto em diferentes pessoas. Tenha um conjunto diferente de pincéis para cada pessoa ou esterilize-os com álcool. Use uma paleta de metal e uma espátula para passar os produtos do recipiente para a paleta. Limpe sua maquiagem com frequência.

CUIDE DO SEU EQUIPAMENTO

Respeite seu equipamento, seja no salão, seja como *freelancer*. O equipamento é fundamental para o seu sustento. Se perceber que está acabando algum produto, a melhor maneira de lidar com isso é avisar antes que acabe. Se um equipamento parou de funcionar ou se notar um barulho estranho, informe. Não saia por aí criticando a administração, atenha-se aos fatos, o problema pode ter acabado de acontecer ou ninguém ter notado ainda. Respeitar as atribuições profissionais dos outros levará a um relacionamento saudável no local de trabalho.

GERENCIE SEU TEMPO

Aprenda seus limites e não marque compromissos ou trabalhos em excesso. Os clientes escolhem você por um motivo, uma vez que eles têm outras opções. Aprenda a calcular mentalmente os tempos dos processos e deixe espaço para imprevistos. Tente visualizar todo o processo para saber quanto tempo levará.

ESTEJA PRESENTE

Todos temos vida pessoal. Se um cliente, seja na indústria do entretenimento, seja em um salão, marcou com você, não fique no telefone, é simplesmente mal-educado. E eles estão pagando pelo seu trabalho, então, a menos que seja algo que não possa esperar, como alguém doente ou um problema urgente, você não deve ficar no telefone. Mas, se for o caso, explique ao cliente que você precisa atender uma ligação. Desculpe-se e deixe um assistente continuando o seu trabalho até você voltar. A comunicação é fundamental. Mesmo se forem seus amigos, eles ainda são clientes.

SEJA UM DONO DE SALÃO ÉTICO

Este é um tópico sensível. Donos de salão devem ser árbitros, não os que começam fofocas. Certifique-se de que sua equipe propicie um salão funcional, limpo e acolhedor para os clientes. O segredo está nos detalhes.

LIDERE PELO EXEMPLO

Ser líder não é um trabalho fácil. Prepare-se para tomar decisões difíceis o tempo todo. Não tome partido, ouça todos os lados. Lembre-se de que sempre há dois lados para toda história, e cabe a você ouvir todos. No fim, não se trata apenas de duas pessoas, mas do resto da equipe.

Respeite as pessoas, não compartilhe demais sua vida pessoal. Mantenha certa distância, mas seja confiável, para que não aconteça favoritismo, como mencionado anteriormente. Não permita que as pessoas influenciem suas decisões apenas porque é mais fácil; em vez disso, assuma total responsabilidade por elas. Mantenha a calma e a compostura mesmo quando tudo estiver desmoronando. Inspire os outros. Lidere pelo exemplo, não por comandos. A empatia é a chave. Todas as pessoas querem ser ouvidas, mas, ao fazê-lo, é importante também permanecer fiel à própria visão. No fim, lembre-se sempre de que a comunicação e a positividade são importantes.

SIGA AS REGRAS

As regras não foram feitas para serem quebradas. As empresas colocam regras em prática para manter a ordem, e isso vale para as leis. As regras estabelecem limites, então tentar agir apenas em benefício de uma pessoa resultará em caos. Ninguém está acima das regras. Como líder, você deve segui-las. Pessoalmente, mantenho padrões elevados para a minha equipe, e quebrar as regras sem uma explicação lógica pode custar o cargo de qualquer pessoa.

SEJA EDUCADO

Dizer "oi", "tchau", "obrigado", "bom dia", "boa tarde" e "boa noite", "peço desculpas" e "sinto muito" é etiqueta básica. Se alguém está saindo, você deve dar passagem e só então entrar. Seja educado, isso não exige muito.

PEÇA PERMISSÃO PARA PUBLICIDADE

No mundo atual, todos procuram uma foto perfeita para postar nas redes sociais. Você já pensou em perguntar se um cliente se sente confortável tirando uma foto? Não force nem o manipule a fazer algo com que não se sinta à vontade, ou você pode perder o cliente. Se for o caso, peça que a pessoa grave uma mensagem ou escreva uma declaração curta permitindo o uso de sua imagem. Não fazer isso pode resultar em violação de direitos de uso de imagem. Uma vez que uma imagem é enviada, não dá para voltar atrás.

APRENDA A GERENCIAR RECLAMAÇÕES DOS CLIENTES

O serviço ao cliente é importante. Todos já tivemos reclamações de clientes, seja na indústria do entretenimento, seja em um salão. Erros são humanos, corrigi-los nos torna profissionais. Ouça o cliente, preste-lhe um bom serviço. Não hesite em devolver o dinheiro se todos os outros recursos tiverem falhado. Um cliente insatisfeito pode levar à perda de muitos outros, prejudicando outros estilistas que não têm nada a ver com o problema. Sempre pergunte primeiro: "Você gostaria que a primeira pessoa que te atendeu corrigisse isso?". Se houver recusa, marque um novo horário com outra pessoa, de preferência alguém próximo ao primeiro artista. Mantenha a paz no salão ou *set*. Como mencionado anteriormente, para um líder não há escolha fácil. Além disso, uma situação desse tipo pode acontecer com todos nós.

GARANTA A CONFIDENCIALIDADE

Toda questão relacionada à confidencialidade é fundamental. Crie um ambiente de confiança para seus clientes e sua equipe, mesmo que isso envolva um acordo de não divulgação, no caso de personalidades públicas. Os clientes esperam que sua vida privada seja preservada, bem como suas ideias e conceitos. A confidencialidade é o oposto da fofoca.

··

FAÇA CONSULTAS DETALHADAS

A consulta é a chave do seu sucesso como artista. O segredo é sempre prometer menos e entregar mais e, o mais importante, descobrir se o que a pessoa está pedindo é o que ela realmente quer.

CABELO. Durante a primeira parte do serviço, os clientes compartilharão todas as suas preocupações e ideias. Se a situação envolve coloração, corte ou estilização, peça para a pessoa trazer fotos de referência. Explique que, na maioria dos casos, fotos da internet são bem-produzidas e com a iluminação certa, o que pode criar expectativas muito altas. Mostre estilos alternativos sem toda a produção por trás de um dia de cabelo perfeito.

MAQUIAGEM. Antes de qualquer aplicação profissional de maquiagem, referências são fundamentais. Se for um visual para noivas, faça uma face chart. Para shows, use painéis de inspiração. Para TV e cinema, atualize-se sobre as novas tendências de maquiagem, como cores, formatos de olhos, estilos diferentes de delineador e batom. Lembre-se de que, na maioria dos casos, as fotos de referência estão perfeitamente iluminadas e com a pele impecável. A única maneira de alcançar essa pele perfeita, como se fosse um filtro, é aplicando camadas espessas de base. Esteja ciente de que menos é mais, e seu cliente não parecerá o mesmo fora de um ambiente com iluminação especial.

PERUCA. Para a consulta de perucas, é importante descobrir o motivo pelo qual o cliente está procurando uma peruca. É para fins religiosos, performances, alopecia ou perda de cabelo em decorrência de tratamentos de saúde? Assim, você saberá que tipo de peruca será melhor.

Em seguida, descubra as medidas, o tipo de cabelo, a cor e o estilo desejados. Depois, pergunte quanto tempo ele estará disposto a esperar para receber a peruca. A maioria das perucas personalizadas pode levar três meses para ser entregue.

Quando a peruca estiver quase pronta, peça ao cliente para fazer uma prova, e então você saberá quais outros ajustes precisarão ser realizados. Pode ser qualquer coisa, de tamanho a estilo ou cor.

Por último, não se surpreenda se precisar fazer algumas provas até que o cliente esteja completamente satisfeito com o resultado. Além disso, ofereça-lhe pelo menos sete meses de ajustes gratuitos, caso precise de algum ajuste maior ou menor que seja coberto. Ofereça também uma garantia, que geralmente é de doze a catorze meses, isso o ajudará a ganhar confiança no mercado e permitirá que cobre preços mais altos, mas ainda éticos.

EVITE QUALQUER FORMA DE ASSÉDIO

Este tópico poderia ser um livro à parte – e, de fato, há vários livros especializados no assunto. No entanto, aqui estão alguns breves exemplos do que pode acontecer ao trabalhar na área da beleza. Se você sentir atração por um cliente ou colega, lembre-se de que não é uma boa ideia prosseguir, raramente isso dá certo. Seu trabalho é seu sustento, então procure sempre ser profissional. Se algum cliente tentar ultrapassar os limites, tente conversar com cuidado, explicando que o sentimento não é mútuo e que se trata do seu trabalho, sem menosprezo. Se algo mais grave acontecer, como toques inadequados, relate imediatamente ao seu superior, não deixe a situação piorar para isso. E como saber se algo está inapropriado? Quando os elogios se tornam desconfortáveis já é um indício.

O assédio também pode acontecer quando você não gosta de alguém e inconscientemente tenta evitar trabalhar com essa pessoa. Se for pessoal, mantenha o assunto longe do ambiente de trabalho. Se for alguém de sua equipe com quem você precisa trabalhar, deixe as diferenças de lado e seja sempre profissional.

Por último, mantenha-se distante de negociações do tipo *quid pro quo*, que é quando se faz algo para receber outra coisa em troca. Isso é sério e nunca deve acontecer no ambiente de trabalho.

NÃO PRATIQUE FAVORITISMO OU NEPOTISMO

Este tem sido um dos principais problemas em um ambiente de trabalho. Todos apreciamos trabalhar com pessoas de quem gostamos. Não há uma resposta definitiva sobre como lidar com isso, mas há estas duas abordagens:

EMPREGADOR. Certifique-se de que a pessoa que você está contratando – seja ela familiar ou amigo – seja alguém confiável e capaz de realizar o trabalho. Se a pessoa não tiver o currículo ideal, você será responsabilizado por suas falhas, o que pode custar seu emprego.

EMPREGADO. Trabalhar para algum parente ou alguém com quem você tenha um envolvimento profundo pode trazer limitações em certos momentos, já que você pode ter sido contratado para que a pessoa tenha controle o tempo todo. Se for o caso, prepare-se para não ver crescimento em sua carreira.

A menos que seja um negócio de propriedade familiar em que você precisa trabalhar com membros da família, todos os assuntos devem ser resolvidos a portas fechadas. Se você é empregado de um empreendimento familiar, nunca se envolva em suas diferenças e conflitos, não tome partido, apenas ouça e não dê sua opinião. No final, eles resolverão suas diferenças durante o jantar, e você pode ficar sem o emprego.

Por último, não se envolva com o seu chefe. Lembre-se de que seu emprego anterior é a carta de referência de que você precisará para o próximo.

PROMOVA A INCLUSÃO

RAÇA. Não consigo nem começar a imaginar o cansaço e o esgotamento das pessoas pretas lutando por igualdade. Nos dias de hoje, quando tratamos da pauta antirracismo, não estamos ainda onde gostaríamos de estar, nem onde deveríamos. A rica cultura negra ensina muito ao mundo, e todos precisamos estar atentos a qualquer sinal de racismo e xenofobia entre colegas e clientes, assim como devemos lutar contra qualquer tipo de opressão.

GÊNERO. Independentemente de suas crenças pessoais, uma coisa que nos é ensinada é amar e tratar uns aos outros com bondade. Uma pessoa deve ser tratada com respeito e dignidade. Se alguém lhe pedir para usar um pronome específico, você deve respeitar e honrar isso. As mulheres devem se sentir igualmente valorizadas como os homens e vice-versa.

IDADE. Comparado com os tempos antigos em que as pessoas viviam de 20 a 35 anos apenas, hoje as pessoas podem viver até os 90 anos por causa dos avanços da medicina, por exemplo. Portanto, além de pessoas mais jovens, há cada vez mais pessoas mais velhas no mercado, tanto clientes quanto colegas, e é importante sempre tratar todas elas com respeito e gentileza.

RELIGIÃO. Independentemente da religião da qual você faz parte, aprenda sobre outras, por exemplo, sobre seus feriados. Entender uns aos outros é fundamental para que todos possamos coexistir.

REFERÊNCIAS

AUTOESTIMA. *In*: DICIONÁRIO Oxford Languages, 2024. Disponível em: https://www.oed.com/dictionary/self-esteem_n?tab=factsheet#23799472. Acesso em: 22 jan. 2024.

BAUMANN, Leslie. **The skin type solution**. Londres: Hodder Paperbacks, 2007.

BAUMANN, Leslie. **The skin type solution**: a revolutionary guide to your best skin ever. Nova York: Bantam, 2006.

CALVÍCIE ATINGE mais de 40 milhões de brasileiros entre homens, mulheres, jovens, adultos e melhor idade. **Dias News**, 2023. Disponível em: https://dianews.com.br/Publicacao.aspx?id=356205. Acesso em: 5 fev. 2024.

CHENEY-RICE, Zak. National Geographic determined what Americans will look like in 2050, and it's beautiful. **Mic**, 10 abr. 2014. Disponível em: https://www.mic.com/impact/national-geographic-determined-what-americans-will-look-like-in-2050-its-beautiful-16166684. Acesso em: 9 fev. 2024.

CULTURA. *In*: DICIONÁRIO Cambridge, 2024. Disponível em: https://dictionary.cambridge.org/pt/dicionario/ingles/culture. Acesso em: 22 jan. 2024.

MILADY. **Milady's standard cosmetology**. Clifton Park, NY: Cengage Learning, 2007.

MOLINOS, Duda. **Maquiagem**. São Paulo: Editora Senac São Paulo, 2000.

NEW YORK STATE DEPARTMENT OF STATE. **Licensing services**: natural hair styling. 2023. Disponível em: https://dos.ny.gov/natural-hair-styling. Acesso em: 5 fev. 2024.

ROCHA, Bettina Gatti Caiado da. **Percepção e composição**. Vitória: Universidade Federal do Espírito Santo, Núcleo de Educação Aberta e à Distância, 2009. Disponível em: https://acervo.sead.ufes.br/arquivos/percepcao-e-composicao.pdf. Acesso em: 5 fev. 2024.

WHAT IS a pigmented skin type? **Blog Leslie Baumann M.D. Cosmetic Dermatologist**, 2019. Disponível em: https://lesliebaumannmd.com/what-is-a-pigmented-skin-type/. Acesso em: 5 fev. 2024.

ÍNDICE GERAL

A saúde nos lábios, 114
Acompanhamento da linha do cabelo, 372
Aerógrafo, 201
Agradecimentos, 9
Air squibs e bombas de sangue, 196
Alta-costura, 160
Anatomia da cabeça, 240
Anatomia da peruca, 364
Anatomia das pálpebras, 102
Anatomia de monstros, 187
Anatomia humana × anatomia de monstros, 187
Anatomia humana, 187
Aplicação, coloração e fabricação de próteses, 199
Aplicando o gel de limpeza, 75
Aplicando o hidratante, 77
Aplicando o protetor solar, 77
Aplicando o tônico, 75
Aplicando perucas com a técnica dos microtubos, 357
Apresentação, 15
Barba de renda, 370
Barbas e adição de cabelo, 196
Base, 83
Bloqueio de sobrancelhas (eyebrow block), 201
Blush, 93
Bronzer, 90
Cabelo (Parte II), 206
Cabelo ao longo da história (Capítulo), 208
Cabelo avant-garde, 289
Cabelo editorial e tapetes vermelhos (Capítulo), 282
Cabelo humano real, 336
Cabelo sexy, 265
Cabelo sintético, 337

Campanhas de beleza, 167
Casting hair, 263
Chiaroscuro: técnica de realce e sombra, 66
Cicatrizes, 194
Cílios, 111
Círculo cromático, 57
Coisas a observar durante a produção, 184
Coloração (Perucas naturais), 380
Coloração (Perucas sintéticas), 385
Coloração (Tratamentos químicos), 294
Coloração por processo único, 298
Como camuflar as extensões de cabelo, 336
Como fazer os lábios parecerem maiores, 119
Como fazer os lábios parecerem menores, 119
Como iluminar os lábios, 119
Como limpar seus pincéis, 56
Compreendendo as luzes, 152
Conhecimentos básicos, 234
Considerações finais (Capítulo), 388
Construção de perucas, 362
Construindo um rosto, 67
Construindo uma estrutura para peruca, 387
Continuidade, 183
Coques bagunçados, 271
Cor e textura do cabelo, 359
Cores primárias, secundárias e terciárias, 58
Correção de cor (Maquiagem comercial), 59
Correção de cor (Tratamentos químicos), 308
Corretivo, 80
Corte – técnica mecha por mecha (Perucas naturais), 379
Corte – técnica mecha por mecha (Perucas sintéticas), 385
Cortes de cabelo (Capítulo), 236
Cortes, 192

Costurando com linha invisível e reparando uma peruca lace, 374
Criando textura em perucas naturais, 379
Criando textura em perucas sintéticas, 385
Crochê, 349
Cuidados com a pele: limpeza, tonificação, hidratação e proteção, 73
Cuidados com o cabelo natural e estilização, 320
Cuidados com o cabelo natural, 320
Cuidados para diferentes tipos de pele (Capítulo), 134
Customização, 370
Delineados, 108
Densidade do cabelo e padrões de ventilação, 373
Densidade do cabelo, 359
Desfile de moda, 156
Desfiles de noivas, 131
Dreadlocks, 352
Editoriais de beleza, 165
Editoriais de fotos e passarelas (Capítulo), 146
Editoriais de revistas de noivas, 133
Editoriais, 284
Empreendedorismo: desenvolvendo um plano de negócios, 326
Envelhecimento, 195
Equipamentos, 49
Erros comuns de maquiagem para noivas, 128
Esculturas em miniaturas, 190
Estilização (Perucas naturais), 377
Estilização (Perucas sintéticas), 384
Estilização de cabelo masculino, 280
Estilização de cabelo natural (Capítulo), 316
Estilização de cabelo natural, 322
Estrutura do cabelo, 231
Exemplos de updos, 270
Extensão de cola fria ou ice extension, 339
Extensão italiana com trança, 343
Extensões (Capítulo), 334
Extensões adesivas (tape-in extensions), 348

Extensões costuradas, 351
Extensões de cola quente em formato de U (U-tip hot glue), 355
Extensões de presilha (clip-ons), 353
Extensões e perucas (Parte III), 330
Extensões e perucas ao longo da história (Capítulo), 332
Face chart, 70
Ferramentas de corte, 240
Ferramentas do cabeleireiro, 233
Ferro Marcel (modelador), 255
Festival de Cannes, 177
Filmes: aspectos gerais, 182
Formatos de lábios e maquiagens, 114
Formatos de olhos, 101
Formatos de rosto, 60
Formulação de cor, 299
Fotos em preto e branco, 172
Fundamentos do corte de cabelo, 238
Globo de Ouro, 177
Grammy, 176
Hematomas, 193
História de beleza da noiva, 120
Iluminador e contorno, 95
Introdução ao cinema e ao show business (Capítulo), 180
Introdução aos efeitos especiais, 185
Jornalismo, documentário e reality shows, 179
Kit de efeitos especiais (Introdução aos efeitos especiais), 188
Kit para fabricação de perucas, 363
Kits (Editoriais de fotos e passarelas), 151
Kits (Maquiagem comercial), 50
Lábios, 114
Luz de estúdio, 154
Luz solar ou luz natural, 153
Luzes e balayage, 301
Maquiagem (Parte I), 16
Maquiagem ao longo da história (Capítulo), 18
Maquiagem avant-garde, 171

Maquiagem comercial (Capítulo), 48
Maquiagem dos olhos (Passo a passo para uma maquiagem poderosa), 101
Maquiagens de olhos, 103
Microlink, 354
Moda masculina, 163
Moda praia, 162
Moda, 156
Modelos de corte, 244
Moldes de mãos, pés e partes do corpo (life casting), 189
Nó italiano ou nó brasileiro, 341
Noções gerais (Capítulo), 228
Noivas, 120
Norte-americana, europeia, indiana, asiática, latina, 121
Nota do editor, 7
O corte ideal para cada tipo de rosto, 246
O penteado ideal para cada tipo de rosto, 279
Ondas de dedos em cabelo molhado, 262
Ondas de dedos em cabelo seco, 261
Ondas de praia, 258
Os princípios do mercado de maquiagem nupcial, 126
Oscar, 175
Passo a passo para uma maquiagem poderosa, 73
Pele oleosa ou seca (O-D), 139
Pele pigmentada ou não pigmentada (P-N), 139
Pele propensa a rugas ou não (W-T), 140
Pele sensível ou resistente (S-R), 140
Penteados (Capítulo), 248
Penteados com o cabelo solto, 250
Penteados de noivas, 276
Penteados em updos (presos ou semipresos), 267
Permanente, 309
Peruca monofilamento ou peruca lace, 367
Perucas (Capítulo), 360
Perucas de fantasia ou avant-garde, 387
Perucas naturais, 377

Perucas sintéticas, 383
Pin curls (cachos com grampos), 254
Pincéis, 53
Pintura corporal, 205
Ponta de queratina ou extensões de fusão I-tip, 337
Prefácio, 11
Premières, 178
Preparação adequada do cabelo e bases para styling, 268
Preparação da pele, 136
Prêt-à-porter, 157
Primer, 79
Processo duplo e cor fantasia, 306
Produzindo tramas, 375
Propriedades do cabelo, 230
Prótese capilar para homens, 358
Publicidade, 165
Queda de cabelo, 232
Queimaduras, 193
Rabos de cavalo, 273
Relaxamentos × tratamentos de queratina, 312
Relaxamentos, 313
Rosto em formato de coração ou triangular invertido, 64
Rosto oval, 62
Rosto quadrado, 63
Rosto redondo, 63
Rosto retangular ou oblongo, 64
Rosto triangular ou em formato de pera, 62
Roteiros, 183
Salão de beleza (Capítulo), 324
Secagem direcional, 252
Set de filmagem × sessão de fotos × desfile de moda, 149
Sobrancelhas, 85
Subtons, 58
Tamanho do cabelo, 358
Tapete vermelho, 173
Tapetes vermelhos (Cabelo editorial e tapetes vermelhos), 284

Tecimento rápido (quick weave), 347

Técnica de costura com microtubos, 356

Técnica de frizz, 264

Técnicas corretivas e de antienvelhecimento para a pele madura, 142

Técnicas de extensão capilar, 337

Técnicas de modelagem, 252

Temperatura: quente × frio, 58

Texturização, 309

Tipos de cabelo da extensão, 336

Tipos de pele (Cuidados para diferentes tipos de pele), 139

Tipos de pele (Passo a passo para uma maquiagem poderosa), 77

Tipos de penteado por modelo de vestido em tapetes vermelhos, 287

Tipos de peruca, 367

Tirando as medidas, 371

Tonalidades de batons, 117

Touca careca (bald cap), 198

Tranças box (box braids), 346

Tranças de rabo de cavalo, 350

Tranças nagô ou tranças de raiz, 345

Tranças, 274

Tratamentos de queratina, 315

Tratamentos químicos (Capítulo), 292

Tress com cabelo natural, 344

Tress, 340

Updos práticos, 270

Visual molhado (wet look), 266

CRÉDITOS DAS IMAGENS

ILUSTRAÇÕES

Eliezer da Cruz Medina: p. 238.

Gisele de Carvalho: pp. 60, 62-65, 85, 87, 97-98, 101-103, 112, 113, 115-117, 231, 312, 368, 369, 371-372.

Veridiana Freitas: pp. 57, 59, 240, 298, 302, 309.

IMAGENS

Adobe Stock: pp. 5 (à direita), 12-13, 18-47, 53-56, 69b, 84, 90 (embaixo), 91, 94 (embaixo), 99, 100, 118, 137-138, 152, 156-163, 167, 168-169, 171, 179, 202, 208-227, 229, 234-235, 242-243, 245, 247, 249, 253, 254, 255, 259, 260, 264, 265, 266, 273, 276, 278, 279, 288, 317, 319, 320, 325, 330-331, 335-337, 338, 339, 340, 341, 344, 350, 352, 353, 355, 356, 362, 366-367, 370, 382-383, 384.

Collin Pierson: pp. 120, 125, 128-129, 130-131.

Fernando Torquatto: pp. 147, 283, 386.

Joy Strotz: pp. 269-270, 271-272, 274-275.

Marcello Costa: pp. 49, 50, 70-71, 186, 189, 191, 192, 244, 251, 256, 257, 262, 267, 300, 303, 305, 306, 307, 311, 314, 315, 342, 343, 345-349, 351, 354, 361, 376, 378, 379, 380, 381, 385.

Paul Tirado e George Alex Popescu: pp. 4, 5 (à esquerda), 8, 10, 16-17, 52, 65, 68-69, 72, 74-76, 78, 81, 82, 86, 89, 92, 96, 100, 108-110, 113 (embaixo), 135, 141, 143, 144, 148, 155, 164, 170, 174, 181, 204, 206-207, 237, 263, 281, 285-286, 293, 295, 321, 323, 357.

Rossetto Paolo: p. 14.

O autor e a Editora Senac São Paulo empreenderam todos os esforços para contatar os autores das imagens reproduzidas neste livro e pedem desculpas por qualquer equívoco nos créditos. Caso isso tenha acontecido, por favor entre em contato com a editora para que possamos fazer as devidas correções na próxima edição.

SOBRE O AUTOR

MARCELLO COSTA é um renomado cabeleireiro e maquiador nascido em 1983, em Nanuque, uma pequena cidade do interior de Minas Gerais. Desde jovem, Marcello demonstrou paixão pelo mundo da beleza, o que o levou a buscar novas oportunidades nos Estados Unidos. Enfrentando desafios como a adaptação a uma nova cultura e a saudade da família, ele iniciou sua carreira como assistente em um salão de beleza em Nova York. Com muita determinação e trabalho árduo, conquistou seu espaço na indústria e se tornou cabeleireiro titular em um dos salões mais prestigiados da cidade.

Marcello também se dedicou aos estudos, tendo frequentado instituições renomadas, buscando sempre aprimorar suas habilidades. Sua carreira decolou, e ele passou a trabalhar nas principais semanas de moda ao redor do mundo, colaborando com marcas de luxo como Prada, YSL e Tiffany & Co. Além disso, foi premiado em diversas ocasiões, incluindo o Festival de Cannes, destacando-se como um dos grandes nomes da beleza e da moda.

Marcello fundou sua própria empresa, a Team MC, e hoje lidera uma equipe que atua nos bastidores das passarelas mais importantes globalmente. Apesar do sucesso, ele mantém os pés no chão e se orgulha de suas raízes brasileiras, valoriza sua cultura e inspira outros a perseguirem seus sonhos. Sua mãe, Eleonor, sempre foi a sua grande incentivadora e maior inspiração. Marcello se sente grato por todas as oportunidades e conquistas, acreditando no poder transformador do trabalho duro e da educação.